# マネジメント研究への招待

## 研究方法の種類と選択

青山学院大学教授 **須田敏子**〔著〕

Introduction to
Management Research:
Methodology and Methods

中央経済社

# はしがき

## "Justify your research methodology"
### （あなたの研究方法論を正当化せよ）

　キャリアの前半は実務家として働き，後半は大学で職を得て，研究者の道を歩んでいる筆者にとって，ワークキャリアの前半と後半で仕事の内容も環境も異なったものとなっている。この実務家から研究者へと筆者のキャリアを大きく変えてくれたのが，イギリスでの修士課程と博士課程での学びである。そして，イギリスにおける修士課程と博士課程の勉学の中でとりわけ思い出深いのが，研究方法論（Research Methodology）である。修士課程の科目として学んだ研究方法論から，博士課程で実際に自分の博士号取得のために活用した研究方法論まで，常に勉学の中心テーマの1つであったのが，研究方法論であった。**自身の選択した研究方法を正当化（Justification）しなければ，研究の妥当性を立証することはできず，研究をやる意味がない**，というのが，イギリスにおけるマネジメント研究に対する姿勢であった。冒頭の"Justify your research methodology"（あなたの研究方法論を正当化せよ）が研究のスタートなのである。研究方法論ははっきり言って難しかった。難しさの大きな原因は，研究方法の選択には，社会に対する存在論・認識論が大きく関わっているためだ。社会科学の中でも存在論・認識論的立場を厳しく問われない学問領域もあるが，**マネジメント研究の場合には，存在論・認識論的立場に立脚した研究方法の選択は必須である**。そのためには，存在論・認識論に関する深い理解が必要となる。これなくしては，決して博士号は取得できなかったため，必死に取り組んだものである。

　そんな筆者にとって，日本に帰ってみると，研究方法論の位置づけが大きく異なっていることに驚かされた。日本で書かれたマネジメント研究の博士論文の中には，方法論の記載がほとんどないものがあるからだ。難解でありながらも，博士号研究には必須だった研究方法論のはずなのにいったいどうしたのだ

ろう。それが筆者の素朴な疑問である。そんなふうに，イギリスと日本の間で異なるマネジメント研究における研究方法論に対する姿勢に疑問をもっていた筆者に，研究方法論に関する書籍の執筆の話がやってきた。日本に帰国し，10年以上が経過し，その間，必ずしも研究方法論が中心テーマではなかった筆者にとって，研究方法論に関する書籍執筆は，挑戦的なことであったが，ぜひ挑戦してみたいという意欲が沸き，執筆に入ることとなった。

　執筆にとりかかるべく，研究方法論に関するさまざまな文献（ほとんど英文）を読み進むうちにわかってきたのは，大枠では研究者の間で合意ができているものの，細部に入ると研究方法論に対する考え方は，研究者間で必ずしも一致していない，ということだ。研究方法論に関するさまざまな考え方の中で，それぞれの研究者が自分の立場を決めて，執筆していることが具体的にみえてきた。そこで，「はしがき」において，言葉の定義も含めて，研究方法論に関するいくつかの重要な概念について，本書の立場を明確にしておきたいと思う。

## ▶研究方法論（Research Methodology）

　第1に重要な概念は，研究方法論（Research Methodology）[1]であろう。まずは研究方法論とは何かを明確にしておかなくてはならない。本書が採用するアプローチは，研究方法論とは何かに言及した文献を基に，本書における研究方法論に関する定義づけを行うというものだ。Grix（2010）は，研究プロセスを，存在論―認識論―研究方法論―研究方法―データ源の5段階に分け，存在論を"研究対象はどんな存在か"，認識論を"どうしたら研究対象を知ることができるか"，研究方法論を"研究対象に対する知識を得るためにはどうしたらよいか？"，研究方法を"研究対象を正確に知るための方法は何か？"，データ源を"収集できるデータはどういうデータか"，と捉えている。Easterby-Smith et al., (2002) は，研究プロセスを，存在論―認識論―研究方法論―研究方法の4段階に分け，存在論を"現実のありよう（Nature of Reality）について私たちが抱く仮定"，認識論を"世界のありよう（Nature of the World）を研究する際の最良な方法に関する一般的仮定"，研究方法論を"特定の状況に対して調べるときに使うテクニックの組み合わせ"，研究方法を"データ収集，分析のための個々のテクニック"と捉えている。両者に共通するのは，研究方法論は存在論，認識論と研究でデータ収集のために活用する研究方法をつ

なぐものと捉えている点であろう。野村（2017）はこの考え方を一歩進めて，研究方法論を"存在論―認識論―リサーチクエスチョン―リサーチデザイン―手法をロジカルにつなぐもの"と捉えている。

本書では，野村の考え方に近い概念として研究方法を捉え，**"リサーチクエスチョンに基づき，研究の基盤となっている存在論的・認識論的立場を理論的に正当化したうえで，研究で活用する研究アプローチとデータ収集に活用する研究方法を理論的に正当化しながら選択していくプロセス"**と定義する。なお，本書における研究方法論のこの定義には，"研究で活用する研究アプローチとデータ収集に活用する研究方法"とあるが，これが本書のもう１つの立場である。本書では研究方法を，存在論・認識論に基づいて選択される演繹法（法則定立的アプローチ）と帰納法（個性記述的アプローチ）のレベルと，インタビュー，実験法，サーベイリサーチ，エスノグラフィーなどデータ収集のための個別の研究方法のレベルに分け，前者を研究アプローチ，後者を研究方法と呼ぶこととする。存在論，認識論，研究アプローチの具体的な内容に関しては，「第２章　存在論・認識論・研究アプローチ」で解説し，データ収集のための研究方法に関しては，「第４章　インタビュー」以降の章で解説する。

## ▶研究方法（Research Method）とリサーチデザイン

次いで重要な概念として取り上げるのは，研究方法（Research Method）である。研究方法論で参照した３つのうちの２つの文献（Grix, 2010; Easterby-Smith et al., 2002）では，研究方法は研究においてデータ収集のために活用する方法と捉えているようだ。だが，これだけではない。研究方法に関しては，手法（Method）とリサーチデザインを区別する考え方がある（Bryman, 1989, 2016; Bryman & Bell, 2007, 2015; de Vaus, 2001; 野村，2017）。これは，手法を"データ収集のためのテクニック"と捉え，リサーチデザインを"データ収集に対してフレームワークを提供し，研究で活用する研究方法の選択に関するガイドライン"と捉える考え方である。手法の具体例としては，インタビュー，質問票調査，ドキュメント分析などがあり，リサーチデザインの具体例としては，実験法，サーベイリサーチ，エスノグラフィー，ケーススタディなどがある。たしかに，サーベイリサーチではインタビューや質問票調査などをデータ収集方法として活用する，エスノグラフィーでは観察やインタビュー，ドキュ

メント分析などをデータ収集方法として活用するなど，リサーチデザインの選択によって活用するデータ収集のための手法はある程度決まってくるようだ。だが，本書ではリサーチデザインと手法を区別する考え方に理解を示しつつ，リサーチデザインと手法を区別せずに，すべて研究方法と表現する。研究全体の設計をリサーチデザインとの言葉で表現する文献もあり（Hakim, 1992; Creswell & Creswell, 2018; 田村, 2006），リサーチデザインと研究方法を区別する考え方が研究者の間で広くコンセンサスが得られていない可能性があるためだ。

## ▶客観主義・主観主義と研究パラダイム

本書では存在論・認識論・研究アプローチの立場を大きく2つに分け，一方を客観主義・研究パラダイムとし，もう一方を主観主義・研究パラダイムと表現する。ここで解説するのは，客観主義・主観主義とパラダイムの2つである。

最初に客観主義・主観主義について整理しよう。「第2章 存在論・認識論・研究アプローチ」で詳しく紹介するが，社会科学における存在論的立場は，社会は人々がどう認識しようと独立して客観的に存在するという立場と，社会は人々から独立して客観的には存在するものではなく人々がどう認識したかで社会のありようは変わってくるという立場の2つに大別される。前者は社会の客観性を重視した立場であり，後者は社会に対する人々の認識という主観性を重視した立場であるため，客観主義と主観主義との言葉で表現する。認識論と研究アプローチは，存在論に連動したものであるため，存在論・認識論・研究アプローチを客観主義と主観主義の2つに大別して捉えることとする。この存在論・認識論・研究アプローチを客観主義・主観主義から捉える考え方は，社会学の理論群に関するパラダイム分類と組織論との関係に関する分析で著名なバレルとモーガン（Burrel & Morgan, 1979）に倣ったものである[(2)]。

次に，研究パラダイムについて整理しよう。パラダイムという言葉は，クーン（Kuhn, 1962）によって提唱された概念であり，広く普及した言葉となっている。パラダイムについてクーンは，科学の研究分野において正当性を有し，研究課題と研究方法を定める役割を果たしていた古典的名著を挙げ，それらの著書が名著となった根拠として，①業績が他の対立競争する科学研究活動を棄てて，それを支持しようとする特に熱心なグループを集めるほど前例のないユ

ニークさを持っている，②業績を中心として再構築された研究グループに解決すべきあらゆる種類の問題を提示してくれている，という2つの性格を持っていたことを挙げる。そして，これら2つの性格を持つ業績をパラダイムと呼ぶこととし，科学的伝統をつくるモデルとなるものをパラダイムという言葉で示そうと考える，と主張した（Kuhn, 1962）。つまり，科学研究における理論選択において，絶対的に従わなければならない基準はなく，個々の科学者は同じ具体的状況におかれても，異なる選択を行う可能性がある。**科学で取り上げる問題は，パラダイムによって異なるのである**（Chalmers, 1982, 1998）。客観主義・主観主義との関係から考えると，クーンの立場は，社会は独立して客観的に存在するとの客観主義の立場ではなく，社会はそれを捉える人々の主観に依存する主観主義の立場となる（Chalmers, 1982, 1998）。

　以上が重要な概念に対する本書の立場であり，言葉の意味である。本書で記述される内容には，日本でマネジメント研究をされている方々には，なじみのないものも多いと思われる。本書が日本のマネジメント研究に新たな議論を起こしてくれることを期待している。同時に，筆者自体がいまだ研究方法論を勉強中の人間である。本書の記述に異論をもつ読者の方々も多くいらっしゃることと思われる。批判をいただくことも，ありがたいことである。多くの研究者の方々とともに研究方法論を学んでいくことが，筆者にとって大きな喜びである。

　マネジメント研究に関する研究方法論という挑戦的な企画は，㈱中央経済社と同社の学術書編集部副編集長の市田由紀子氏がいなければ決して生まれることはなかったものである。同社と担当の市田氏に心からの謝意を捧げたい。

2019年3月

勤務先の東京・渋谷にて

須田　敏子

〔注〕

(1) リサーチストラテジィ（Bryman, 2016; Bryman & Bell, 2007, 2015），リサーチデザインとリサーチアプローチ（Cresswell & Cresswell, 2018），リサーチデザインとリサーチスト

ラテジィ（Hakim, 1992），リサーチセオリーとリサーチプロジェクト（Walliman, 2018）など，研究方法論という言葉を用いず，類似の概念を別の言葉で表現している文献も数多い。

(2) Burrel & Morgan（1979）では，存在論―認識論―人間性―方法論の4段階から捉えて，客観主義アプローチと主観主義アプローチに分類している。方法論（Methodology）は，法則定立型アプローチ（Nomothetic Approach）と個別記述型アプローチ（Ideographic Approach）に分類され，本書における研究アプローチのレベルに相当する。

## ［参考文献］

Bryman, A.（1989）*Research Methods and Organization Studies*, Routledge.
Bryman, A.（2016）*Social Research method*（$5^{th}$ ed.）Oxford University Press.
Bryman, A. & Bell, E.（2007）*Business Research Methods*（$2^{nd}$ ed.）Oxford University Press.
Bryman, A. & Bell, E.（2015）*Business Research Methods*（$4^{th}$ ed.）Oxford University Press.
Burrell, G. & Morgan, G.（1979）*Sociological Paradigm and Organizational Analysis*, Ashgate.
Chalmers, A. F.（1982）*What is This Thinking Called Science?*（$2^{nd}$ ed.），University of Queensland Press（高田紀代志・佐野正博訳『科学論の展開：科学と呼ばれているのは何なのか？』恒星社厚生閣，1985）
Chalmers, A. F.（1998）*What is This Thing Called Science?*（$3^{rd}$ ed.）University of Queensland Press（高田紀代志・佐野正博訳『科学論の展開：科学と呼ばれているのは何なのか？』恒星社厚生閣，2013）
Creswell, J. W. & Creswell, J. D.（2018）*Research Design: Qualitative, Quantitative and Mixed Methods Approaches*（$5^{th}$ ed.）SAGE Publications.
de Vaus, D. A.（2001）*Research Design for Social Research*, SAGE Publications.
Easterby-Smith, M., Thorpe, R. & Lowe, A.（2002）*Management Research: An Introduction*（$2^{nd}$ ed.）SAGE Publications（木村達也・宇田川元一・佐渡島紗織・松尾睦訳『マネジメント・リサーチの方法』白桃書房，2009）
Grix, J.（2010）*The Foundations of Research*（$2^{nd}$ ed.）Pulgrave.
Hakim, C.（1992）*Research Design: Strategies and Choices in the Design of Social Research*, Routledge.
Kuhn, T. S.（1962）*The Structure of Scientific Revolution*, University of Chicago Press（中山茂訳『科学革命の構造』みすず書房，1971）
Walliman, N.（2018）*Research Methods*（$2^{nd}$ ed.）Routledge.

田村正紀（2006）『リサーチ・デザイン：経営知識創造の基本技術』白桃書房
野村康（2017）『社会科学の考え方：認識論，リサーチ・デザイン，手法』名古屋大学出版会

# 目　次

はしがき・i

## 第1部　研究方法論への招待

### 第1章　マネジメント研究と研究方法論の重要性――2

　　1　学問としてのマネジメントの多様性／2
　　2　歴史からみたマネジメント研究の領域と
　　　　研究方法の多様性／6
　　　⑴　マネジメント論前史／6
　　　⑵　古典的アプローチ／6
　　　⑶　行動アプローチ／9
　　　⑷　条件適合アプローチ／11

### 第2章　存在論・認識論・研究アプローチ――――17

　　1　存　在　論／18
　　　⑴　実在主義／18
　　　⑵　構成主義／19
　　2　認　識　論／20
　　　⑴　実証主義／22
　　　⑵　社会構成主義／25
　　3　研究アプローチ／29
　　　⑴　演　繹　法（法則定立的アプローチ）／29

　　　　　　　(2) 帰　納　法（個性記述的アプローチ）／31
　　　［コラム2-1］マルクスとウェーバー／21
　　　［コラム2-2］すべてのカラスは黒い／24
　　　［コラム2-3］実証主義の問題(1) (Hawthorne Effect)／28
　　　［コラム2-4］実証主義の問題(2) (Theory Laden)／32


## 第3章　マネジメント研究：研究方法論の選択―――――――36

　1　リサーチクエスチョンと研究方法論／36
　　　(1) 客観主義パラダイムのリサーチクエスチョン／37
　　　(2) 主観主義パラダイムのリサーチクエスチョン／40
　　　(3) 客観主義パラダイムと主観主義パラダイムの
　　　　　リサーチクエスチョン比較／45
　2　研究方法に関する2つの分類軸／46
　3　研究評価の指標／48
　　　(1) 代表的研究評価指標：客観主義パラダイムの
　　　　　研究評価指標／48
　　　(2) 主観主義パラダイムの研究評価指標／54
　　　(3) 研究評価指標に対する概観 (Overview)／56
　　　［コラム3-1］客観主義パラダイムの研究でも「どのように (How)」
　　　　　　　　　クエスチョンは回答できる／43
　　　［コラム3-2］なぜ定性研究で仮説検証型研究をしてはいけないのか
　　　　　　　　　（実践的理由）／52
　　　［コラム3-3］作業仮説 (Working Hypothesis)／53
　　　［コラム3-4］Respondent Validation（回答者有効性）の研究例／55

## 第2部　さまざまな研究方法

## 第4章　インタビュー ─────────────60

1　インタビューの特色／60
  (1) 構造化インタビューと非構造化インタビューの特色／62
  (2) 2軸からの分類におけるインタビューの位置づけ／63
  (3) 特定のインタビュー方法：
      自由回答方式の構造化インタビュー／68
2　インタビューを用いた代表的研究例／77
  (1) クリティカル・インシデント・テクニックを活用した
      研究例：動機づけ・衛生理論／77
  (2) ビヘイビアル・イベント・インタビューを活用した
      研究例：コンピテンシー研究／80
  (3) キャリア・アンカー・インタビューを活用した研究例：
      キャリア・アンカー／83
3　インタビューの強みと弱み／87
  (1) 構造化インタビュー／87
  (2) 非構造化インタビュー／89

［コラム4-1］新人間関係学派とアメリカにおけるマネジメントの
　　　　　　　変化／79
［コラム4-2］認知のバイアスと楽観思考／85
［コラム4-3］構造化インタビュー成功のための秘訣／88

## 第5章　実験法と準実験法―――――92

1　実験法と準実験法の特色／92
　(1)　仮説検証型研究の基本ステップと各ステップでの課題／92
　(2)　実験法の特色／93
　(3)　準実験法の特色：実験法との比較から／99
　(4)　2軸における実験法と準実験法の位置づけ／99

2　実験法・準実験法の代表的研究／102
　(1)　実験室実験の研究例：ホーソン研究の第1段階照明実験／102
　(2)　フィールド実験の研究例：職務充実が従業員に与える影響／104
　(3)　フィールド準実験の研究例：自己管理型ワークグループの導入が与える影響／109
　(4)　フィールド準実験の研究例：スピード違反の取り締まりが死亡事故減少に与える影響／114

3　実験法と準実験法の強みと弱み／117
　(1)　実験法の強みと弱み／117
　(2)　準実験法の強みと弱み／119

［コラム5-1］システマチックコントロール／97

## 第6章　サーベイリサーチ―――――123

1　サーベイリサーチの特色／123
　(1)　サーベイリサーチとは何か／123
　(2)　サーベイリサーチの目的／124
　(3)　サーベイリサーチの実施までのプロセス／127
　(4)　2軸におけるサーベイリサーチの位置づけ／129
　(5)　サンプリングの方法／131

(6) データ収集に用いられる研究方法：インタビューと
　　　　　質問票／133
　　　(7) 横断的サーベイと縦断的サーベイ／134
　2　サーベイリサーチの代表的研究／137
　　　(1) 描写型サーベイの例：2011WERS／137
　　　(2) ハイパフォーマンスにつながる人材マネジメントの
　　　　　研究／140
　　　(3) WERS1998を活用したセカンダリーデータ分析：
　　　　　3つの人材マネジメントモデルと従業員の態度・
　　　　　パフォーマンスとの関係の分析／142
　　　(4) 分析型サーベイの研究例：3つの人材マネジメントモデル
　　　　　と組織パフォーマンスとの関連の分析／146
　3　サーベイリサーチの強みと弱み／150
　　　(1) サーベイリサーチ全体としての強みと弱み／150
　　　(2) 分析型サーベイの問題／152

# 第7章　エスノグラフィー ―――――― 159

　1　エスノグラフィーの特色／159
　　　(1) エスノグラフィーとは何か／159
　　　(2) エスノグラフィーの分類／161
　　　(3) 2軸からの分類におけるエスノグラフィーと非参与観察の
　　　　　位置づけ／168
　2　エスノグラフィーの代表的研究例／171
　　　(1) 2つのネットワーキンググループに対する
　　　　　エスノグラフィー／171
　　　(2) 12年間にわたる投資銀行に対する
　　　　　長期エスノグラフィー／175
　　　(3) コールセンターにおける技術イノベーションに関する
　　　　　エスノグラフィー／179

3　エスノグラフィーと観察法タイプ別の強みと弱み／182
　　　　（1）エスノグラフィーの強みと弱み／183
　　　　（2）観察法タイプ別の強みと弱み／185
　　［コラム7-1］グラウンデッド・セオリー・アプローチ（GTA）／170
　　［コラム7-2］ネイティブになる（Going Native）と
　　　　　　　　再帰性（Reflectivity）／187

## 第8章　ケーススタディ①：研究方法論の再考────194

　　　1　ケーススタディの特色／194
　　　　（1）ケーススタディとは何か／194
　　　　（2）2軸におけるケーススタディの位置づけ／196
　　　2　研究方法論の再考：方法論的多元主義／198
　　　3　存在論・認識論の多様性／202
　　　4　ケーススタディの強みと弱み／206
　　［コラム8-1］事実はなく，あるのは表現と解釈だけと主張する
　　　　　　　　ポストモダニズム／204

## 第9章　ケーススタディ②：ケースの選択基準と研究事例──212

　　　1　ケースの選択基準／212
　　　　（1）単独ケースの選択基準／212
　　　　（2）複数ケースの選択基準／217
　　　2　ケーススタディの代表的研究例／225
　　　　（1）定性・複数ケースの研究例：
　　　　　　　医療イノベーションの普及プロセス／225
　　　　（2）定量・複数ケースの研究例：
　　　　　　　日本企業における人事改革の効果を検証／229
　　　　（3）定性・定量両面からの複数ケースの研究例：
　　　　　　　2つの企業者ネットワーキングを比較／234

　　索　引／241

第1部

# 研究方法論への招待

# 第1章 マネジメント研究と研究方法論の重要性

## 1 学問としてのマネジメントの多様性

　マネジメントを学ぶ，あるいは研究する人は数多く，実にさまざまなタイプの人がマネジメント研究に携わっている。代表的なのは，大学・研究機関で専門的に研究を行う学者・研究者であるが，それ以外にも多様な人たちがマネジメント研究を行っている。たとえば大学・大学院等で学ぶ学生がいる。経営学部・商学部等の学部学生も学士論文執筆のためにマネジメント研究を行うし，MBAコースなどで働きながら学ぶ社会人学生も修士論文執筆やそれ以外の目的でマネジメント研究を行う人が多いだろう。さらに，特に大学・大学院に在籍しなくても，自らが勤務する企業や自社が属する産業などを対象に分析を行う職業人もいるだろう。

　マネジメント研究に携わる人が多様であるように，**マネジメント研究が含む分野や研究方法も多種多様である**。いくつか例を挙げると，組織文化や従業員のモチベーションを研究するために従業員に対するインタビューを行ったり，質問票によるサーベイリサーチを実施する。経営戦略の立案・実施プロセスを分析するために，経営会議に参加をする，経営トップの行動を観察するなどして，企業内における経営戦略の立案・実施プロセスの実態に関するデータを収集する（非参与観察）。職場改善の実態を知るために，実際に改善活動の行われている職場で一緒に働きながら，改善プロセスに関する現場情報を得る（参与観察）。職務充実が職務満足に与える影響を調査するために，職務充実を実施したグループ（実験グループ）と，職務充実を実施しなかったグループ（統

制グループ）における職務満足度を比較する（実験法）。企業成功の要因を分析するために，同一産業における成功企業群と失敗企業群から数社を調査する（ケーススタディ）。以上のとおり，マネジメント研究には実に多様な分野・方法が含まれる。

以上のように研究に携わる人，対象領域の両面で，多様な色彩をもつマネジメント研究であるが，共通している目的は，なんらかの形で結果を文章化するということだろう。特に学術論文の場合には，通常，以下の構成（流れ）からなる。

---
■ **学術論文の構成（流れ）** ■

はじめに→文献レビュー（理論的背景・先行研究など）→研究で追究するリサーチクエスチョンの特定→研究方法（Research Method）の特定→研究を実施し，データを収集→収集したデータに基づく分析（含む理論的分析）→発見と結論

---

マネジメント研究に限らず，自然科学も含めて学術論文が求められる構成（流れ）は，ほぼ上記の構成と言っていいだろう。だが，自然科学と社会科学で大きく異なるのが，"研究方法の特定"の部分である。それは社会科学においては，研究対象であるわれわれ人間が生き，生活している社会という存在をどう捉え（存在論），どう認識するか（認識論）が重要であるということだ。社会に対する捉え方・認識の仕方によって，活用する研究方法は異なってくる。

**社会をどう捉えるかは人間をどう捉えるか，とイコールの問題である**。つまり，個人の内面的世界を持つ人間を研究対象とする社会科学においては，研究対象である個人あるいはグループとしての人間の知識や経験，価値観，感情などを考慮する必要がある。物理，化学，生物など研究対象が物体や物質，臓器，人間以外の動物である自然科学とは，この点で異なるアプローチが必要となるのである。

自然科学であれば，研究対象は外的刺激に対して反応する。外的刺激が同じであれば，同じように反応するはずである。そして外的刺激と反応の間に正しい因果関係が存在するはずであり，この正しい因果関係を追究するのが，研究の役割ということになる。ところが，社会科学の対象である人間（あるいはグループとしての人間）は，同じ刺激にあっても同様に反応するとは限らない。同じ街頭募金に遭遇しても，献金する人としない人がいる（個人の特性），あ

るいは多くの人が献金する社会と献金する人が少ない社会がある（グループとしての特性）など，同じ刺激に出会っても反応は個人や社会グループによって異なる。これが，社会科学における研究方法の選択を複雑化させている要因といえる。

**社会科学において"研究対象を個人あるいはグループとしての人間"という2段階で捉えることは重要である。**人は1人では存在しておらず，1人の人の知識や経験，価値観，感情などは，その人が所属する社会グループに影響を受けるからだ。これは文化という言葉で語られることが多い。社会グループが違えば文化が異なり，異なる文化が社会グループのメンバーに影響を与える。たとえば，住んでいる国や所属組織，クラスメート，家族・親族，ご近所グループなどがこの社会グループにあたる。しかも1人の人間が所属する社会グループは通常複数である。人間とはなんと複雑なものだろうか。もう1つ重要なことは，所属している社会グループが影響を与えると同時に個人がグループに影響を与える。影響は相互関係なのである。

さて，話を元に戻そう。人間（個人・グループ）の内面世界と，人間にとっての外的社会である社会との関係に対する考え方で，社会科学の存在論・認識論は立場を異にする。そして存在論・認識論の立場によって，研究で活用される研究方法も異なってくる。これが，社会科学が自然科学と異なる点で，社会科学分野の研究にとって非常に重要なことである。

もっとも，社会科学の中でも，社会と人に関する見方がある程度決まっている学問領域もある。たとえば経済学について考えると，行動経済学など人間の非合理性を分析に活用する分野もあるが，はやり，経済学の主流は経済的合理人を人間モデルと捉えているだろう。"自分が経済的に得をするように行動する"との経済的合理人を前提とすれば，外的世界からの刺激に対して，人の内面世界は（刺激に対する反応），自分が経済的に得をすることを基準に反応する，となる。

したがって，経済的合理人モデルを前提とする経済学では，研究の対象となる人（個人・グループ）の内面世界（知識，経験，価値観，感情など）によって，同じ刺激に対する反応が異なってくることを考慮する必要がなくなるのである。人にとって，自分が得するような（あるいは損するような）外的刺激の発生と，それに対する人の反応との関係を研究することが目的となってくるた

めだ。こうなってくると，自然科学分野の研究とアプローチが似てくる。外的刺激と人間の反応に関する因果関係を追求するというわけだ。その結果，経済学では研究方法の選択に対して，社会に対する存在論・認識論的立場の特定などの重要性は弱まってくる。以上のとおり，社会科学の学問分野には，研究において存在論や認識論の重要性はさほど強くない領域もある。

　これに対して，マネジメント研究にとっては，社会と人間の関係に関する見方は非常に重要となる。その大きな理由は，マネジメントが多種多様な理論領域を含み，人間の内的世界（人間モデル）に対する捉え方も多種多様であるためだ。その結果，冒頭に示したとおり，マネジメント研究が内容・方法の両面において多種多様となってくる。学問としてのマネジメントがもつ多様性の理由の1つには，マネジメントが多くの社会科学分野にまたがる学際的学問であることが挙げられる。重工業化の進展による大規模工場・大規模組織の出現に伴って発展してきた学問領域であるマネジメントは，すでに存在していた経済学・社会学・心理学・政治学・人類学など，さまざまな社会科学分野の影響を受けながら発展してきた学問である。

　たとえば，経済学では人間の内面世界に対して経済的合理人を前提として外部世界からの刺激との関係を研究対象とする。これに対して，社会のさまざまなグループにおける個人間の相互関係を研究する社会学，人間の行動や行動変容などを研究対象としてその要因やプロセスを追求する心理学，心理学と社会学を融合した学問領域として社会の中で個人がお互いに影響を与え合うメカニズムに焦点を当てる社会心理学，異なる文化や状況の中で，人々はどのように価値観や態度，行動を醸成させるかに関して社会と人との関係を研究する人類学，などの分野では，人間（個人・グループ）の内面世界と外的世界との相互関係は研究にとって重要なものである。

　**人間の内面世界に対するスタンスの異なるさまざまな学問分野の影響を受け，学際的色彩をもったマネジメント研究においては，人間の内面の捉え方，人間と社会との関係に対する捉え方は多種多様である。**その結果，マネジメント研究においては社会に対する存在論・認識論に基づいて研究方法の特定をすることが重要となるのである。

## 2 歴史からみたマネジメント研究の領域と研究方法の多様性

　マネジメント研究が含む学問領域も研究方法も多様であり，その結果，社会に対する存在論・認識論を踏まえたうえで，研究方法を決定していくことが重要であることを紹介した。ここでは，マネジメントの代表的な英文テキスト（Robbins, 2009; Schermerhorn, 2010; Daft, 2010）などを基にマネジメント研究の歴史からみた代表的なマネジメント研究を紹介することによって，人間の捉え方や研究方法などさまざまな側面で，マネジメント研究が多様であることを示していきたい。取り上げるのは，マネジメント研究前史と，マネジメント研究の代表的な研究領域として，古典的アプローチ，行動アプローチ，条件適合アプローチである[1]。なお，個別の研究方法の内容に関しては，第4章以降の章で詳細に解説するために，ここでは研究に活用した研究方法は何かを述べるに留める。

### (1) マネジメント論前史

　最初に効率的な生産方式を提案した学者として，マネジメント論前史にしばしば登場するのがアダム・スミスである。『国富論』（1776）において，スミスは実際の工場におけるピン製造の効率化を例に挙げ，分業による生産性の大幅な向上を説明している。スミスが観察した工場では，10人の作業員が分業を行うことで，1日になんと4万8,000本のピンを製造していたのである。この高い生産性の原因としてスミスは，分業により作業員の専門性の向上，ある作業から別の作業へ移る際の時間の節約，各作業を容易にする機械が発明されやすくなる，などを挙げている。スミスのこの指摘は，後にマネジメント論の古典的アプローチで提案される作業の分業化による作業員の専門化等の主張につながっていく。

### (2) 古典的アプローチ

　マネジメント分野の初期理論である古典的アプローチとして，取り上げられることが多い科学的管理法と管理機能論について概要をみていく。最初は科学

的管理法である。科学的管理法は，提唱者のフレデリック・テイラー自身が工場監督者あるいはコンサルタントとしての現場での実践に基づいて，現場作業員の作業能率向上のための方法を示したものである。科学的管理法では，生産性を科学的・客観的に向上する方法として以下の4条件などを提案した。

● <u>職務の細分化・専門化</u>
　1人の人間が最初から最後まで仕事を行うより，個々の工程を細分化し，多くの人に割り振ることによって，作業員各人の担当職務に対する専門性は向上し，飛躍的に生産性を高めることができる。
● <u>作業の標準化と職務内容の明確化・特定化</u>
　一流の作業員が行う個々の作業を最も基本的な要素作業にまで分解し，要素動作をストップウオッチで測定することで唯一最善の方法を特定する（one best way）。これを標準化して一般の作業員の職務内容とすることにより，個人の職務内容を明確化・特定化する。
● <u>計画者と実行者の分離</u>
　職務専門化の具体的方法の1つが計画者（経営者・管理者）と実行者（現場監督者・一般作業員）の分離である。計画者は計画に職務を特化することで，実行者は実行に職務を特化することで，専門性が高まり，生産性が向上する。
● <u>目標達成度に合わせた差別的出来高給の導入</u>
　同一作業に対して2種類の異なる賃率を支給する差別高出来高給を導入する。個別労働者が標準作業量・課業を定められた時間内に達成した場合には高い賃率（平均の1.3倍から2倍）を支払い，所要時間が標準作業時間を超過する，あるいは仕事に不完全な点があった場合には低賃率を支払う。

　以上の4条件のうち，「職務の細分化・専門化」は，スミスが提案した"作業の分業化と作業員の専門化によって飛躍的な生産性向上に結び付く"との主張に合致している。科学的管理法が経済学の影響を受け，それを組織のマネジメントの活用したことがうかがえるところである。なお，科学的管理法においては，後に行動アプローチが主張するような従業員の感情や職場の人間関係が生産性に影響を与えるといった要素は考慮されておらず，人は経済的報酬のために働くという経済人モデルを採用しており，この点でも経済学と同じ立場で

ある。

次いで管理機能論である。管理機能論とは組織の管理に関する一般原則，経営者・管理者の職務内容や行動などに関する研究である。科学的管理法が現場における生産性向上に焦点を当てていたのに対して，経営機能論では，企業経営全般にわたる管理の方法を対象としている。管理機能論にはいくつかの研究があるが，代表的論者であるアンリ・ファヨールの管理機能論をみていく。科学的管理法とほぼ同じ時期の1916年に，フランスの経営者ファヨールは，自身の経験から編み出した経営管理の方法をまとめた『産業ならび一般の管理』(1916) を出版[2]。経営管理に必要な要素として，5つの経営機能と14の管理の一般原則を挙げた。5つの経営機能は以下のとおりである。

**予測・計画**—未来を検討し，実行計画を作成する
**組織**—事業の物的・人的構造を築き上げる
**命令**—従業員間で活動を持続させる
**調整**—すべての活動と努力を結び合わせ，統一・調整させる
**統制**—すべての活動・努力が規定の規則と出された命令に合致した形で行われるようにする

14の管理の一般原則は，分業，権威と責任，規律，命令一元化，指揮一元化，個人的利益の全体的利益への従属，報酬の公正，権限集中，階層組織，秩序，公正，従業員の安定，創意力，従業員の団結，である。

ここでは14の管理の一般原則のうち，従業員の捉え方が含まれる「公平の原則」，「創意力の原則」を紹介する。

- **公正の原則**：従業員が意欲をもって職務を遂行し，職務達成に献身するようにするためには，従業員に対して親切と正義に基づく管理が必要である。
- **創意力の原則**：計画を実行してその成功を確実にすることは，知的人間が試してみることのできる最も生気のあふれる満足感の1つであり，人間行動の最も強力な刺激の1つである。

以上のとおり，従業員の意欲や満足感などが含まれている。人間の捉え方は，"人は報酬のために働く"とする科学的管理法よりも幅広いようだ。とはいえ，経営機能論では，従業員側の視点に焦点は当てられておらず，経営者・管理者

からの視点が前提となっている。

　科学的管理法のテイラー，管理機能論のファヨールともにコンサルタントや経営者など実務家であり，彼らの理論は，彼ら自身の経験に基づくものといえる。

## (3) 行動アプローチ

　人間の感情や職場の雰囲気など組織の人間的側面に焦点を当てて，生産性を捉えているのが行動アプローチである。発端は1927年～1932年にウエスタン・エレクトリック社のホーソン工場で実施されたホーソン研究に始まる人間関係論（ヒューマンリレーションズ）であり，ここではホーソン研究に焦点を当てて紹介する。ホーソン研究が行われた時代は，人は経済的報酬のために働く，生産性低下の原因は，疲労など身体的環境，照明・温度など物理的環境，報酬などにあるという科学的管理法に基づく考え方が，アメリカのマネジメント論の中心であった。そういった中，身体的環境や報酬などによって生産性にどのような影響が出るかを調べる目的で開始されたのが，ホーソン研究であった。ホーソン研究は，第1段階から第4段階まで行われた。そこで，各段階における研究内容と研究方法を紹介する。なお，その後のマネジメント研究に大きな影響を与えたのは，第2段階と第4段階であるため，研究内容に関しては，第2段階と第4段階を中心に紹介する。

### ●第1段階：照明実験

　照明度合が作業に対して及ぼす影響が調査された。だが，照明の明るさにかかわらず作業量に変化が見られないなど，第1段階では，照明と生産性の間に明確な関係を発見することはできなかった。この結果を受けて，第2段階の継電器組み立て作業に入っていくことになる。第1段階の研究方法は，実験グループと統制グループを設定した実験室実験が行われている。内容は「第5章　実験法と準実験法」で実験室実験の研究例として紹介する。

### ●第2段階：継電器組み立て作業観察

　第1段階は，ウエスタン・エレクトリック社独自の研究であったが，この第2段階から，ハーバード大学の研究チームと共同で研究が行われている。第2

段階の継電器組み立て作業は，1927年から始まり，1932年のホーソン研究の終了時まで行われた研究である。作業を行う多くの女性作業グループから1グループ（女子工員6人）を選んで，実験室に隔離し，ハーバード大学の研究員によって彼女たちの行動や生産性に関する観察が行われた。第2段階の研究では，出来高給の導入，午前と午後の5分間休憩，午前の5分間休憩時に会社から軽食を提供，午後5時の終了時間の30分繰り上げ，終業をさらに30分繰り上げて午後4時とする，といったさまざまな労働条件の変更が行われた。その結果，彼女たちの生産性はだんだんと向上していったが，その後，すべての作業条件の改善が全廃され初期の条件に戻したところ，さらに生産性が向上するという結果となった。なぜ生産性が向上したのか。その後のインタビューで明らかとなったのは，自分たちは選ばれているのだという感覚であった。選ばれている・注目を集めているのだから，あるいは自分たちは選ばれたエリートなのだから，がんばらなくてはならないという意識が生産性を向上させたのである。以上のようにして，従業員の意識が生産性に影響を与えることが発見されたのである。

　第2段階ではハーバード大学研究員によって作業が観察されており，研究方法としては非参与観察という方法が採用されている。なお，他の作業員からは隔離された実験室で行われているが，第1段階とは異なり，統制グループは設けられなかったため，実験法による研究ではないと考えられる。

### ●第3段階：インタビュー

　1928～1930年に実施。初期段階では，仕事・労働条件・監督の3領域に関して，好む・好まないで回答してもらう方式（構造化インタビュー）が採用された。十分な回答が得られなかったため，その後，インタビュイーが日ごろ思っている職場の状況について自由に話す方式（非構造化インタビュー）に変更する。研究方法は，当初は構造化インタビューが実施され，その後，非構造化インタビューに変化している。

### ●第4段階：バンク配線作業観察

　1931年～1932年に実施された。14人の男性作業員からなるバンク配線グループを対象に観察が行われた。こちらも多くの男性作業員グループから1グルー

プだけを選抜して，実験室に隔離しての観察であった。観察対象のグループには，集団出来高給が導入されていたが，グループの生産量は毎日ほぼ一定であった。観察が始まって明らかとなったのは，グループメンバーは生産性を高めようという意欲はみられないということだった。一方，一定量以上をつくるとそれを翌日分として報告するなど毎日の仕事量をほぼ一定にすることには努力がなされていた。メンバー内では，生産高に対する基準ができているらしく，この基準を超えて高いレベルの生産を続けた人は他の人々に迷惑をかけるとして嫌われるという現象も発見された。つまり，作業員の生産性は彼らの能力とはなんの相関関係をもたないのであった。

同時に，14人のグループは前方グループと後方グループの2つのインフォーマルグループに分かれ，両者は反目しあっていた。前方グループの生産性は後方グループよりも高く，各グループにはリーダーがいるなど社会的な位置関係が存在していた。また，両方のグループに入れないアウトサイダーの存在も発見された。さらに重要な発見は，インフォーマルグループには，①働きすぎてはいけない。そういうやつはがっつき野郎だ，②怠けすぎてもいけない。そういうやつはずるい野郎だ，③仲間の不利になることは一切監督者に話すべきではない。そういうやつは裏切り者だ，といった行動規範が存在したのである。

第4段階における研究方法は第2段階と同じ，ハーバード大学の研究員による非参与観察である。他の作業員から隔離した実験室で行われているが，第2段階と同様に統制グループをもたず，実験法ではないと考えられる。

以上のように，**ホーソン研究の結果，従業員の心理や職場の人間関係が生産性に大きな影響を与えることが明らかになり**，それ以前のマネジメントが考慮しなかった人間の社会的側面・心理的側面に焦点を当てる研究が普及していった。モチベーション・リーダーシップ論などをはじめとする新人間関係論（ネオ・ヒューマン・リレーションズ）と呼ばれる研究の流れである。この研究系譜は現在にいたるまで行動アプローチとして幅広く研究が行われている。

## (4) 条件適合アプローチ

本アプローチが登場するまでは，効果的なマネジメントのあり方と状況要因との関係を具体的に分析することは行われず，その結果，暗にすべての組織（状況）に適応できる正しいやり方とする普遍理論が普及していた。だが，効

果的なマネジメントは状況によって異なるとし，条件要因との関係から，効果的はマネジメントのあり方を追求しようというのが条件適合アプローチである。条件適合アプローチは，自然科学で発生したシステムズ理論に影響を受けているため，まずは，システムズ理論について紹介する。

　システムズ理論では，人体はいくつかの部分（下位システム）から成り立っており，部分は相互に影響を与えあう。人体は部分からなる全体（1つの全体システム）であり，同時に人体は外部の影響（上位システム）を受ける。さらに人間は外部からの影響を受けるだけでなく，外部環境にも影響を与え，人間と外部環境の関係は相互作用となる。企業も同様に，より広大な環境という上位システムがあり，同時に目的・構造・組織・技術・文化面などさまざまな下位システムを有している。システムズ理論に従えば，特定の企業で効果的なマネジメントを追求しようと思えば，上位システムや下位システムの特色と適したものでなければならないということになる（Bertalanffy, 1968）。

　以上のようなシステムズ理論の考え方は，社会に存在するものは外部環境と相互に影響関係をもつとするオープンシステム観をもたらした。その影響はマネジメント分野にも及び，組織は外部環境との相互関係をもつオープンシステムであるとの捉え方が広まっていった。そして，組織内外の状況とマネジメントの相互関係に焦点を当て，組織内外の状況の中で重要な要因を特定し，特定した状況要因に適したマネジメントのあり方を追求する研究が広まっていく。条件適合理論の代表的な研究としては，バーンズとストーカーの研究（1968），ウッドワードの研究（1965），ローレンスとローシュの研究（1967）などがあり，本書では，ローレンスとローシュの研究を紹介する。

　ローレンスとローシュは，産業によって効果的な企業内での組織（部門）間関係にはどんな相違があるかを知るために，組織の分化と統合に焦点を当てて，ケーススタディを行った。業種間の状況要因の違いとして設定したのは，①技術・科学・市場など環境変化の速さ，②市場あるいは技術変化からの圧力の強さ，という要因である。具体的にローレンスとローシュがケーススタディの対象産業として選んだのは，プラスチック原材料の開発・販売・製造産業（環境変化が速く，技術変化からの圧力が強い産業），容器製造産業（環境が安定し，市場・技術からの圧力が弱い産業），包装食品加工産業（環境変化は3産業の中間，市場変化の圧力が強い産業）の3産業であり，各産業のケーススタディ

〔図表1－1〕 3つの高業績企業における統合のための手段の比較

|  | プラスチック産業 | 食品産業 | 容器産業 |
|---|---|---|---|
| 分化の程度 | 10.7 | 8.0 | 5.7 |
| 主要な統合手段 | ① 統合担当部門<br>② 3つの管理階層における常設の部門間チーム<br>③ 管理者の直接折衝<br>④ 管理階層<br>⑤ 文書制度 | ① 統合担当部門<br>② 臨時的な部門間チーム<br>③ 管理者の直接折衝<br>④ 管理階層<br>⑤ 文書制度 | ① 管理者の直接折衝<br>② 管理階層<br>③ 文書制度 |

出所：Lawrence, P. R. & Lorsch, J. W.（1967）*Organization and Environment: Managing Differentiation and Integration*, Harvard University Press（吉田博訳『組織の条件適応理論：コンティンジェンシー・セオリー』産業能率短期大学出版部，1977）

　企業の数は，プラスチック原材料の開発・販売・製造産業6社，容器製造産業2社，包装食品加工産業2社である。以上のとおり，ケーススタディは合計10社に対して行われ，ケーススタディで用いられたデータ収集方法は，質問票によるサーベイリサーチ（選択肢回答）と半構造化インタビューであり，本研究では定性・定量の両方を含むケーススタディが実施されたことがわかる。
　ケーススタディの方法は，各産業で高業績企業とそれ以外の企業を組織の分化の観点から比較するというものであった。ケーススタディの結果，環境変化の最も激しいプラスチック産業における高業績企業は，組織分化の進展と分化した組織間の統合機能の進んだ企業であることが発見された。また，環境変化の最も激しいプラスチック製造企業と中程度の包装食品加工企業では，統合担当部門が設置されていたが，環境変化が最も緩やかな容器製造企業では，組織分化が最も少なく，組織統合担当部門は設置されていない，などの事実も発見された。このケーススタディ結果を踏まえて，環境変化が激しくなるに従って，組織の分化が必要になり，これに伴い発生する組織内部の問題に対応するために，組織間の統合機能の進展が必要となるが，これを実現した企業が高業績企業となる，という結論を導き出した。同じ産業で同じ環境変化に直面しても，ケーススタディ企業間で問題への認識や対応は各企業によって異なり，認識と

対応が企業間の業績を左右していたのである。

本研究は企業の組織構造面での対応に焦点を当てており、組織内での人間関係や関係者の意識などは中心的な議論とはなっていない。しかし、ケーススタディ企業が組織構造を決めていく背景には、環境要因に適した組織構造を作り出すためのマネジメントスタイルや組織文化、人間関係が存在することが、本研究をまとめた書籍からは読み取れる。

以上のようにマネジメント研究には実にさまざまな領域、人間の捉え方や研究方法が存在する。古典的アプローチはマネジメントには基本的に正しいやり方があり、それを発見・実現することがマネジメント研究の目的となる。この場合、関係者がそれをどう捉えるか、グループや個人の特性によって捉え方が異なる、といった人間の内面世界は重視されることはない。関係者がどう感じるかどうかに関係なく、正しいやり方が存在するという立場である。

人間の捉え方に関して、古典的アプローチと対照的な立場にあるのが、行動アプローチである。行動アプローチにおいては、組織内の個人やグループが彼らをめぐる状況をどのように捉えたか、が重要となる。こちらの立場に立てば、組織や部門が持つ特有の文化や職場の人間関係、個人の特性、個人あるいはグループとしての意識・感情などが重要になるのだ。

そして、条件適合アプローチになると、効果的なマネジメントのやり方は環境によって異なるため、環境に対する正しい理解と対応が必要となる。だが、すべての企業が正しく対応できるわけではなく、正しい対応がとれている企業が高業績となるとの立場をとっている。**同じ外部環境に直面していても組織内部のマネジメントスタイルや人間関係、組織文化などさまざまな要因が影響を与え、企業の対応を決めているのである**。条件適合アプローチは、人間の捉え方について焦点を当てていないが、組織や部門が持つ特有の文化や職場の人間関係、個人あるいはグループとしての意識・感情などの重要性は、条件適合アプローチにも表れていると考えられる。

研究方法も多岐にわたってくる。ホーソン研究では、第1段階では実験グループと統制グループを設定した実験法、第2段階と第4段階では非参与観察、第3段階ではインタビューが行われている（初期は構造化インタビュー、その後は非構造化インタビュー）。条件適合理論（Contingency Theory）という理

論名を生んだローレンスとローシュの研究では，10社に対する定性・定量両面からデータを収集したケーススタディが実施されている。以上のように，研究目的によって研究方法が異なってくるマネジメント分野の研究では，社会に対する存在論・認識論と研究方法に関する深い知識に基づく研究方法の選択が重要となるのである。

〔注〕

(1) マネジメント論前史，古典的アプローチ，行動アプローチ，条件適合アプローチの内容に関しては，英文のマネジメントテキストだけでなく，英語・日本語の経営管理論・組織論・組織行動論などの幅広い書籍を参考文献としている。参考文献の内容は章末の参考文献に記載。
(2) フランスでは1916年に出版されているが，アメリカでフランス語版が出版されたのが，1929年であり，英語翻訳版がアメリカで出版されたのが，1949年であった。そのため，アメリカでの普及は1949年以降となった。

[参考文献]

Bertalanffy, L. V. (1968) *General System Theory: Foundation, Development, Application*, George Braziller（長野敬・太田邦昌訳『一般システム理論：その基礎・発展・応用』みすず書房，1973年）

Burns, T. & Stalker, G. M. (1968) *The Management of Innovation*, Tavistock.

Daft, R. L. (2010) *Management* ($9^{th}$ ed.) South-Western.

H. ファヨール著　佐々木恒男訳（1972）『産業ならびに一般の管理』未来社

Lawrence, P. R. & Lorsch, J. W. (1967) *Organization and Environment: Managing Differentiation and Integration*, Harvard University Press（吉田博訳『組織の条件適応理論：コンティンジェンシー・セオリー』産業能率短期大学出版部，1977）

Pugh, D. S. & Hickson, D. J. (2000) *Great Writers on Organizations* ($2^{nd}$ ed.) Routledge（北野利信訳『現代組織学説の偉人たち：組織パラダイムの生成と発展の軌跡』有斐閣，2003）

Robbins, S. P. (2005) *Essentials of Organizational Behavior* ($8^{th}$ ed.) Prentice Hall.（髙木晴夫訳『新版　組織行動のマネジメント』ダイヤモンド社，2009）

Robbins, S. P. (2009) *Management* ($10^{th}$ ed.) Prentice Hall.

Schermerhorn, Jr. J. R. (2010) *Management* ($9^{th}$ ed.) Wiley.

Taylor, F. W. (2006) *The Principle of Scientific Management*, Cosimo（有賀裕子訳『新訳　科学的管理法：マネジメントの原点』ダイヤモンド社，2009）

Urwick, L. F. (1947) *Elements of Administration*, Pitman（堀武雄訳『経営の法則』経林書房，

1961）
Vecchio, R.（1995）*Organizational Behavior*（*3rd ed.*）Dryden Press.
Woodward, J.（1965）*Industrial Organization: Theory and Practice*, Oxford University Press（矢島鈞次・中村寿雄訳『新しい企業組織』日本能率協会，1970）
大橋昭一・竹林浩志（2008）『ホーソン実験の研究：人間尊重的経営の源泉を探る』同文舘出版
奥村惠一（1997）『経営管理論』有斐閣
金井壽宏（1999）『経営組織』日本経済新聞社
金井壽宏・高橋潔（2004）『組織行動の考え方』東洋経済新報社
国島弘行・池田光則・高橋正泰・裴富吉（1992）『経営学の組織論的研究』白桃書房
桑田耕太郎・田尾雅夫（1998）『組織論』有斐閣
須田敏子（2018）『組織行動：理論と実践』NTT出版
吉原正彦編（2013）『メイヨー＝レスリスバーガー：人間関係論』文眞堂

# 第2章 存在論・認識論・研究アプローチ

　第1章を通して，マネジメント研究においてわれわれ人間が生き，生活している社会という存在をどう捉え（存在論），どう認識するか（認識論）の重要性はご理解いただけたと思う。本章ではいよいよ存在論・認識論の具体的な内容に入っていく。さらに存在論・認識論の立場に応じて，研究方法は大きく2つに分かれる。本書では存在論・認識論の立場によって2つに大別される研究方法を，研究アプローチを呼ぶこととする。存在論・認識論・研究アプローチの関係を示したのが，**図表2－1**である。

　図表2－1に示したとおり，**社会の捉え方は2つに大別される。一方が，実在主義・実証主義・演繹法であり**（図表2－1の左側），**もう一方が，構成主義・社会構成主義・帰納法である**（図表2－1の右側）。本書では実在主義・

〔図表2－1〕社会科学における社会に対する基本的仮定
存在論・認識論・研究アプローチ

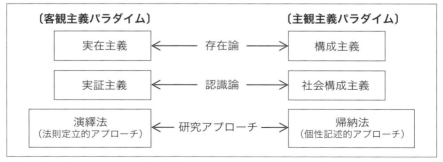

出所：Burrell, G. & Morgan, G. (1979) *Sociological Paradigms and Organizational Analysis*, Ashgate を基に一部修正

実証主義・演繹法の側を，客観性を重視する立場として客観主義パラダイムと，構成主義・社会構成主義・帰納法の側を，主観性を重視する立場として主観主義パラダイムと呼ぶこととする。もっとも，社会の捉え方に関する立場（社会に対する哲学的立場）は，この2つだけではなく，存在論・認識論の分類に関して，3分類（野村, 2017; Easterby-Smith et al., 2002），4分類（Tsang, 2017; Bryman, 2016; Bryman & Bell, 2007, 2015; Lincoln & Guba, 2000, Creswell & Creswell, 2018; Walliman, 2018）とする立場もある。これらの分類では，相対主義（Relativism），ポスト実証主義（Post-Positivism），批判的実在論（Critical Realism），プラグマティズム，ポストモダニズムなどの社会に対する哲学的立場が分類の中に登場している。これらの3分類・4分類において登場する社会哲学の学派の中でポストモダニズム以外の学派は，本書の2分類（客観主義パラダイム・主観主義パラダイム）の間に位置する中間的な立場である（野村, 2017; Eaterby-Smith et al., 2002; Tsang, 2017; Bryman & Bell, 2007, 2015; Bryman, 2016: Lincoln & Guba, 2000; Hatch, 2013, Creswell & Creswell, 2018; Walliman, 2018）。

　これら社会哲学に関するさまざまな立場については「第8章　ケーススタディ①研究方法論の再考」で紹介する。さらに，研究方法の選択において，客観主義・主観主義パラダイムという社会哲学的立場を理解しつつも，両者を許容することによって研究方法に関する選択を自由にし，研究の質を向上させるという方法論的多元主義（Methodological Pluralism）に関しても，「第8章　ケーススタディ①研究方法論の再考」で紹介する。

# 1　存 在 論

### (1)　実在主義

　社会科学が研究対象とする社会とはどんな存在なのか。これが，社会に対する存在論（Ontology）である。存在論は大きく2つの考え方に分かれる。1つは，**人間の外側に存在する社会は，人間の意識・認知からは独立して存在するものであり，人間がそれをどう認識するかにかかわらず客観的に存在する**というものだ。こういった存在論的立場は，実在主義（Realism），基礎づけ主義

(Fundamentalism), 客観主義 (Objectivism) などと呼ばれる (本書では実在主義と記載する)。実在主義では，人間にとって外的世界である社会は，人間の意識よりも先に存在するものであり，人間が自覚する，しないにかかわらずそこに存在するのである。たとえばある現象が発生したとする。発生した現象をわれわれ人間が自覚する場合もあるし，自覚しない場合もある。自覚した場合にはその社会現象に名前をつけたり，特定の意味を当てはめたりして，その社会現象に対して社会グループのメンバーは意味を共有することとなる。他方，発生しても自覚しない場合には，名前もなければ，意味もつかないことになる。このように社会現象には人間が認知するものもあれば，しないものもあるが，実在主義者にとっては，認知しないものも含めて社会現象は客観的事実として，存在しているということになる (Grix, 2010; 野村, 2017; Easterby-Smith et al., 2002; Gill & Johnson, 2002, 2010; Bryman, 1989, 2016; Bryman & Bell 2007, 2015; Burrell & Morgan, 1979; Creswell & Creswell, 2018; Walliman, 2018)。

たとえば，"二酸化炭素の排出によって地球温暖化が発生しており，このままの状態が続くと深刻な環境破壊を生み出す"というステートメントがあったとする。実在主義の立場に立てば，このステートメントは，少なくとも2つの意味から捉えられるだろう。1つ目の意味は，個人がどう認識するかにかかわらず，二酸化炭素の排出によって地球温暖化が発生し，このまま放置すれば深刻な環境破壊を生み出すことは，客観的な事実ということになる。その結果，課題となるのが，どの程度地球温暖化が進展すると地球環境にとって深刻な問題となるのか，多くの二酸化炭素を排出している原因は何なのか，二酸化炭素の排出削減のために何ができるのか，といったことが対応課題となる。2つの意味は，このステートメントが正しいかどうかである。この立場に立てば，地球温暖化は本当に発生しているのかどうかの科学的検証が必要となる。

## (2) 構成主義

実存主義が社会は人間から独立して客観的に存在していると捉えるのに対して，もう1つの考え方は，社会で発生する現象が存在するかどうかは私たち人間の意識や認知による，という立場だ。こちらの立場では，**社会で起こる現象は，人間から独立して客観的に存在するものではない**。私たちが発生した社会現象を認識し，特定の名前や意味を当てはめることによって，その現象には意

味が与えられ，社会グループのメンバーに共有される。この考え方によれば，人間から見て外的世界である社会で発生する現象の意味づけは，個人あるいはグループとしての人間が，その現象をどう捉えるかによって決定づけられるのである。このような立場は構成主義（Constructionism），構築主義（Constructivism），反基礎づけ主義（Non-Fundamentalism），主観主義（Subjectivism），唯名論（Nominalism）などと呼ばれる（本書では構成主義と記述する）（Grix, 2010; 野村，2017; Easterby-Smith et al, 2002; Gill & Johnson, 2002, 2010; Bryman, 1989, 2016; Bryman & Bell, 2007, 2015; Burrell & Morgan, 1979; Creswell & Creswell, 2018; Walliman, 2018）。

　構成主義の立場から，同じ"二酸化炭素の排出によって地球温暖化が発生しており，このままの状態が続くと深刻な環境破壊を生み出す"というステートメントを考えてみる。構成主義においては，社会現象が存在するかどうかは，個人やグループとしての人間の認知・解釈によるのであるから，二酸化炭素の排出によって地球温暖化が発生し，このままの状態が続くと深刻な環境破壊を生み出すかどうかは，個人やグループとしての解釈によって決まることとなる。その結果，二酸化炭素排出によって地球温暖化が発生し，このまま放置すると深刻な環境破壊につながると思う人たちは，二酸化炭素排出を規制したり，削減するための行動を起こすこととなるかもしれない。逆に，二酸化炭素排出と地球温暖化は関係がないと思う人たちは，二酸化炭素排出を規制したり，削減する必要はないと主張することとなるだろう。実際に二酸化炭素排出と地球温暖化との関係が指摘されて以来，意見の異なる両者の存在があったことは読者の皆様もご存知の通りだ。地球温暖化は地球という同じ惑星に住む人々の間で，特定の社会現象に対して異なる意見が存在する良い例であろう。

## 2　認 識 論

　存在論に続くのが，認識論（Epistemology）である。**認識論は，研究対象である社会を認識するにはどうしたらよいか，社会を研究する際の最適な方法に関する一般的な仮定である**（Grix, 2010; 野村，2017; Easterby-Smith et al., 2002; Gill & Johnson, 2002, 2010; Bryman, 1989, 2016; Bryman & Bell, 2007, 2015; Burrell & Morgan, 1979; Creswell & Creswell, 2018; Walliman, 2018）。

## コラム2-1　マルクスとウェーバー

　筆者はイギリス留学中に修士課程・博士課程を通じて研究方法論を学んできた。イギリスの大学での授業で客観主義パラダイムの代表者として取り上げられることが多かったのが，カール・マルクスであった。マルクスは唯物史観や剰余価値説などを提唱し，市場における個々人の意思決定に基づく経済活動よりも計画経済の優位性を主張した人である。こういった主張は，存在論では，社会とは人の意識とは独立して客観的に存在するとの実在論に立ち，認識論では，人がどのように社会現象を認識しようと，その現象の発生には，外的刺激と社会現象との間には客観的に測定できる特定の因果関係が成り立つとする実証主義に立たなければ成り立たない主張である。たとえば，唯物史観は，人の精神や心の根底には物質があると考え，物質から人間への影響を重視する唯物論に基づく考え方である。唯物史観では物質的生産関係を重視し，生産力の発展を求めて生産関係が変化することによって，原始共同体，奴隷制，封建制，資本主義というように社会構造は変化してきたと主張する。つまり，物質的生産関係によって，社会や政治，人の意識などは制約されるのである。社会人間が自身の意識を有する存在であることは認めつつも，マルクスにとっては，人間の意識がその存在を規定するのではなく，人間の社会的存在がその意識を規定するのである。ここで述べられている主張は，社会は人間の意識とは別に存在するという存在論であり，人間の意識が社会を規定するのではなく，社会が人間の意識を規定するという認識論である。まさに実在主義・実証主義的な社会と人間の関係に立脚した主張と考えられる。そして，外的社会と人間行動間の因果関係では，外的社会が原因（独立変数）で，人間行動が結果（従属変数）となる（熊野, 2018; 佐々木, 2018）。

　研究パラダイムのもう1つの立場である主観主義パラダイムの代表的研究者として授業で登場したのが，マックス・ウェーバーであった。本文でも紹介したように，社会構成主義における研究目的を表す言葉として，「理解」のドイツ語表現であるVerstehenがしばしば用いられる。ドイツ語が用いられるのは，ウェーバーが社会科学の目的として，研究対象である社会グループの意識・内面世界を理解することとして，Verstehenとの言葉を用いたためといわれている。たとえば，ウェーバーは市場メカニズムの存在が可能となるには，人間の倫理・道徳などの内面的な動機付けが必要と主張する。ウェーバー流に捉えると，人の内面世界が市場という外的世界を規定するのである。マルクスとは逆の発想である。ウェーバーにとっても人の行動に対する因果関係は重要である。その重要な因果関係を知るためには，客観的な状況分析だけでは不十分で，対象となる人や社会グループが，彼らの置かれた状況をどのように捉え，感じたかを理解する必要がある。客観的にみれば同じような状況であったとしても，個人や社会グループによってその状況の捉え方や感じ方，行動の仕方は異なってくる。これは人間特有のもので，自然科学の対象である物体や物質，臓器などとは異質のものである。社会科学には自然科学とは異なるアプローチが必要だというのが，主観主義パラダイムの立場である（山之内, 1997; 仲正, 2014）。

認識論は社会科学の研究にとって特に中心的で重要な概念である。そのため，認識論の中に存在論を含めてしまい，認識論から出発して研究方法論を組み立てる場合も多く，認識論は選択した研究方法（Research Method）が理論的に正しいことを証明する際の核となる概念である。

## (1) 実証主義

認識論は存在論の立場によって2つに大別される。社会は人間の意識の外に独立して客観的に存在するとの実存主義の立場に立てば，人間の外的世界である社会は，客観的に捉えることができ，分析でき，測定可能な存在ということになる。そしてこの人間から独立して存在する社会現象には，何かそれを発生させる原因があるはずであり，発生原因に関しても客観的に測定可能なはずである。もちろん発生だけでなく，発展や衰退といったプロセスにも原因があるはずで，これらも客観的に測定可能なはずである。そして，客観的に測定できるとすれば，社会現象に本当に影響を与えている真の原因をつきとめることができるはずだ。つまり，**社会科学における研究の目的は，社会現象に関する原因と結果に関する因果関係を解明すること，あるいは社会で発生する現象を正しく説明・予測すること**となる。別の言い方をすると，人間の外的世界で発生する現象には因果関係に関する普遍的法則（Covering Law）が存在し，この法則を発見するのが社会を知るために必要な方法であり，社会科学の目的となる。このような認識論的立場を実証主義（Positivism）という。

実証主義では，社会現象は人間がどう感じるかにかかわらず客観的に存在し，普遍的法則に則って社会現象は発生・推移するとの前提に立つ。そのため，社会現象をもたらしている因果関係に関する仮説を設定することができるし，さらに設定した仮説が正しいかどうかを，データをもって検証できるとする立場をとる。実証主義のこの立場は，自然界で発生する現象を対象に因果関係を追究する自然科学と基本的に同じ立場である。社会科学で最初に提唱された認識論は実証主義であり，その概念をまとめたのは，18世紀のフランス人哲学者オーギュスト・コントと言われている。実証主義は現在に至るまで社会科学の中心的な認識論であり，マネジメント分野においても実証主義に基づく理論は，中心的な理論となっている。組織論分野における実証主義に基づく理論群は，機能主義組織論（Barrell & Morgan, 1979），モダンパースペクティブ（Hatch,

2013）などと呼ばれる。

　社会で発生する現象は，人間からは独立した存在であり，客観的に測定可能な因果関係が存在するとの実証主義の研究は，以下のようないくつかの前提を有している（Grix, 2010; 野村, 2017; Easterby-Smith et al, 2002; Gill & Johnson, 2002, 2010; Bryman, 1989, 2016; Bryman & Bell, 2007, 2015; Burrell & Morgan, 1979; Creswell & Creswell, 2018; Walliman, 2018）。

### ●現象主義

　人間の外的世界は人間とは独立的・客観的に存在しているため，実際に現象として発生したもののみが研究の対象となる。その結果，人々が社会現象をどう捉えたかなど関係者の考え方などは考慮しない。関係者たちがどう認識しようと，社会現象は独立的・客観的に存在しているためだ。同時に現象としてまだ発生していないことも研究対象としない。たとえば，研究対象の人たちが，彼らを取り巻く状況をどう捉えていて，次にどのような行動をとろうとしているのか，などに関する意見を研究対象の社会グループから聞くことはない。研究対象である社会グループが，次にどのような行動をとるかという予測は，これまでの現象や理論的考察に基づいて研究者が行うものである。

### ●独立性

　研究対象となる社会現象は，研究者とは独立して客観的に存在するため，研究者と社会現象はそれぞれ独立した存在となる。そのため，研究者の存在が研究対象となる社会グループメンバーに影響を与えることはない。

### ●客観主義あるいはValue-Free（価値判断に基づかない）

　研究対象や研究方法などは，研究者の価値観とは無関係に科学的・客観的に選択される。同時に収集したデータの解釈も客観的に行われるため，研究者のこれまでの経験・知識・価値観などの影響を受けることはなく，科学的・客観的に行われる。

### ●還元主義

　分析の単位は，できる限り単純な要素に還元されたときに，よりよく理解さ

> **コラム2-2　すべてのカラスは黒い**
>
> 　カール・ポパーは，科学と非科学を区別するのは，反証（Falsification）できるかどうかである。通常，理論が提案されるとその理論の主張が正しいかどうかの検証（Verification）が行われ，多くの検証がなされれば，その理論は正しいということになる。たとえば万有引力の法則の主張が正しいかどうかが，多くの理論的研究・実験研究などによって検証され，正しさが証明されるという具合だ。だが，ポパーは，科学かどうかは検証ではなく，反証できるかどうかにかかっていると主張した。
>
> 　科学とは，その理論が説明できない現象が発生した，あるいは理論とは異なる結果となった場合には，その理論が誤りであったことが証明できるものである。理論を反証することができるのが，ポパーにとっての科学なのである。ポパーが科学の例として挙げた命題が「すべてのカラスは黒い」である。もし黒色以外のカラスが発見されたら，この命題は反証できるからだ。実際にニューヨークの動物園には白いカラスの一群がいるということだ。「カラスは黒い」との命題は立派に反証された科学的命題なのである（カール・ポパー『科学的発見の論理（上）』pp. 103-107）。反証できなければ科学ではない，としたポパーの立場は，社会現象は人間から独立して客観的に存在し，それを正しく説明するのが社会科学であるとする実証主義の立場である。
>
> 　実は，社会科学の世界にも反証できない主張というのは数多く存在する。「コラム2-1：マルクスとウェーバー」で，実証主義の典型例として紹介したカール・マルクスの議論も，皮肉なことに反証できない主張の例である。たとえば，コラムで取り上げた物質的生産関係によって社会や政治，人の意識は制約されるという唯物史観の主張を反証することは不可能だろう。ポパー流にいえば，マルクスは科学ではないこととなる。たしかにマルクスの主張は，反証可能な「すべてのカラスは黒い」という主張とは異質なものである。

れると考える。実証主義においては社会現象に関する因果関係の解明が研究目的となるため，因果関係を構成する原因と結果は，なるべく還元化すべきこととなる。原因の側を考えれば，原因を構成する複数の原因を個別原因に還元化していく。結果の側も，同様に複数あると推測される結果を，還元化された形にして，複数設定していくのだ。

●**仮説検証型研究**

社会で発生する現象は客観的に把握できる因果関係あるいは普遍的法則があるため、研究は、因果関係あるいは普遍的法則に関する仮説を設定し、関連するデータ収集によって仮説の真偽を検証するとの手順で行われる。

●**操 作 化**

研究対象を測定可能にするために操作化を行う必要がある。操作化の方法は、本章の「3　研究アプローチ　(1)演繹法」で紹介する。

## (2)　社会構成主義

認識論のもう1つの立場は、存在論における構成主義に基づいた立場である。こちらの立場に立てば、社会で発生する現象の存在は、人々の認知によって発見されるものであり、社会現象は人間から独立して存在してはいない。その結果、社会現象の存在自体を認識しているかどうかも含めて、人々がどのように社会現象を解釈しているかが非常に重要となる。社会で発生する現象は、個人やグループとしての人間の主観によって意味づけられるため、すべての人に当てはまる普遍的な法則は存在しないこととなる。1つの社会現象の持つ意味は、それを解釈する個人や社会グループによって異なり、社会における現実がもつ意味も、人々の主観によって異なってくるのである（Grix, 2010; 野村, 2017; Easterby-Smith et al., 2002; Gill & Johnson, 2002, 2010; Bryman, 1989, 2016; Bryman & Bell, 2007, 2015; Burrell & Morgan, 1979; Creswell & Creswell, 2018; Walliman, 2018）。

こうなってくると、社会現象を知るためのアプローチは、その社会現象の関係者たちが、どのようにその現象を解釈しているかを知ることとなる。この立場に立つと、**社会科学の研究目的は、研究対象である社会現象の関係者たちの内面世界を理解すること**となる。コラム2-1でも触れたが、この内面世界の理解を研究の目的として主張したドイツ人研究者マックス・ウェーバーの言葉を借りて、ドイツ語で理解を意味するVerstehenという言葉が用いられることが多い。このような認識論的立場は、社会構成主義（Social Constructionism）、社会構築主義（Social Constructivism）、解釈主義（Interpretivism）、主観主義（Subjectivism）、反実証主義（Anti-Positivism）、相対主義（Relativism）[1]

などと呼ばれる（本書では社会構成主義と記述する）。実証主義の社会に対する見方は，自然科学と同じ立場であるのに対して，社会構成主義では社会科学の対象である人間と，自然科学の対象である動物（細胞・臓器などを含む）や物体，物質などとの違いを強調する。人間には内部ロジックがあり，同じ状況や刺激に遭遇しても，人によって異なる解釈を示すためだ。社会構成主義の研究前提は以下のとおり，実証主義とは相反するものである（Grix, 2010; 野村, 2017; Easterby-Smith et al., 2002; Gill & Johnson, 2002, 2010; Bryman, 1989, 2016; Bryman & Bell, 2007, 2015; Burrell & Morgan, 1979; Creswell & Creswell, 2018; Walliman, 2018）。

● **反現象主義**

研究課題として設定した社会現象の関係者たちがもつ主観や内面世界を理解することによって，関係者たちがなぜある特定の意思決定や行動をとったのかを知ることができる。実際にとられた行動のみを研究対象とする現象主義では，関係者の主観・内面世界を研究対象としないため，なぜ・どのように関係者が特定の行動をとったのかはつかめなくなってしまう。

● **反独立性**

研究対象者たちから研究者は独立した存在ではない。**研究環境あるいは研究者自体が研究対象者に影響を及ぼすことは，社会構成主義にとっては重要な考慮事項である**。たとえばインタビューにおいてインタビュアーの存在は，インタビュイーに影響を与えるかもしれない。「本当はこう考えているけれど，それをいうと社会的に良く思われないだろうから，別の回答をしておこう」というのは，多くの人にとって理解できる行動であろう。心理学用語でいうと，社会的望ましさから調査に対して自らの考えとは異なる回答をするなどの行動を「社会的望ましさ傾向」という。多くの人がこの傾向をもっていることは広く知られている。さらに，インタビューや観察などが長期にわたり，研究者と研究対象者の間に人間関係が生じれば，研究者の意見に研究対象者が影響を受けることが考えられるし，研究環境自体が研究対象者の意見や行動を変えてしまうことも考えられる。逆に，長期間研究対象である社会現象の現場にいれば，研究者が影響を受けて，意見や行動を変えてしまうことも考えられる。以上の

ように，研究者と研究対象者の間，研究環境と研究対象者・研究者の間などにおいても，1つの社会現象が発生していると捉えるのが社会構成主義の立場である。

● 反客観主義

　研究テーマや研究対象者，研究方法の選択，研究結果の分析方法などは，研究者自身の主観的判断が影響を与える。研究者自身も置かれた立場・知識・経験・価値観などさまざまな状況によって影響を受ける存在なのである。たとえば，インタビューで同じ回答に遭遇したとしても，知識や経験，価値観などによって研究者の理解は異なってくる。知識に関していえば，同じ回答であっても，知識を有する理論分野によって研究者が分析に用いる理論分野は異なり，その結果，分析方法も研究で得られる結果も異なるといったことだ。また，研究者の性別，国籍，民族など社会的背景あるいは研究者の個人特性などに影響を受ける可能性がある。社会構成主義では，研究者自身も主観をもった個人と捉えるため，研究者は研究の対象者から得られる回答を客観的に判断することはできない存在と考えられる。研究対象者・研究者の両者は，ともに特定の社会文脈の中で生きている存在であり，社会的な現実を彼らのレンズを通して見，そして解釈するのである。

● 反還元主義

　人の解釈や意見は，単純に一要因によって決まることは少なく，複雑な要因が絡み合っていることが多い。その結果，できる限り単純な要素に還元するという還元主義では，社会現象を正しく把握することはできないこととなり，**複雑性を含んだ研究対象である社会現象の全体を捉えることが重要となる。**

● 反仮説検証型研究

　社会構成主義に立てば社会現象に普遍的法則は存在しない。そのため，普遍的法則があることを前提に仮説を設定すること，それを検証することもあり得ないこととなる。社会構成主義で重要なのは，研究対象となる人たちの内部ロジックから社会現象を捉えることであるため，まず研究対象の社会グループの中に入っていき，彼らの感じ方を理解することである。

> **コラム2-3　実証主義の問題（1）（Hawthorne Effect）**
>
> 　実証主義では，研究者あるいは研究環境と研究対象者は独立した存在であり，研究者や研究環境が研究対象者に影響を与えることはないとの前提に立っている。だが，実際には研究者や研究環境が研究対象者に影響を与えることはこれまでの多くの研究が指摘しているところである。その代表例として有名なのは，ホーソン研究における"ホーソン・エフェクト"と呼ばれる現象である。「第1章　マネジメント研究と方法論の重要性」で紹介したように，ホーソン研究の第2段階である継電器組み立て作業で，一貫して生産性が向上した原因は，研究対象グループのメンバーが，自分たちは選ばれたエリートなのだからがんばらなければならないという意識であった。まさに研究環境が，研究対象グループに影響を与えた例であり，"ホーソン・エフェクト"という言葉で語り継がれている（Robbins, 2005, 2009; Bryman & Bell, 2007, 2015; Gill & Johnson, 2002, 2010）。なお，「第5章　実験法・準実験法」で紹介するが，第1段階の照明実験で照明と生産性との関係が現れなかったのは，研究環境が研究対象者に影響を与えたからではないかとの意見が出されている（大橋・竹林，2008）。

　社会構成主義は20世紀になって提唱され，初期の代表的な研究者としてはウェーバーやミードなどが挙げられる。さらにバーガーとルックマン（1966）によって進化され，ここ40～50年に急速に普及してきた認識論的立場である。バーガーとルックマンが『日常世界の構成』（1966）で示した"主観的な行為が繰り返し行われる中で，その行為は習慣化されていき，個人にとって次第に客観的な社会的現実として受け入れられるようになる"という社会現象に対する見方は，その後の研究に大きな影響を与えるものであった。彼らによれば，人間が社会現象をどう捉えるかは，人間グループの中における間主観性（Inter-Subjectivity）によって形成された暗黙の理解に基づくものである。間主観性とは人々の間で発生する主観的体験の領域であり，この領域が歴史観や文化を共有している感覚をもたらす。バーガーとルックマンにとっては，社会現象は客観的に存在するものではなく，人々がお互いに行為を行う中で社会的に構成されるものなのである。

## 3　研究アプローチ

　存在論・認識論的立場が明らかとなったら，研究でデータ収集のために用いる研究方法の決定である。研究方法の決定には，存在論・認識論に連動して決定されるレベルと，データ収集で用いられる研究方法の決定レベルという2つのレベルに分けられる。本書では存在論・認識論に連動して決められるレベルを研究アプローチ，データ収集で用いられる方法の決定を研究方法と表現する。本章では，存在論・認識論に連動して決められるレベルである研究アプローチに関して紹介し，第4章以降で個別の研究方法について紹介していく。図表2－1に示したとおり，存在論・認識論の立場が実在主義・実証主義（客観主義パラダイム）であれば演繹法をとり，構成主義・社会構成主義（主観主義パラダイム）の立場であれば，帰納法をとることとなる。以下に演繹法と帰納法の内容を紹介する。

### (1)　演繹法（法則定立的アプローチ）

　演繹法は，人間にとって外的世界である社会は個人の認識とは別に客観的に存在するという実在主義，客観的に存在する社会現象には因果法則が存在するため，社会をよりよく知る方法は，因果関係の解明にあるとの実証主義に立つものである。演繹法のプロセスは以下のとおりである。まず，研究対象である社会現象に関して，既存理論や先行研究に基づいて仮説を構築する。次いで，

**（図表2－2）演繹法のプロセス**

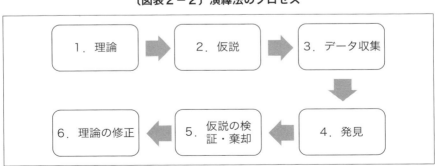

出所：Bryman, A. & Bell, E.（2007）*Business Research Methods*（$2^{nd}$ *ed.*）Oxford University Press を基に作成

〔図表2-3〕概念の操作化

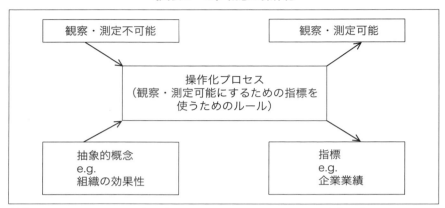

出所：Gill, G. & Johnson, P.（2010）*Research Methods for Managers*（$4^{th}$ ed.）SAGE Publicationsを基に作成

設定した仮説が正しいか（検証），正しくないか（棄却）を知るために関連データを収集する。そして，収集したデータを分析し，最終的に設定した仮説が正しいか，正しくないかを導き出す。正しい場合には，社会現象に関するなんらかの新たな普遍的法則が発見されたことになり，新規理論の発見や既存理論の修正が行われる。正しくない場合には，設定した仮説が間違っていることとなり，こちらも必要に応じて既存理論の修正などが行われる。

　演繹法で重要となるのは，**研究対象となる社会現象を測定できる形に指標化するということだ。これなしには仮説の検証や棄却は不可能である**。この研究対象である社会現象に関する抽象的な概念を測定可能な形への転換プロセスを操作化（Operationalization）という。たとえば，「女性管理職比率や外国人管理職比率の向上など，ダイバーシティの向上が組織の効果性を高める」という仮説を検証したとする。従属変数について考えてみると，効果性という抽象的な概念を企業業績（営業利益・ROAなど）という測定可能な形に転換する，独立変数については，女性管理職・外国人管理職の定義（部下をもつライン管理者であることなど）を決め，定量的に測定可能とする。それ以外にも，女性管理職比率・外国人管理職比率以外に企業業績に影響を与える可能性のある変数を特定して，コントロール変数などとして設定する，などの対応が必要とある。

操作化による測定可能な指標への転換は，実証主義の"研究単位はできる限り単純な要素に還元されたときに，よりよく理解される"との還元主義の具体的な実施方法といえる。もう1つ重要なことは，操作化によって収集されるデータは主に定量データ[(2)]ということである。定量データの収集によって，仮説の検証や棄却は可能となるのである。"社会現象には，必ず原因があり，普遍的法則がある"との実証主義の立場において，研究の目的は実際に社会現象に影響を与える原因を発見することであり，社会現象に影響を与えているようにみえるが，実は与えていない原因を取り除くことである。**これが仮説を設定し，それを検証する目的である。そしてこれを可能にするのは，定量データである**（Grix, 2010; 野村，2017; Easterby-Smith et al., 2002; Gill & Johnson, 2002, 2010; Bryman, 1989, 2016; Bryman & Bell, 2007, 2015; Burrell & Morgan, 1979; Creswell & Creswell, 2018; Walliman, 2018）。

### (2) 帰納法（個性記述的アプローチ）

帰納法は，社会現象は人間から独立しては存在せず，社会現象はそれを解釈する人間の主観によって影響を受けるとする構成主義，人間の解釈によって意味づけされる社会現象を知るためには，研究対象となる社会現象の関係者たちの捉え方や解釈を理解することが研究目的である，という社会構成主義に基づくものである。

帰納法は実社会に対する観察からスタートし，観察して得たデータに基づき社会現象に対する説明を行い，理論化を図っていく。**帰納法では，事前に理論**

**〔図表2-4〕演繹法と帰納法の比較**

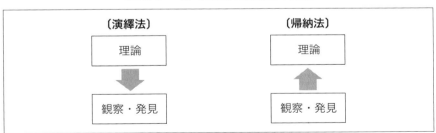

出所：Bryman, A.（2016）*Social Research Methods*（5th *ed.*）Oxford University Pressを基に作成

### コラム2-4　実証主義の問題（2）（Theory Laden）

　実証主義では，研究対象・研究方法の選択，収集されたデータ解釈などは，研究者の経験・知識・価値観などの影響は受けずに科学的・客観的に行われるとする前提に立っているが，果たしてそのようなことは可能なのだろうか。たとえば，検証する仮説の設定，あるいは収集したデータ分析方法の選択に研究者の経験や知識は影響されないのだろうか。客観的な事実と研究者は認識し，主張したとしても，それは研究者が知識として持っている理論に基づいて認識された事実ではないだろうか。そもそも仮説設定に基づいて研究を行うという方法は，研究者がそれに慣れていて知識・スキルがあるために選択したのではないかとも考えられる。たとえば，定量分析に慣れていて知識・スキルがあるので，定量分析につながる仮説設定から始まる研究を選択したのではないかといった具合である。これらの問題は，数多くの研究者によって主張されてきた問題であり（Kuhn, 1962; Hanson, 1958; Burrel & Morgan, 1979），Theory Laden（特定の理論への依存性）という言葉で総称されている。Theory Ladenとは，研究課題の設定から研究対象・研究方法（データ収集方法），データ分析・データ解釈という一連の研究の流れにおいて，研究者が純粋に客観的な判断を行うのではなく，知識・経験・価値観などによる主観的要素を含んで判断を行うことである。ハンセン（1958, p.7）はこれを"実際に目が見たもの以上を観察する"と表現する。研究者は決して中立的に研究対象を観察できないのである。いかなる研究も特定の知識・視点あるいは特定のパラダイムから見た知識なのである（Burrel & Morgan, 1979）。

　Theory Ladenは，Semantic Form（意味型）とPerceptional Form（認知型）に分かれるとの考え方がある（Schindler, 2013）[3]。Semantic Formは，研究者が自身の知識・経験に基づいて研究を行うことである。特に既存理論の分析から仮説設定を行う実証主義の研究において，既存研究に対する研究者の知識は不可欠であり，Semantic FormのTheory Ladenは避けて通れないと思われる。既存研究に準拠しながら，客観主義をとるのは，実証主義における矛盾といえる。Perceptional Formは人間の認知のバイアス面でのTheory Ladenである。外的世界である環境の認知に対して，選択的知覚，ステレオタイプ，投射など人間が数多く面でバイアスを持っていることは，これまでの研究によって明らかになっており，Perceptional FormでのTheory Ladenも避けて通れない。実証主義が主張する純粋に客観的な観察は実現不可能な前提なのである。

的仮説を設定することなく,まず研究対象となる個人や社会グループからデータを収集する。データには,彼らの体験したことやその時々で感じたことなど研究対象者たちの内面世界に関するデータや研究対象者たちが外部世界をどう捉えたかに関するデータなどさまざまなデータが含まれる。

複雑性を含んだ社会の現実により迫るためには,社会現象の全体像を捉えることが重要となるため,帰納法において重要なのは,社会現象の現場データをなるべく多く,多角的に収集することである。実証主義の還元主義とは逆の,全体に迫る(Holistic View)が,キーワードとなる。以上のように,帰納法においては,研究対象である社会現象の関係者たちの内部ロジックを理解しながら,研究対象の社会現象の全体像に迫ることが重要となる。そのためには,定量データの収集ももちろん必要であるが,**収集するデータの中心は定性データとなる**(Grix, 2010; 野村,2017; Easterby-Smith et al, 2002; Gill & Johnson, 2002, 2010; Bryman, 1989, 2016; Bryman & Bell, 2007, 2015; Burrell & Morgan, 1979; Creswell & Creswell, 2018; Walliman, 2018)[4]。

〔注〕
(1) 相対主義(Relativism)には,社会構成主義を表す言葉として用いる立場(Walliman, 2018),実証主義と社会構成主義の中間と捉える立場(Easterby-Smith et al.,2002)など複数存在する。
(2) 演繹法で収集されるデータは必ず定量データというわけではない。演繹法で収集されるデータは定量データとなりやすい(Quantitative data tend to be gathered)ということである。
(3) Theory Laden=Semantic Formとし,Perceptional Formは認知のバイアスとして別に議論する場合もある。
(4) 帰納法で収集されるデータは必ず定性データというわけではない。帰納法で収集されるデータは定性データとなりやすい(Qualitative data tend to be gathered)ということである。

[参考文献]

Berger, P. L. & Luckmann, T. (1966) *The Social Construction of Reality*(山口節郎訳『日常世界の構成:アイデンティティと社会の弁証法』新曜社,1977)
Bryman, A. (1989) *Research Methods and Organization Studies*, Routledge.

Bryman, A. (2016) *Social Research Methods* (5*th* ed.) Oxford University Press.
Bryman, A. & Bell, E. (2007) *Business Research Methods* (2*nd* ed.) Oxford University Press.
Bryman, A. & Bell, E. (2015) *Business Research Methods* (4*th* ed.) Oxford University Press.
Burr, V. (1995) *Introduction to Social Constructionism*, Routledge.
Burrell, G. & Morgan, G. (1979) *Sociological Paradigms and Organizational Analysis*, Ashgate.
Burrel, G. & Morgan, G. (1979) Sociological Paradigms and Organizational Analysis, Ashgateの一部を翻訳（鎌田伸一・金井一賴・野中郁次郎訳『組織理論のパラダイム：機能主義の分析枠組み』千倉書房，1986）
Chamers, A. F. (1982) *What is This Thinking Called Science?* (2*nd* ed.), University of Queensland Press（高田紀代志・佐野正博訳『科学論の展開：科学と呼ばれているのは何なのか？』恒星社厚生閣，1985）
Chamers, A. F. (1998) *What is This Thing Called Science?* (3*rd* ed.) University of Queensland Press（高田紀代志・佐野正博訳『科学論の展開：科学と呼ばれているのは何なのか？』恒星社厚生閣，2013）
Creswell, J. W. & Creswell, J. D. (2018) *Research Design: Qualitative, Quantitative and Mixed Methods Approaches* (5*th* ed.) SAGE Publications.
de Vaus, D. A. (2001) *Research Design for Social Research*, SAGE Publications.
Easterby-Smith, M., Thorpe, R. & Lowe, A. (2002) *Management Research: An Introduction* (2*nd* ed.) SAGE Publications（木村達也・宇田川元一・佐渡島紗織・松尾睦訳『マネジメント・リサーチの方法』白桃書房，2009）
Gill, G. & Johnson, P. (2002) *Research Methods for Managers* (3*rd* ed.) SAGE Publications.
Gill, G. & Johnson, P. (2010) *Research Methods for Managers* (4*th* ed.) SAGE Publications.
Grix, J. (2010) *The Foundation of Research* (2*nd* ed.) Pulgrave.
Hakim, C. (1992) *Research Design: Strategies and Choices in the Design of Social Research*, Routledge.
Hanson, N. R. (1958) *Patterns of Discovery: An Inquiry into the Conceptual Foundation of Science*, Cambridge University Press.
Hatch, M. J. (2013) *Organization Theory: Modern, symbolic, and Postmodern Perspective* (3*rd* ed.), Oxford University Press（大月博司・日野健太・山口善昭訳『Hatch組織論：3つのパースペクティブ』同文舘出版，2017）
Hollis, M. (1994) *The Philosophy of Social Science: An Introduction*, Cambridge University Press.
Kuhn, T. S. (1962) *The Structure of Scientific Revolution*, University of Chicago Press（中山茂訳『科学革命の構造』みすず書房，1971）

Laing, R. D. (1967) *The Politics of Experience and the Birds of Paradise*, Penguin.
Lincoln, Y. S. & Guba, E. G. (2000) "Paradigmatic Controversies, Contradictions, and Emerging Confluences", in Denzin. N. K. & Lincoln. Y. S. (eds.) *Handbook of Qualitative Research* ($2^{nd}$ ed.) SAGE Publications.
Popper, K. R. (1959) *The Logic of Scientific Discovery*, Hutchinson (大内義一・森博訳『科学的発見の論理』恒星社厚生閣,1971)
Robbins, S. P. (2005) *Essentials of Organizational Behavior* ($8^{th}$ ed.) Prentice Hall (髙木晴夫訳『新版　組織行動のマネジメント』ダイヤモンド社, 2009)
Robbins, S. P. (2009) *Management* ($10^{th}$ ed.) Prentice Hall.
Schindler, S. K. (2013) Observation and Theory-Ladenness, in B. Kaldis (ed.) *Encyclopedia for Philosophy and the Social Science*, SAGE Publications.
Tsang, E. W. K. (2017) *The Philosophy of Management Research*, Routledge.
Walliman, N. (2018) *Research Methods* ($2^{nd}$ ed.) Routledge.
内田義彦（1971）『社会認識の歩み』岩波書店
大塚久雄（1966）『社会科学の方法：ヴェーバーとマルクス』岩波書店
大塚久雄（1977）『社会科学における人間』岩波書店
大橋昭一・竹林浩志（2008）『ホーソン実験の研究：人間尊重的経営の源流を探る』同文舘出版
熊野純彦（2018）『マルクス資本論の哲学』岩波書店
佐々木隆治（2018）『カール・マルクス：「資本主義」と闘った社会思想家』筑摩書房
髙橋正泰（1992）「組織シンボリズム」国島弘行・髙橋正泰・池田光則・裴富吉著『経営学の組織論的研究』白桃書房
仲正昌樹（2014）『マックス・ウェーバーを読む』講談社
野村康（2017）『社会科学の考え方：認識論，リサーチ・デザイン，手法』名古屋大学出版会
長谷部文雄（1935）『賃労働と資本』岩波書店
山之内靖（1997）『マックス・ヴェーバー入門』岩波書店
吉本隆明（2006）『カール・マルクス』光文社

# 第3章 マネジメント研究：研究方法論の選択

## 1 リサーチクエスチョンと研究方法論

　第2章で，存在論から認識論，研究アプローチにいたる研究パラダイムにおける客観主義と主観主義という2つの立場と，それぞれの立場で収集されるデータの性質について紹介してきた。では，異なる2つの立場の研究パラダイムの選択はどのように行われるのか。本章では，リサーチクエスチョンから研究パラダイムの選択につながる部分を紹介することで，本書における研究方法論の定義である"リサーチクエスチョンに基づき，研究の基盤となっている存在論・認識論的立場を理論的に正当化したうえで，研究で活用する研究アプローチとデータ収集のための研究方法を理論的に正当化しながら選択していくプロセス"を具体的に説明していきたい。

　リサーチクエスチョンから存在論・認識論・研究アプローチという研究パラダイム，研究方法，収集されるデータの性質にいたる全体的な流れを紹介したのが，**図表3-1**である。図に示したように，リサーチクエスチョンによって，客観主義パラダイム・主観主義パラダイムのどちらの側に行くのかが決まってくる。

　では，どのようなリサーチクエスチョンが客観主義パラダイムの側に入り，どのようなリサーチクエスチョンが主観主義パラダイムの側に入るのだろうか。以下で客観主義パラダイムに続くリサーチクエスチョンのタイプと，主観主義パラダイムに続くリサーチクエスチョンのタイプを紹介していく。

**〔図表3-1〕研究で追究するリサーチクエスチョンと研究方法論の関係**

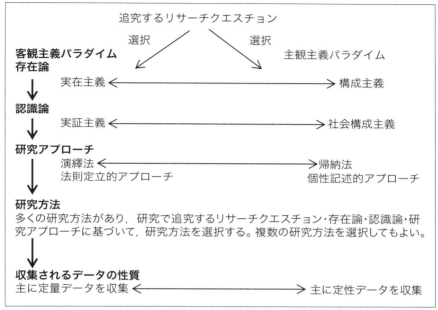

出所：筆者作成

## (1) 客観主義パラダイムのリサーチクエスチョン

### ① 客観主義パラダイムの研究プロセスとリサーチクエスチョン

まず客観主義パラダイムの側からみていく。**図表3-2**をみてほしい。客観主義パラダイムでは，文献レビューに基づいて理論的フレームワークを設定し，仮説を構築する。構築した仮説の検証が研究目的となる。次いで，データ収集のための研究方法の決定など研究の全体設計を行い，操作化方法の決定，研究対象の社会グループ（母集団）の決定，母集団の中からデータ収集対象者（サンプル）の決定，と進んでいく。ここまでくると次は，研究を実施してデータを収集する。収集したデータを分析した結果，なんらかの発見があり，結論となる。この発見と結論部分が，データから得られた発見と設定した仮説との関係によって，仮説の検証あるいは棄却という結果を得る部分である（Bryman, 2016; Bryman & Bell, 2007, 2015）。

## (図表3-2) 客観主義パラダイムの研究プロセス

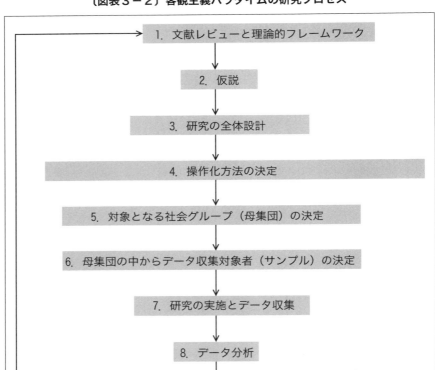

出所：Bryman, A. & Bell, E. (2015) *Business Research Methods* (4*th* ed.) Oxford University Pressを基に一部修正

　以上のように，**客観主義パラダイムにおいては，仮説がそのままリサーチクエスチョンとなる**。図表3-2ではリサーチクエスチョンの記述がなく，仮説からいきなり研究の全体設計に進んでいることからも仮説＝リサーチクエスチョンであることがわかる。そして，リサーチクエスチョン（仮説）は検証や棄却がされるものでなければならない。

## ② 客観主義パラダイムの研究におけるリサーチクエスチョンの例

客観主義パラダイムの研究におけるリサーチクエスチョンの例を紹介する[1]。

〔リサーチクエスチョン例1〕
**仮説1**：プロセスマネジメントの経験年数の長さは、組織において戦略的モメンタムとして作用する。
**仮説2**：事故の規模の大きさは、組織において戦略的モメンタムとして作用する。
**仮説3**：事故の規模の大きさは、プロセスマネジメントの経験年数が長くなるにつれ、組織において戦略的モメンタムとして作用する。
　出所：大江秋津・檜垣貴也（2017）「戦略的モメンタムが組織慣性に与える影響：プロセスマネジメントと繰り返される化学災害に関する実証研究」組織科学Vol.51, No.2, pp.49-59.

〔リサーチクエスチョン例2〕
**仮説1**：学習レディネス、研修マッチング、実践レディネス、実践意志、受講環境、研修関係者、職場環境、上司支援、成長意欲、研修後交流の10要因は研修効果に正の影響を与える。
**仮説2**：研修効果が高い人は、学びを促進する影響（上司支援、職場環境、成長意欲、受講環境、研修関係者、研修後交流）を受けながら、学習レディネス、研修マッチング、実践レディネス、実践意志というプロセスを経る。
　出所：小薗修・大内章子（2016）「能力・態度における研修効果に影響を与える要因とその関連性」日本労務学会誌Vol. 17, No. 1, pp.50-68.

〔リサーチクエスチョン例3〕
**仮説1**：内部昇進中心、広範な教育の実施、パフォーマンス重視の人事評価、プロフィットシェアリングの導入、高い雇用保障の提供、従業員参画、緩い職務定義、という7つの人材マネジメント施策と財務パフォーマンスは正の相関関係にある。
**仮説2**：人材マネジメント施策と財務パフォーマンスの関係は、経営戦略に

よって異なる。

出所：Delery, J. E. and Doty, D. H. (1996) "Modes of Theorizing in Strategic Human Resource Management: Tests of Universalistic, Contingency, and Configurational Performance", *Academy of Management Journal*, Vol.39, No.4, pp.802-835.

## (2) 主観主義パラダイムのリサーチクエスチョン

### ① 主観主義パラダイムの研究プロセスとリサーチクエスチョン

主観主義パラダイムに関しては，まず演繹法と帰納法をざっくりと比較した「第2章　存在論・認識論・研究アプローチ」の「図表2-4：演繹法と帰納法の比較」をご覧いただきたい。主観主義パラダイムに基づいて，関係者たちの観点からの社会現象の理解を目指す帰納法では，理論的背景をもたずにまず関係者から話を聞いたり（インタビュー），一緒に行動したり（参与観察），近くから関係者の行動を眺めたり（非参与観察），などのフィールド調査からスタートし，そこで得た発見を基に，理論化を図るとのアプローチを採用する。これが，第2章で述べてきた内容であり，研究方法論に関する多くの著作の立場である。

しかし実際にそんなことができるだろうか。何も予備的知識がないとしたら，そもそも研究対象となる社会現象を特定することはできない。さらに研究対象の社会現象に対して何の知識もない人が，関係者に話を聞いたり，一緒に行動したり，近くから眺めたりすることができるだろうか。研究対象の関係者たちがそんなことを許すとはとても思えない。研究目的も何も言わず「とにかく話を聞かせてください」と頼んで，時間をとって話を聞かせてくれる人はそうはいないのではないだろうか。実は概念レベルでは，帰納法では事前知識をもたず，まず体験しようという主張が普及しているが，実際の研究で事前知識をもたず研究をスタートさせようということはまず考えられない（Yin, 1994, 2009）。多くの主観主義パラダイムにおける実際の研究プロセスを記載したのが，**図表3-3**である。

図に示したとおり，主観主義パラダイムの研究においても，やはり文献レビューと理論的背景は存在し，それに基づいてリサーチクエスチョンを設定，データを収集するというプロセスを踏むこととなる。だが，理論的背景といっても主観主義パラダイムの研究では，客観主義パラダイムの研究とは異なり，

第3章 マネジメント研究 —— 41

**〔図表3-3〕主観主義パラダイムにおける実際の研究プロセス**

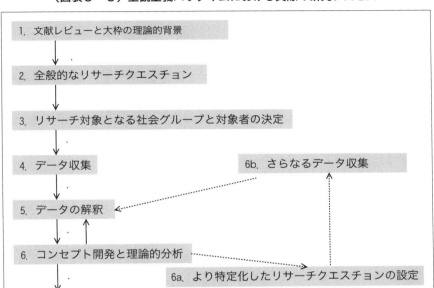

注）出所では，「全般的なリサーチクエスチョン」からスタートしているが，本書では，「全般的なリサーチクエスチョン」の前段として「文献レビューと大枠の理論的背景」を加えている。
出所：Bryman, A. & Bell, E. (2015) *Business Research Methods* (4*th* ed.) Oxford University Pressを基に一部修正

厳格な形での理論的フレームワークではなく，データを収集した後に変更する可能性を残した大枠としての理論的背景ということになる。

なぜ厳格な理論的フレームワークではなくて，大枠としての理論的背景となるのか。その理由は，図表3-3の「5．データの解釈」「6．コンセプト開発と理論的分析」の後に，「6a．より特定化したリサーチクエスチョンの設定」「6b．さらなるデータ収集」というプロセスがある点と，「5．データの解釈」と「6．コンセプト開発と理論的分析」の矢印が双方向になっている点にある。データを収集し，分析・解釈してから，さらにコンセプト開発と理論的分析を進め，リサーチクエスチョンをより特定化して，さらにデータ収集を行い，再度収集したデータに基づき，データ解釈，コンセプト開発と理論分析

という，繰り返しプロセスが発生する。**この最初に収集したデータに基づき，理論的分析の練り直しやデータを積み増すことができるという柔軟性が主観主義パラダイムの研究の特色である。**これに対して，**客観主義パラダイムの研究では，最初に設定した仮説検証が目的のため，収集したデータの分析に基づき，再度仮説を作り直したり，データ収集を行ったりしない。いったん構築した仮説に対する結果がでて，仮説を修正して再度データを収集するのであれば，それは別の研究ということになる**（Bryman, 2016; Bryman & Bell, 2007, 2015）。

　そして，主観主義パラダイムと客観主義パラダイムとの重要な違いは，リサーチクエスチョンの部分である。主観主義パラダイムのリサーチクエスチョンには，大きな2つの特色がある。1つが図表3－3に記載のとおり，全般的なクエスチョンという点だ。データ収集の後に，リサーチクエスチョンを特定していくために，最初の段階では全般的なリサーチクエスチョンを設定する。もう1つが，客観主義パラダイムの研究では，研究者が理論的分析に基づき設定した仮説がリサーチクエスチョンであるのに対して，研究対象の社会グループからみた「なぜ（Why）」「どのように（How）」クエスチョンを追究するのが，主観主義パラダイムのリサーチクエスチョンとなる。主観主義パラダイムの研究では，研究対象である社会グループのメンバーが，研究対象となる社会現象を「なぜ」「どのように」解釈し，行動した結果，研究対象である社会現象が「なぜ」「どのように」発生（あるいは変化や消滅）したかを理解することである。研究対象者たちの内部ロジックから社会現象を捉えるのが，研究目的となるためだ。特に「どのように（How）」クエスチョンに焦点を当てるのは，主観主義パラダイムの特色である。「どのように（How）」クエスチョンに答えるためには，研究対象の社会現象の発生・変化・消滅などのプロセスを追究する必要がある。これには内部に深く関わった研究が必要となる。

　主観主義パラダイムの研究では，以上2つのリサーチクエスチョンの特色を共有してはいるものの，その具現化の方法は個別の研究によって異なる。特に1つ目の特色として挙げた全般的なリサーチクエスチョンに関しては，個別研究によって大きく異なっており，理論的背景や研究目的，研究内容などを記載してリサーチクエスチョンという形では記載しない研究から，具体性の高いリサーチクエスチョンを設定する研究までさまざまである。

## ② 主観主義パラダイムの研究におけるリサーチクエスチョンの例

主観主義パラダイムの研究におけるリサーチクエスチョンの例を紹介する[(2)]。最初に，リサーチクエスチョンとの形では記載せず，理論的背景・研究目的・

> **コラム3-1** 客観主義パラダイムの研究でも
> 「どのように（How）」クエスチョンは回答できる
>
> 「どのように（How）」クエスチョンに焦点を当てるのは，主観主義パラダイムの研究の特色であると記載した。だが客観主義パラダイムの研究方法である実験法・準実験法においても，研究者が設定した仮説を検証するプロセスにおいて，結果に至ったプロセス，すなわち「どのように（How）」結果に至ったかに関する大量のデータ収集が可能である。実験室実験においても，フィールドで行われる準実験においても，観察やインタビューなどを通じて結果に至ったプロセスに関するデータを収集できるためだ。たとえば，「第5章　実験法と準実験法」でフィールド準実験の研究例として紹介するウォールたちの研究では，自己管理型ワークグループ導入により離職者が増加した原因とプロセスを発見している。つまり，監督者が不在となったため，現場作業員たちがラインから外れてサボタージュをしても，それをすぐに見つけることができなかった。自己管理型ワークグループを導入していない職場では，従業員のさぼりなどが発生すればすぐに対応することができたが，監督者不在の自己管理型ワークグループを導入した職場では，従業員たちは仲間の規律違反を管理者に報告しなかったために，従業員の規律違反が発覚した時にはすでに遅く，公式の懲罰手続である解雇措置がとられたのであった。以上のようにウォールたちの研究は，準実験を通じて，「どのように（How）」離職率が増加したかに関するデータを収集できることを示したものである。
>
> 実験・準実験では，「どのように（How）」に関するデータを収集できるため，リサーチクエスチョンとして「どのように（How）」クエスチョンを設定することは可能である（Yin, 1994, 2009）。だが客観主義パラダイムの研究において，重要なのは，設定した仮説の検証にある。また，マネジメント研究に焦点を当てて考えると，マネジメント研究の分野では実験法・準実験を活用した研究は少なく，客観主義パラダイムの多くの研究で用いられる研究方法はサーベイリサーチである。サーベイリサーチでは「どのように（How）」クエスチョンに関するデータを収集することは難しいため（Yin, 1994, 2009），マネジメント研究に焦点を当てれば，客観主義パラダイムの多くの研究において「どのように（How）」に回答するためのデータを収集することはできないこととなる。

研究内容などを記載した研究例を2つ紹介する。

### リサーチクエスチョン例1
投資銀行における従業員参加プロセスと，投資銀行退職後も含めた長期的な影響を含めて，従業員参加がもたらした結果を研究するものである，と研究内容を記載し，リサーチクエスチョンという形では明記していない。

> 出所：Michel, M.（2014）"Participation and Self-Entrapment: A 12-Year Ethnography of Wall Street Participation Practices' Diffusion and Evolving Consequence", *Sociological Quarterly*, Vol. 55, No.3, pp.514-536.

### リサーチクエスチョン例2
コールセンターにおける技術イノベーションのプロセスの中で信頼がどのように作用していたかを追究することによって，組織における信頼が果たす役割の概念化に寄与したいと研究目的を記載し，リサーチクエスチョンという形では明記していない。

> 出所：Prichared, J., Turnbull, J. Halford, S. Pope, C.（2014）"Trusting Technical Change in Call Centres", *Work, Employment and Society*, Vol. 28, No.5, pp.808-824.

次いで，リサーチクエスチョンを明記している研究例を紹介する。

### リサーチクエスチョン例3
- 日本とイギリスの賃金制度における特色間の補完性は変化しているか？
- もし変化しているとしたら，どういった面がどの程度変化しているのか？
- 日本とイギリスの賃金制度の補完性は，なぜ，どのように変化しているのか？
- 日本とイギリスの賃金制度の補完性で変化していない側面は何か？
- なぜ変化が起こらないのか

> 出所：筆者博士論文 "An Investigation of Change in Japanese Pay System: Comparison with the UK" を一部修正（日本語要約版に須田敏子（2004）『日本型賃金制度の行方：日英の比較で探る職務・人・市場』慶應義塾大学出版会がある）

### リサーチクエスチョン例4

1. 組織アイデンティティはどのように構築されるのか
1.1 どのように組織アイデンティティの中核を認識するのか
1.2 他次元のアイデンティティは組織アイデンティティ形成にどのような影響を及ぼすのか
2. どのような異動経験が従業員を企業に同一化させるのか
3. どのような要因がアイデンティティを顕現させるのか
4. アイデンティティコンフリクトはどのように生じ，どのように解消されるのか

出所：林祥平（2018）『一体感のマネジメント：人事異動のダイナミズム』白桃書房

### リサーチクエスチョン例5

- 2つのネットワーキング組織の設立当初のミッション（組織の使命）には，どのような差異があったのか。当初の使命の際に応じて，その集まりのメンバーシップ（ある種の会員資格）や集まりの構成や規模にはどのような違いがあるのか。また，それらは，両ネットワーキング組織の進化のプロセスで，どのように変遷してきたのか。
- それぞれのネットワーキング組織では，その運営がどのように行われてきているのか。会合のフォーマット（運営方式）にはどのような差異があるのか。それはミッションや参加者の加入動機や便益とどのように関わっているのか。

出所：金井壽宏著（1994）『企業者ネットワーキングの世界：MITとボストン近辺の企業者コミュニティの探求』白桃書房

## (3) 客観主義パラダイムと主観主義パラダイムのリサーチクエスチョン比較

研究者が設定した仮説＝リサーチクエスチョンとなった場合には，客観主義パラダイムの研究につながっていく。研究者がもった全般的なリサーチクエスチョンに対して，研究対象の社会グループの内部ロジックから「なぜ（Why）」「どのように（How）」を追究する場合には，主観主義パラダイムの研究につながっていく。**この２つのタイプのリサーチクエスチョンは，明らかに存在論・認識論の立場を異にしている。**仮説＝リサーチクエスチョンの場合は，研

究目的は仮説検証にある。これは社会現象には正しい因果関係があり、それを追究するのが社会を正しく知る方法であるとする実証主義の認識論に通じるものである。さらにその背景にあるのが、社会は人間とは独立して客観的に存在するという実在主義の存在論となる。

　これに対して、研究者が仮説を設定せず、全般的なリサーチクエスチョンを内部関係者の視点から「なぜ（why）」「どのように（how）」を追究することになると、社会は人間とは独立して存在するものではなく、人々の認識や解釈が社会現象に特定の意味をつけるとする構成主義の存在論を前提としている。そして、社会は人間の主観によって社会現象は意味づけられるであるから、社会現象の正しい理解は、関係者たちの内部ロジックからの理解によって成り立つとする社会構成主義の認識論がある。

　以上のとおり、リサーチクエスチョンの質的な違いによって、研究パラダイムは選択されるのである。

## 2　研究方法に関する２つの分類軸

　第２章で存在論・認識論・研究アプローチに関する客観主義・主観主義という研究パラダイムの２つの立場を議論し、研究パラダイムの立場によって収集されるデータの性質（定量中心・定性中心）が異なってくる。そして、本章でリサーチクエスチョンの性質によって、客観主義・主観主義のいずれの研究パラダイムに入っていくかが決まってくることを説明した。これは図表３－１で紹介したマネジメント研究の一連の流れの中で、出発点である存在論から最後の収集されるデータの性質までを紹介してきたことになる。だが、まだ１つ紹介していない要素がある。研究でデータ収集のために用いる具体的な研究方法の部分である。研究方法には、インタビュー、観察法、エスノグラフィー、実験法、サーベイリサーチ、ケーススタディといったさまざまな研究方法が含まれる。研究を行う際には、データ収集のために、これら研究方法からいずれかの方法（あるいは複数の方法）を選択してデータを収集していくことになる。本書では第４章以降で、個別の研究方法について紹介していく。その前に重要なのは、各研究方法が研究方法の全体的なフレームワークの中でどこに位置しているかを捉えることである。そこで本書では、研究方法を２つの軸から分類

し，個別の研究方法の位置づけを明らかにしたいと思う（**図表３－４**）。

　研究方法の分類における第１の軸は，客観主義・主観主義という研究パラダイムによる分類軸である。さらに，「第２章　存在論・認識論・研究アプローチ」で紹介したとおり，客観主義・主観主義の研究パラダイムの違いは，定量データを中心に収集，あるいは定性データを中心に収集，という収集されるデータの性質の違いにもつながっている。そのため，**第１軸は，客観主義・定量データ中心と主観主義・定性データ中心という研究パラダイムと収集データの性質という２つの要素をもつ軸である。**個別の研究方法は，それぞれ研究パラダイムと収集データの性質との関係をもっており，この点をつかむことは重要である。ただし，本書で取り上げる研究方法のうち，ケーススタディは他の研究方法とは異なる研究パラダイムとの関係をもつ。この点については「第８章　ケーススタディ①　研究方法論の再考」で論じる。

　この分類の第１軸は多くの研究方法論の書籍で紹介されている分類であるが，本書では，研究対象の範囲と個別の研究対象から収集するデータの量に基づく分類という研究方法に関する第２の分類軸を設定する。**第２軸は，広範な研究対象からデータを収集するか，少数の研究対象を対象に集中的にデータを収集するかという分類であり，研究対象に対する広範（Extensive）・集中（Inten-**

〔図表３－４〕２軸からの研究方法の分類

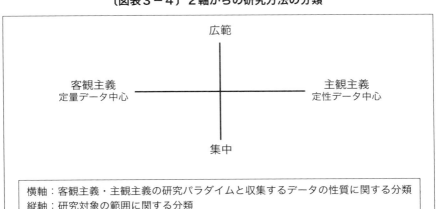

横軸：客観主義・主観主義の研究パラダイムと収集するデータの性質に関する分類
縦軸：研究対象の範囲に関する分類

出所：筆者作成

sive）の分類軸である。

本書で取り上げる研究方法は，インタビュー，実験法，準実験法，サーベイリサーチ，エスノグラフィー，ケーススタディである。次章以降でこれらの研究方法について，客観主義・定量データ中心と主観主義・定性データ中心の第1軸と，データ収集範囲に関する広範・集中の第2軸という2つの軸の分類から，各研究方法がどこに位置づけられるかを紹介していく。

## 3　研究評価の指標

### (1)　代表的研究評価指標：客観主義パラダイムの研究評価指標

第4章以降で研究方法を紹介していくが，**各研究方法には，それぞれ強みと弱みがあり，残念ながらすべてに強みを発揮する研究方法は存在しない。強みと弱みはトレードオフの関係になっていることが多いのだ。**リサーチクエスチョンに応じて，適した研究方法を選択していくわけだが，研究方法の選択には，各研究方法がもつ強みと弱みを理解しておくことが，非常に重要である。そこで，代表的な研究評価指標である内的妥当性，外的妥当性，社会文脈妥当性，信頼性の4つの指標を紹介する。なお，研究方法論の研究者によって研究評価指標に関する捉え方は多少異なっていることを付け加えておく。

●**内的妥当性（Internal Validity）**

内的妥当性には，"研究のために構築した理論的アイデアと研究結果がマッチしているかどうかに関する指標"（Bryman, 2016; Bryman & Bell, 2007, 2015），あるいは"測定すると主張しているものが，実際に測定できているかどうか"（Ekman, 1982; McCall, 1984）といったより広範囲の概念で捉える考え方と，原因と結果の因果関係に関する指標と狭義に捉える考え方がある。筆者の考えでは，内的妥当性を原因と結果の因果関係に関する指標と捉える考え方のほうが普及していると思われるため，内的妥当性を因果関係と捉える考え方を解説する。この考え方では，内的妥当性とは，研究で特定した原因が，実際に人々の行動（結果）に影響を与えていれば内的妥当性が高いということになる。別の言い方をすると，独立変数として定義したものが，実際に従属変数

として定義したものに対して影響を与え，想定した結果に結びついていれば，内的妥当性は高いということになる。だが，想定した独立変数以外の別の変数

〔図表3－5〕独立変数と従属変数の多様な関係

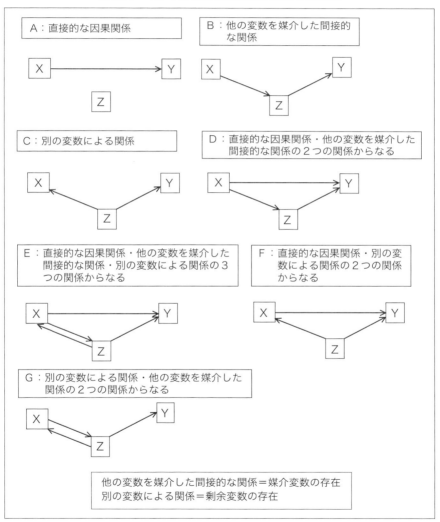

出所：de Vaus, D.（2001）*Research Design in Social Research*, SAGE Publicationsを基に一部修正

の影響を受けて，従属変数に変化が起こった可能性が捨てきれない場合には，内的妥当性は低くなっていく（de Vaus, 2001; Gill & Johnson, 2002, 2010; Bryman, 1989, 2016; Bryman & Bell, 2007, 2015; Yin, 1994, 2009）。

独立変数と従属変数の多様の関係を図で表したのが，**図表3－5**である。このうち，独立変数のみが従属変数の直接の原因となっているAの関係は，内的妥当性は高い。だが，それ以外の場合には（図表3－5のB～G），内的妥当性は低くなる。図表3－5のB～Gの独立変数（X）と従属変数（Y）の関係は以下のとおりである。B＝独立変数と従属変数が直接的な関係ではなく，他の変数を媒介した関係（媒介変数の存在），C＝独立変数以外の別の変数が影響を与えている関係（剰余変数の存在）。D＝直接（独立変数による影響）と間接（媒介変数を通した影響）の2つの関係からなる。E＝直接（独立変数による影響），間接（媒介変数を通した影響），別の変数（剰余変数による影響）の3つの関係からなる。F＝直接（独立変数による影響），別の変数（剰余変数による影響）の2つの関係からなる。G＝間接（媒介変数を通した影響），別の変数（剰余変数による影響）の2つの関係からなる（de Vaus, 2001）。

実際に，独立変数以外の変数が影響を与える例は数多く存在する。たとえば，サーベイリサーチで研究者が想定していなかったため，コントロール変数などに設定しなかった変数によって従属変数に影響が起こる，研究者の存在や実験環境が研究対象者に影響を与える，インタビュアーの存在がインタビュイーに影響を与える，質問内容を回答者が間違って解釈する，などである。特に問題となるのは，仮説検証型（客観主義パラダイム）の研究である。全知全能ではなく，合理的であったとしても限定合理的な存在である人間（研究者）が事前に従属変数に影響を与えるすべての変数を想定することは不可能であり（Simon, 1997），これが内的妥当性の大きな問題となる。

● **外的妥当性（External Validity）**

研究から得られた結果が研究対象以外の状況や研究対象者以外の人々に対して，どの程度当てはまるかに関する指標である。研究対象である母集団から一部の人々を選んで行った研究結果が，どの程度，研究の母集団に一般化できるかに関する指標ともいえる。外的妥当性を脅かす問題をいくつか挙げる。まず母集団から選んだ研究対象が母集団全体の傾向を反映したものとなっているか

どうかである。たとえば，母集団の平均年齢が35歳であるのに，研究対象者の平均年齢が20歳だとしたら，母集団を反映していないことになる。これは研究者が実験室実験を行う際に，学生を対象に実験を行う場合などによく指摘される問題である。母集団を反映して偏りのない研究対象を選ぶためには，ランダムに研究対象者を選ぶことが必要となる。さらに，人間には経験，知識，パーソナリティ特性など個性があるため，ランダムに研究対象者を選んだとしても，母集団を反映するとは限らない。母集団から選んだ研究対象者の数が少ないと，個人特性の影響が大きくなりやすいため，なるべく研究対象者の数は多いほうがよい。さらに，研究者や実験環境が研究対象者に影響を与える，インタビュアーの存在がインタビュイーに影響を与える，回答者が質問内容を誤って解釈する，などの内的妥当性の問題は，そのまま外的妥当性の問題でもある。これらはすべて想定した独立変数以外の変数が，影響を与えている誤った研究結果であるため，母集団に一般化できないのは言うまでもない（Gill & Johnson, 2002, 2010; Yin, 1994, 2009; Bryman, 1989, 2016; Bryman & Bell, 2007, 2015; 野村，2017, de Vaus, 2001; Creswell & Creswell, 2018）。

## ●社会文脈妥当性（Ecological Validity）[3]

　研究が実施された特定の社会文脈で得られた結果を，どの程度，他の社会文脈へ当てはめられるかに関する妥当性の評価基準である。外的妥当性に含めるとの意見もあるが（Gill & Johnson, 2002, 2010），本書では別の指標として扱う（Bryman, 2016; Bryman & Bell, 2007, 2015）。社会文脈妥当性指標には，2つの側面がある。1つは，人工的あるいは日常の一般的な社会文脈とはいえない研究環境で得られた研究結果が，一般的な毎日の日常生活という自然文脈に，どの程度，一般化できるかの度合いである。これは，特に実験室実験で問題となる。もう1つは，研究が実施された社会文脈の状況が，どの程度把握されているかの度合である。マネジメント研究でいえば，研究対象である組織や職場の状況などに関するデータが十分に収集されているか，といったことだ。定量データを中心に収集した研究や研究対象が広範な研究の場合には，特にこの点が問題になりやすい。数字という定量データを収集する定量研究は，社会文脈に関するデータ収集は難しくなるし，研究対象が広範な研究については，個別の研究対象に関して大量の社会文脈データを収集することは，費用や時間の面

で実質的には非常に難しい（Gill & Johnson, 2002, 2010; Bryman, 2016; Bryman & Bell, 2007, 2015; Creswell & Creswell, 2018）。

● 信頼性（Reliability）

同じ研究課題に対して実施された異なる研究の間で，どの程度，結果は一致しているかどうかに関する評価指標である。信頼性指標には2つの側面がある。1つは，同じ研究者がオリジナルと同じ研究課題について，同一あるいは類似の社会グループを対象に研究を行って，同じ結果が得られるかということ。もう1つは，別の研究者がオリジナルの研究と同じ研究課題について同一あるいは類似した社会グループを対象に研究を行って，オリジナルと同じ内容の研究ができ，同じ結果が得られるかということ。つまり，信頼性は研究の再現ができるかに関する指標である（再現性指標）。そして，再現性の前提としては，

### コラム3-2　なぜ定性研究で仮説検証型研究をしてはいけないのか（実践的理由）

定性データを中心に収集する研究は，主観主義パラダイムに連動した研究方法であるため，定性研究を行う際には，仮説検証目的の演繹法は用いない。その理由を，内部ロジックを理解することが主観主義パラダイムの研究の目的であるため，と説明してきた。これは存在論・認識論に基づく哲学的立場からの説明である。実は実践的な別の理由がある。それは，定性研究で仮説を検証したとしても，"収集したデータの中で仮説検証に都合のよいデータだけを使って検証したのではないか" とする批判が出たとき，その批判はあたらないとの証明が非常に困難なためだ。これは定性研究の透明性の低さに原因がある。研究対象の社会グループの内部ロジックを知るためには，非常に多くのデータを収集する必要があり，収集したデータをすべて公開することは，事実上不可能である。

たとえば，筆者の博士号取得研究では，少なくとも100時間以上の公式インタビューを行い，いくつかの研究対象企業では数日にわたる非参与観察や非公式インタビューを行い，数百頁の内部ドキュメントを収集した（数百頁ではなく，千頁以上かもしれない）。これらの収集データをすべて第三者に公開することは不可能だろう。これが定性研究の透明性の低さである。逆に簡単にすべての収集データを見せられる程度の量しかデータを収集していなければ，"このような少ないデータからは何も結論づけられない" との批判にさらされることとなる。以上のように，透明性の低さのために，定性研究は仮説検証型研究に適さない研究方法なのである。

研究で実施された研究の具体的内容や収集されたデータを他の人が知ることができる。つまり研究の透明性が高いことが必要となる。構造化している研究あるいは定量データ中心の研究では，透明性・再現性を高めることが可能できるが，構造化されていない研究あるいは定性データ中心の研究では，透明性・再現性で問題が起こってくるため，信頼性にも問題がでてくる（Gill & Johnson, 2002, 2010; Bryman, 2016; Bryman & Bell, 2007, 2015; Kirk & Miller, 1986; de Vaus, 2001; Creswell & Creswell, 2018）。

　以上の研究評価指標に基づいて，第4章以降で各研究方法に関して強みと弱みを紹介していく。だが，社会文脈妥当性以外の指標は，客観主義パラダイムの研究には適用できるが，主観主義パラダイムの研究にはそぐわないようだ。内的妥当性に関しては，因果関係に関する指標との捉え方は，客観主義パラダイムの考え方であることは明らかであるし，外的妥当性と信頼性に関しても，特定の社会文脈の中で発生する社会現象を研究対象者たちの内部ロジックから理解することが目的である主観主義パラダイムの研究にはそぐわない。以上のように，主観主義パラダイムの研究には，これらの研究指標は当てはまりにくいため，主観主義パラダイムに基づく研究に関していくつかの研究評価指標が

---

**コラム3-3　作業仮説（Working Hypothesis）**

　主観主義パラダイムの研究においては，研究対象の特定の社会文脈の中で発生する現象をいかに理解するかが重要であり，研究では，特定文脈にウエイトをおいた発見がなされる。そのため，特定文脈で発見されたことが，社会全般に対する発見として結論付けられるのではなく，研究が行われた特定の状況における発見となる。もし真の意味で発見を他の社会文脈に一般化しようとすれば，主観主義パラダイムにとって重要な特定の社会文脈によって，一般化はまったくできなくなってしまう，としてリンカーンとギューバは，作業仮説を提案した。作業仮説とは，ある発見がなされた社会文脈とそれ以外の社会文脈の両者において暫定的な仮説である。発見がなされた社会文脈においての暫定仮説の意味は，同じ社会グループであっても，時間の経過に伴って社会文脈は変化するためだ。

　　出所：Lincoln, Y. S. & Guba, E. G.（2000）The Only Generalization is: There is no generalization, in R. Gomm, M. Hammersley & P. Foster.（eds.）*Case Study Method*, SAGE Publications.

提案されている。

## (2) 主観主義パラダイムの研究評価指標

主観主義パラダイムの研究に対する研究評価指標として，代表的なリンカーンとギューバの研究評価指標（Lincoln & Guba, 1985）を紹介する。リンカーンとギューバは，主観主義パラダイムに基づいて定性データを収集する研究には，内的妥当性・外的妥当性・信頼性という評価指標ではなく，別の指標を用いるべきだとして，信用性（Credibility），移転性（Transferability），信憑性（Dependability）[4]という指標を挙げた。

### ●信用性（Credibility）（内的妥当性の代替指標）

客観主義パラダイムにおける内的妥当性は，客観的に存在する原因と結果に対する因果関係を正しく捉えているかどうか，である。だが，主観主義パラダイムでは，そもそも社会現象は人々から独立して客観的に存在するものではない。重要なのは，関係者が社会的現実をどう捉えるかであり，関係者が捉えた主観的現実を理解することが，研究の目的なのだ。そうなってくると，研究評価の指標は，**研究対象である社会現象に対する研究対象者たちの解釈を研究者がどの程度，正確に捉えているかということになる。これを示したのが，信用性指標である。**

信用性を評価するためには，研究者の理解を記述し，これを研究対象者たちにフィードバックする。その結果，研究対象者が研究者の理解に賛同すれば，信用性が高いことになる。これを回答者有効性（Respondent Validation）という。回答者有効性の方法は以下のとおりである。まず，研究者がインタビューや観察，ドキュメント分析などフィールド調査で収集したデータ内容を記述し，記述内容を研究対象者にフィードバックする。研究対象者は，フィードバックされた内容に関して，賛成（研究対象者の主観的解釈と記述内容が一致），反対（主観的解釈と記述内容が不一致），あるいは部分的な修正を加える（主観的解釈と記述内容の一部は一致し，一部は一致しない）という対応を行う。そして，このステップを繰り返していき，研究者の主観的解釈と研究対象者の主観的解釈を一致させていく。

研究対象者の主観的解釈を正しく理解する点では，回答者有効性は重要であ

る。だが，研究にとって重要なのは，研究を通した理論面での発展である。回答者有効性によって，研究対象者の賛同が得られたとしても，それは研究によって収集したデータ解釈の面だけであり，研究者にはそれ以上の理論的アプローチが求められる。そのため，回答者有効性を行う際には，研究対象者の意見を受け入れるデータの部分と，アカデミックな観点からの分析の部分を分ける必要がある（Bryman, 2016; Bryman & Bell, 2007, 2015）。

### ● 移転性（Transferability）（外的妥当性の代替指標）

特定の社会文脈で実施された研究結果が，どの程度，他の社会文脈に当ては

---

**コラム3-4　Respondent Validation（回答者有効性）の研究例**

回答者有効性の研究例として紹介するのは，マーシャルが実施したかつてシニアマネジャーのポジションにあって退職した（あるいは退職しようとしている）女性を対象に，①シニアマネジャーとしてのキャリアや組織内での経験，②なぜ退職したか（あるいは退職しようとしているか）という2つのテーマに関する研究である。本研究で特に焦点を当てたのは，本人の視点から捉えるということである。そのため，マーシャルが研究対象の女性マネジャー（あるいはかつてのマネジャー＝以後，女性マネジャー）とそれぞれ1～2時間の個人インタビューを行い，その後，インタビュー内容を書き起こしたドラフトを女性マネジャーたちに送った。目的はマーシャルの視点・解釈と女性マネジャーたちの視点・解釈が一致していることの確認にあった。

マーシャルはドラフトを読んだ女性マネジャーと会う，あるいは手紙や電話でやりとりして，お互いの視点・解釈に関してコミュニケーションをとり，女性マネジャーが修正要求をしてきた場合には，彼女たちの修正内容を考慮しながら，書き直しを行った。このプロセスを繰り返すことで，マーシャルは女性マネジャーたちの合意を得ていく。さらに，女性マネジャーたちを集めて，1日のワークショップを開催し，女性マネジャー同士がお互いの経験を話し合った。ワークショップの目的は，マーシャルと女性マネジャーたちのお互いの視点・解釈に関する理解を促進し，女性マネジャーたちの承認度合を向上させることにあった。マーシャルは以上のようなプロセスを踏んで，回答者有効性を確立しようとしたのである。

出所：Marshall, J.（1995）*Women Managers Moving on: Exploring Career and Life Choice*, Routledge.

まるかに関する研究指標である。移転性の確立には，集中的に収集された定性データに基づく"分厚い記述"（Thick Description）が求められることとなる（Geertz, 1973）。同時に分厚い記述によって，他の研究者が研究結果を他の社会文脈への移転可能性をテストすることが可能となる。分厚い記述は同時に，研究の透明性を向上させることでもある（Bryman, 2016; Bryman & Bell, 2007, 2015）。移転性は社会文脈妥当性とほぼ同じ概念と捉えられる。この点からも，社会文脈妥当性は主観主義パラダイムの研究と親近性があると考えられる。

### ●信憑性（Dependability）（信頼性の代替指標）

研究に対する他の研究者による監査である。監査を可能にするために研究者は，研究課題の形成，研究対象の選択，フィールドワークに関するノートやインタビュー原稿などデータ収集に関わる内容，データ分析方法などすべての研究プロセスに対して，他の研究者がアクセスできる形で完全な記録を取っておかなくてはならない。そして，他の研究者が監査役となり，研究の最初から最後まですべてのプロセスで，どの程度適切な方法がとられたのかを評価する。他の研究者が当該研究者によって提案された理論面での結論が正しいかどうかを判断するためには，監査は非常に重要である。しかし，マネジメント研究において，他の研究者による監査は，普及した方法とはなっていない。理由としては，監査役の研究者の仕事量が非常に多いことなどが挙げられるが，より重要な理由としては，この方法によって，研究の正当化ができるかどうかに疑問があるためだ（Bryman, 2016; Bryman & Bell, 2007, 2015）。

### (3) 研究評価指標に対する概観（Overview）

以上，研究評価の指標として広く普及している客観主義パラダイムの評価指標と，主観主義パラダイムで提案されている研究評価指標を紹介した。たしかに客観主義パラダイムで提案されている社会文脈妥当性以外の評価指標を，主観主義パラダイムの研究にそのまま当てはめるのは適切ではないという主張はうなずける。しかし，問題は主観主義パラダイムで提案された研究評価指標に関しては，一見正しい主張のように思えるが，広く活用されていないこともあり，主張の正当性や実践性には疑問が残る状況である。こういった現状を考え

ると，問題は認識しながら，現実的な方法だと考え，本書では研究評価指標として広く普及している客観主義パラダイムの研究評価指標を活用して，各研究方法の強み・弱みを分析していく[5]。

〔注〕
(1) リサーチクエスチョン例3に示した研究は，代表的研究例として本書で紹介している。
(2) リサーチクエスチョン例1，2，5に示した研究は，代表的研究例として本書で紹介している。
(3) 本書では，Ecological Validityを社会文脈妥当性と訳す。
(4) Credibility, Transferability, Dependabilityの日本語訳は，久保田（1997）を参照した。
(5) ギルとジョンソン（2002, 2010）も内的妥当性・外的妥当性・信頼性などは実証主義において創出されてきたものであり，別のタイプの研究には不適切だが，やはりこれらの研究評価指標は，研究の強み・弱みに関して重要な示唆を与えてくれる，としている。

[参考文献]
Bryman, A.（1989）*Research Methods and Organization Studies*, Routledge.
Bryman, A.（2016）*Social Research Methods*（5$^{th}$ ed.） Oxford University Press.
Bryman, A. & Bell, E.（2007）*Business Research Methods*.（2$^{nd}$ ed.）Oxford University Press.
Bryman, A. & Bell, E.（2015）*Business Research Methods*（4$^{th}$ ed.）Oxford University Press.
Creswell, J. W. & Creswell, J. D.（2018）*Research Design: Qualitative, Quantitative & Mixed Methods Approaches*, SAGE Publications.
Delery, J. E. & Doty, D. H.（1996）"Modes of Theorizing in Strategic Human Resource Management: Test of Universalistic, Contingency, and Configurational Performance", *Academy of Management Journal*, Vol.39, No.4, pp.802-835.
de Vaus, D.（2001）*Research Design in Social Research*, SAGE Publications.
Ekman, P.（1982）"Methods for Measuring Facial Action", in K. R. Scherer & P. Ekman（eds.）*Handbook of Methods in Nonverbal Behavior Research*, Cambridge University Press.
Geertz, C.（1973）*Interpretation of Cultures*, Prentice-Hall（吉田禎吾・柳川啓一・中牧弘允・板橋作美訳『文化の解釈学』岩波書店，1987年）
Gilbert, C. G.（2005）"The Structure of Inertia: Resource versus Routine Rigidity", *Academy of Management Journal*, Vol. 48, No.15, pp.741-763.
Gill, J. & Johnson, P.（2002）*Research Methods for Managers*（3$^{rd}$ ed.）SAGE Publications.

Gill, J. & Johnson, P.（2010）*Research Methods for Managers*（4*th* ed.）SAGE Publications.

Kirk, J. & Miller, M. L.（1986）*Reliability and Validity in Qualitative Research*, SAGE Publications.

Lincoln, Y. S. & Guba, E. G.（1985）*Naturalistic Inquiry*, SAGE Publications.

Lincoln, Y. S. & Guba, E. G.（2000）"Paradigmatic Controversies, Contradictions, and Emerging Conflueces" in K. Denzin & Y. S. Lincoln（eds.）*Handbook of Qualitative Research*（2*nd*. ed.）SAGE Publications（平山満義監訳「パラダイムに関する論争，矛盾，そして合流の兆候」『質的研究ハンドブック１巻：質的研究のパラダイムと眺望』北大路書房 2006）

Lincoln, Y. S. & Guba, E. G.（2000）The Only Generalization is: There is No Generalization, in R. Gomm, M. Hammersley & P. Foster.（eds.）*Case Study Method*, SAGE Publications.

Marshall, J.（1995）*Women Managers Moving on: Exploring Career and Life Choice*, Routledge.

McCall, G. T.（1984）"Systematic Field Observation", *Annual Review of Sociology*, Vol. 30, pp.263-282.

Simon, H. A.（1997）*Administrative Behavior*（4*th* ed.）Free Press（二村敏子・桑田耕太郎・高尾義明・西脇暢子・高柳美香訳『新版　経営行動』ダイヤモンド社，2009）

Suda, T.（2004）*An Investigation of Change in Japanese Pay System: Comparison with the UK*, Ph. D. Thesis submitted to University of Bath.

Yin, R. K.（1994）*Case Study Research: Design and Methods*（2*nd* ed.）SAGE Publications（近藤公彦訳『ケーススタディの方法（新装版）』千倉書房，2011）

Yin, R. K.（2009）　*Case Study Research: Design and Methods*（4*th* ed.）SAGE Publications.

大江秋津・檜垣貴也（2017）「戦略的モメンタムが組織完成に与える影響：プロセスマネジメントと繰り返される化学災害に関する実証研究」組織科学Vol.51, No.2, pp.49-59.

金井壽宏（1994）『企業者ネットワーキングの世界：MITとボストン近辺の企業者コミュニティの探求』白桃書房

久保田賢一（1997）"質的研究の評価基準に関する一考察：パラダイム軸からみた研究評価の視点", 日本教育工学雑誌, Vol.23, No.3, pp.163-173.

小薗修・大内章子（2016）「能力・態度における研修効果に影響を与える要因とその関連性」日本労務学会誌Vol. 17, No. 1, pp.50-68.

須田敏子（2004）『日本型賃金制度の行方：日英の比較で探る職務・人・市場』慶應義塾大学出版会

野村康（2017）『社会科学の考え方：認識論，リサーチ・デザイン，手法』名古屋大学出版会

林祥平（2018）『一体感のマネジメント：人事異動のダイナミズム』白桃書房

第 2 部

# さまざまな研究方法

# 第4章 インタビュー

インタビューは，第5章以降で紹介する実験法，サーベイリサーチ，エスノグラフィー，ケーススタディなどの研究方法とは性質を異にしている。インタビュー単独で研究方法として活用される場合もあるし，サーベイリサーチ，エスノグラフィー，ケーススタディなど他の研究方法においてデータ収集のための1つの研究方法として活用される場合の2つがあるのである。そのため「はしがき」で述べたとおり，インタビューを手法（Method），実験法，サーベイリサーチ，エスノグラフィー，ケーススタディをリサーチデザインと呼んで，区別する論者もいるが（Bryman, 1989, 2016, Bryman & Bell, 2007, 2015; de Vaus, 2001; 野村, 2017)。本書では，こういった区別はせずに，すべてを研究方法と呼ぶ。

## 1 インタビューの特色

インタビューはさまざまな分野で幅広く用いられる情報収集方法であり，学術研究以外にもテレビの撮影用に街頭でインタビューを実施する，ユーザーに対する顧客満足度調査のために電話でインタビューを行う，など実にさまざまな分野・目的で活用されているデータ収集方法である。マネジメント研究においてもインタビューは頻繁に用いられており，研究になくてはならない研究方法である。だが，簡単に使えるため，目的や質問方法・質問項目・対象などを明確化せず，何気なくインタビューを行ってみようという状況で活用する場合もなきにしもあらず，である。

だがご存知のとおり，インタビューで収集できるデータの量や質は，インタ

〔図表4−1〕インタビュー方法の分類

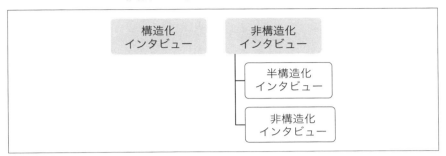

出所：筆者作成

ビューに対する経験・知識・スキル，インタビュー内容に対する知識量などによって大きく異なってくる。別の聞き方をすれば収集できたデータが，聞き方が適切でなかったために収集できなかったということはよくあることである。インタビューを侮るなかれ，である。ワークキャリアの前半は編集者であった筆者にとって，インタビューは特に思い入れの強い研究方法であり，インタビュアーの経験・知識・スキルによる差や事前準備の重要さを痛感してきた。同時に，どんなに経験を積んでもインタビューは常に緊張するものであり，また，緊張感をもって行うべきもの，というのが，長年のインタビュー経験からの筆者の思いである。博士課程研究等で海外でもインタビューを数多く行った経験からいえることは，いったんインタビューに対するスキルを修得したら，言語が異なってもインタビューできるということだ。もっとも使用言語に関するスキルが全くなければインタビューできないことは言うまでもないが。

　さて，これまで述べてきたのは，主に非構造化インタビューについてである。インタビューは，構造化インタビューと非構造化インタビューに大別され，同じインタビューという研究方法でも，構造化インタビューと非構造化インタビューとでは，目的，方法，収集データの性質などさまざまな点で特色が異なってくる。以下に構造化インタビューと非構造化インタビューについて，インタビューの方法と収集データに関して，概要を紹介する。

## (1) 構造化インタビューと非構造化インタビューの特色

### ① 構造化インタビュー

　構造化インタビューは，研究者が質問項目を用意し，さらに質問順も設定する。決められた質問項目・質問順に沿ってインタビュアーが回答者（インタビュイー）に質問をしていく。インタビュアーは質問項目・質問順を決めた研究者本人（あるいは研究者グループのメンバー）である場合もあり，それ以外の関係者（多くはインタビュアーとして雇われた人たち）が行う場合もある。つまり，インタビュー項目の設計にかかわらない人が構造化インタビューを行う場合があるということだ。大規模サーベイなどで用いられる構造化インタビューの場合には，研究者以外の多くの人が構造化インタビューを行う。これは構造化インタビューの特色の1つである（Bryman, 1989, 2016; Bryman & Bell, 2007, 2015）。

　質問項目・質問順とともに質問に対する回答も選択肢が予め決められ，インタビュイーは選択肢の中から最も当てはまるものを選択していく。このようにして収集されたデータは回答を示す数字（選択肢の番号）であり，定量データの形で収集される。なお，選択肢は「当てはまる」「当てはまらない」など言葉で選択肢が作られる場合もあるが，分析段階で，「当てはまる」＝1，「当てはまらない」＝0といった形で数値データに置き換えられることが多い。もっとも構造化インタビューでも自由回答の質問がまったく行われないわけではない。質問票調査でも自由回答欄が設けられることがあるように，割合は少ないが，構造化インタビューでも自由回答の質問を入れることがある。とはいえ，構造化インタビューは基本的に研究者が事前に設定した質問項目と選択肢に基づいてインタビューを行うインタビュー方法である（Bryman, 1989, 2016; Bryman & Bell, 2007, 2015）。

### ② 非構造化インタビュー

　非構造化インタビューは，インタビュアーが行う質問に対して，回答を選択肢から選んでいくのではなく，インタビュイーが自分の意見を自由に回答する自由回答方式のインタビューである。たとえば「今回の賃金制度の改定に対してあなたはどのような感想をもっていますか」といった質問に対して，インタ

ビュイーは自分の感想を答えるというものだ。こういったインタビューで得られるデータは定性データ中心となる（Bryman, 1989, 2016; Bryman & Bell, 2007, 2015）。

　非構造化インタビューはさらに，半構造化インタビューと非構造化インタビューに分かれる。両者の違いは，半構造化インタビューは予め質問項目が決められており，それに沿って質問を行うのに対して，非構造化インタビューでは質問するテーマや大まかな項目が決められている程度で具体的な質問項目は決められておらず，インタビュイーに応じて質問項目や説明内容なども変えていく。もっとも，半構造化インタビューは，予め決められた質問項目に基づいて質問を行うといっても，質問の順番・説明内容等は状況（インタビュイーの反応）によって変化し，また回答の内容に応じてより深く質問していく場合，当初は予定していなかった質問を行う場合などがあり，状況に柔軟に対応していくことが重要となる。半構造化インタビューと非構造化インタビューは，共に状況に応じた柔軟性が非常に重要である。同時に，どこまでが半構造化インタビューでどこまでが非構造化インタビューであるかという両者の区分は明確ではない（Bryman, 1989, 2016; Bryman & Bell, 2007, 2015）。

## ⑵　2軸からの分類におけるインタビューの位置づけ

　インタビューには構造化インタビューと非構造化インタビューに大別されることと，それぞれのインタビューの実施方法と，収集されるデータの性質について概観した。ここでは，本書が設定した客観主義・主観主義という研究パラダイムと定量・定性という収集データの性質に関する分類軸と，研究対象の範囲に関する広範・集中という分類軸という2軸から研究方法としてのインタビューについて考えていく。この2軸からの分析に先立ち，明確にしておきたいのは，構造化インタビューと非構造化インタビューで，2軸における位置づけは異なっているということだ。そこで，構造化インタビューと非構造化インタビューに分けて，2軸における位置づけを紹介していく。

### ①　構造化インタビュー

　構造化インタビューの目的は大きく2つに分かれる。**1つは研究者が設定した仮説検証のために用いるもので，分析目的（あるいは説明目的）の構造化イ**

**ンタビューである。**たとえば，理論や先行研究になどに基づいて，「環境変化が速いほど職務給の導入は促進される」という仮説を研究者がもったとする。そしてこの仮説が正しいかどうかを知るために，環境変化の速さと職務給導入状況についてインタビューを行う。たとえば，環境変化について「1．ほとんど環境変化はない」から「5．環境変化は非常に速い」までの5段階のレベルを設定して，インタビュイーに自社に該当する番号を選んでもらう。職務給の導入については，「1．現在，導入しておらず，将来的にも導入の予定はない」「2．現在は導入しておらず，具体的な導入計画もないが，将来的には導入の可能性がある」「3．現在は導入していないが，現在，導入を計画中である」「4．職務給を導入している」の4つの選択肢から，インタビュイーに自社の状況に当てはまるものを選んでもらう。そして，環境変化の速さに対する回答と職務給導入に対する回答の関係を分析していく。実際の研究では，職務給導入に影響を与える要因は数多く存在するために，質問は2つだけでなく，他の多くの質問を行ってデータを収集する。さらに，財務データなど他のデータも収集して，定量分析を行う場合もある (Bryman, 2016; Bryman & Bell, 2007, 2015)。

以上のように，仮説を設定し，その検証目的に実施される構造化インタビューの存在論・認識論の立場は，社会は人間から独立した存在であり，社会で起こる現象には因果関係が存在する。そして，この因果関係を探究するのが研究目的となる。人がどう認識しようと，社会現象には一定の法則が存在し (Covering Law)，その法則を解明するために，あるいは正しい因果関係を発見するために研究を行うことになる。以上のように，分析目的の構造化インタビューは研究パラダイム軸では，客観主義パラダイムの立場となり，収集されるデータは選択肢からの回答が主体となるため，中心となるのは定量データである。

**もう1つの目的が，研究対象の社会グループをよりよく知ろうという描写目的で実施されるインタビューである。**描写目的のインタビューでは，構造化インタビューと非構造化インタビューの両方が活用されるが，構造化インタビューが主体となる。たとえば，企業において正規従業員の働き方の多様化・柔軟化につながる施策がどの程度導入されているかを知る目的で構造化インタビューを行うとする。その場合には，働き方の多様化・柔軟化を実現する施策として，在宅勤務制度，短時間勤務制度，フレックスタイム制度，裁量労働制

の４つの施策について、「１．すでに導入している」「２．導入する予定で検討中」「３．具体的な検討は行っていないが、将来検討の余地は大きい」「４．導入する予定はない」の４つの選択肢を用意し、インタビュイーに自社の状況に最も合った選択肢を選んでもらう。描写目的の構造化インタビューの研究パラダイムの位置づけは、仮説検証目的ではないため、客観主義パラダイム側に入らないが、インタビュイーの内部ロジックを理解するまでは含んでおらず、主観主義パラダイム側とも言えない。研究パラダイム軸に関しては、描写目的のインタビューは中間的な位置づけとなる。収集されるデータの性質に関しては、選択肢からの回答が多くなるため、収集されるデータは定量データが中心となる（Bryman, 2016; Bryman & Bell, 2007, 2015）。

もう１つの軸である研究対象の範囲に関する広範・集中軸に関しては、分析目的と描写目的のいずれも広範に位置する。もちろん、予算・時間・人手など

**（図表４－２）２軸からの分類におけるインタビューの位置づけ**

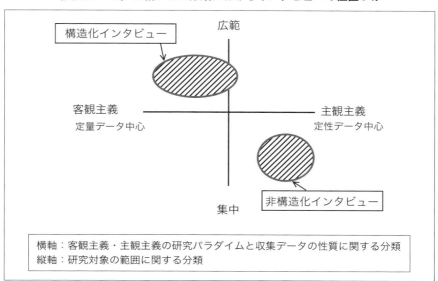

注）描写目的の構造化インタビューは、研究パラダイムとの関係でいうと、中立ゾーンにあるため、一部主観主義の側にも入る。非構造化インタビューも描写目的にも活用されるが、インタビュイーの自由回答から、インタビュイーの内部ロジックに関するデータが得られるため、主観主義の側の位置づけとする。

出所：筆者作成

投入資源によって広範さの度合はかなり異なってくるが、少なくとも次に取り上げる非構造化インタビューに比べれば、インタビュー対象者の範囲（インタビューの数）は広くなり、数多くのインタビュイーに対して、インタビューが実施される。この理由の1つは、質問項目・質問順が予め決められ、回答方式が選択肢方式であるため、インタビューの透明度が増し、インタビュー内容が標準化しやすい点にある。そのため、インタビュー項目の設計に関わらなかった人も含めて数多くのインタビュアーがインタビューを行うことが可能となるのである（Bryman, 2016; Bryman & Bell, 2007, 2015）。

一方、個別のインタビューから得られる情報量は、あまり多くない。こちらもインタビュー項目数によって大きく変化するため、一概にはいえないが、予め決められた質問に対して選択肢回答を行う構造化インタビューは、非構造化インタビューと比較すると1回のインタビュー（あるいは1人のインタビュイー）から得られるデータの収集量は多くない。そのため、個別の研究によってインタビュー対象者の数は異なると記載したが、インタビュイーの数が少なくなると、狭い範囲のインタビュイーに、少ないデータ収集のインタビューを行うこととなってしまう。これでは、全体のデータ収集量が少なくなってしまい、研究の質の面で問題が生じてしまう。構造化インタビューは広範囲（Extensive）であるべきなのだ。

### ② 非構造化インタビュー

非構造化インタビューは研究者が設定した選択肢の中から、インタビュイーが自身の状況や考えに合う選択肢を選んでもらうのに対して、**非構造化インタビューは、インタビュイーが自身の状況や考えを自由に話す自由回答方式であるため、インタビュイー自身が認識・解釈した状況あるいは価値観や対応の仕方などが語られる**。仮説検証目的の構造化インタビューとは異なり、研究者が設定した外部ロジックを検証するのではなく、インタビュイーが研究対象となる社会現象を「なぜ（Why）」「どのように（How）」に感じ、対応したかという内部ロジックが語られるし、インタビューの目的は、研究対象の社会現象の関係者であるインタビュイーの内部ロジックの理解となる（Bryman, 2016; Bryman & Bell, 2007, 2015）。

非構造化インタビューを活用する研究におけるリサーチクエスチョンは"質

金制度が変化しているとしたら,「なぜ（Why）」「どのように（How）」に変化しているのか？"といったものとなり,「なぜ（Why）」「どのように（How）」を探索・描写・分析することが目的となる。「なぜ（Why）」「どのように（How）」を探索・描写・分析するためには，回答者からなるべく多くのデータを得ることが必要となる。インタビュイーの回答状況に合わせて質問項目や質問方法などを変えていくことによって，より多くの質の高いデータ収集が可能となる（Bryman, 2016; Bryman & Bell, 2007, 2015）。

　非構造化インタビューについて，本書で設定した2軸における位置づけについて考えてみる。研究パラダイムの軸に関しては，非構造化インタビューはインタビュイーを含めた研究対象である社会グループにおける認識・価値観など内部のロジックを理解するための研究方法である。内部ロジックの理解に不可欠なのが，定性データである。定性データを中心に多くのデータを収集することによって，内部ロジックの理解という目的達成を目指すのが，非構造化インタビューであり，研究パラダイム軸では主観主義パラダイムの立場に位置する研究方法である。

　もう1つのインタビュー対象の範囲に関する広範・集中軸では，個別インタビュイーからなるべく多くのデータを収集して，インタビュイーが属する研究対象の社会グループの内部ロジックを理解するためには，1人の回答者に対するインタビュー時間が長くなることが必要となる。インタビュー時間は長いほうがより多くの質の高いデータが得られるため，インタビュイーの理解・協力が得られる限り，なるべく長時間のインタビューが望まれる。インタビュー時間には，インタビュー回数も含まれ，できれば1人のインタビュイーに対して複数回のインタビューの実施が望ましい。その結果，どうしても広範な対象へのインタビューは難しくなる。予算・時間・人手などによってインタビュイーの人数は異なり，インタビュイーの数が比較的多くなる場合もあるが，構造化インタビューに比べるとインタビュイーの人数が少なくなることが一般的だ。インタビュイーの人数を増やすことが難しいもう1つの原因は，非構造化インタビューでは，状況に応じた柔軟な対応が必要となるため，透明性・再現性が低くなる傾向がある。そのため，複数のインタビュアーの間でインタビュー内容や質問の仕方などが異なってくることが多く，多くのインタビュアーが参加すると，インタビュー間の一貫性が保てなくなってしまうのである。この面で

もインタビュイーの数は制限されてくる。以上のとおり，広範・集中軸では，非構造化インタビューは集中側に分類される。

### (3) 特定のインタビュー方法：自由回答方式の構造化インタビュー

構造化インタビューは選択肢方式で回答が行われるのが一般的である。だが，質問項目が予め決められた構造化インタビューの中には自由回答方式の回答を求めるものがある。本書では，自由回答方式の構造化インタビューの代表的な方法として，①クリティカル・インシデント・テクニック，②ビヘイビアル・イベント・インタビュー，③レパートリー・グリッド，④キャリア・アンカー・インタビュー，の4つを紹介する。4つのインタビュー方法ともに質問項目が決められているため，透明性・再現性が高い。その結果，多くのインタビュアーが行っても同じ質問ができ，多くの対象者にインタビューすることが可能となる。また，質問項目が決められているため，インタビュー経験の少ない人にも活用が比較的容易という利点もある。

ここで，4つの自由回答方式の構造化インタビューについて，本書で設定し

**〔図表4-3〕2軸からの分類における自由回答の構造化インタビューの位置づけ**

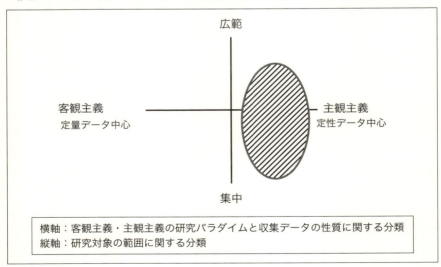

横軸：客観主義・主観主義の研究パラダイムと収集データの性質に関する分類
縦軸：研究対象の範囲に関する分類

出所：筆者作成

た客観主義・主観主義という研究パラダイム軸と定量・定性という収集データの性質に関する分類軸と，インタビュー対象者の範囲に関する広範・集中という分類軸から位置づけを考えてみよう。4つの自由回答方式の構造化インタビューには，インタビューイの側から捉えた社会現象が発生する原因やその時の状況，ハイパフォーマンスとは何かに関するインタビューイの見方，インタビューイ自身で振り返ったキャリアの軌跡など，実にさまざまな目的や内容があり，各インタビュー方法によって目的や内容は異なる。だが，4つの自由回答方式の構造化インタビュー方法に共通するのはインタビューイから見た世界，主観的に捉えた世界を知るということだ。研究パラダイム軸では主観主義の側に属することとなる。また，収集するデータの性質は，自由回答方式であるため，定性データが中心となる。もう1つの軸である研究対象の範囲に関しては，1人のインタビューイから多くのデータを収集するため，集中の側に入る。同時に，インタビュー内容が構造化しているため，多くのインタビュアーによって実施することができるため，比較的広範のインタビューイを対象に実施することが可能となる。以上の結果，自由回答の構造化インタビューは，広範の側にも入り，広範・集中の両方の強みを持つことが可能となる。

　なお，本書では研究方法論の標準テキストに倣い（Bryman & Bell, 2007, 2015; Bryman, 2016），構造化インタビューの括りに入れているが，インタビューイの回答状況に応じて質問内容・質問の順序などを変えることが可能なクリティカル・インシデント・テクニックとビヘイビアル・イベント・インタビューは，半構造化インタビューとも捉えることもできる。

### ①　クリティカル・インシデント・テクニック

　これまでに経験した仕事での経験を振り返って，非常にうまくいったこと，反対にうまくいかなかったことについてそのときの状況を聞いていくもので，フラナガン（1952）によって開発されたインタビュー方法である。
　典型的な質問項目としては以下のような項目が挙げられる。
- 「どうしてそういったこと（うまくいった仕事・うまくいかなかった仕事）が発生したのですか，どのような状況の中でそれは発生したのですか。その状況に関係のあった人は誰ですか」
- 「あなたのとった行動（良い行動あるいは悪い）を具体的に描写してください」

- 「あなたはなぜそのような行動をとったのですか」
- 「あなたがとった行動の結果としてどういうことが起こりましたか」
- 「その結果はあなたの行動が引き起こしたものですか。それともあなた自身がコントロールできない他の要因によって引き起こされたものですか。それともその両者が含まれますか。具体的な状況を描写して話してください」

### ② ビヘイビアル・イベント・インタビュー（BEI）

クリティカル・インシデント・テクニックに基に，高いパフォーマンスに結びつく行動様式であるコンピテンシーを明らかにすることを目的とした，行動と行動を発生させた状況に関するより詳細なデータ収集のためのインタビュー方法である。デビッド・マクレランドを中心とした研究グループによって開発された（Boyatiz, 1982; Spencer & Spencer, 1993）。ビヘイビアル・イベント・インタビューなどによって収集したデータに基づいて，ハイパフォーマーの行動を特定したコンピテンシー研究は，人材の評価や選抜，人材開発など人材マネジメント分野で幅広く活用されており，1990年代後半からは，日本においても広く普及している。本書では，マクレランドのコンピテンシー研究を詳細に解説したSpencer & Spencer（1993）*Competence at Work*の日本語翻訳（梅津祐良・成田攻・横山哲夫訳『コンピテンシー・マネジメントの展開：完訳版』生産性出版，2011）を基に，ビヘイビアル・イベント・インタビューの実施方法を紹介する。

ビヘイビアル・イベント・インタビューの構造は，自己紹介と趣旨説明，職責，行動結果，仕事に必要な要件，しめくくりとサマリーの5つのステップからなる。以下に各ステップの内容をみていく。

### ●ステップ1：インタビュアーの自己紹介と趣旨説明

自己紹介と趣旨説明の目的は，インタビュイーとの間に相互信頼と友好的な感情を醸成し，インタビュイーがリラックスしてオープンに話す気分になってもらうことにある。具体的な目標は，①親密かつもの静かにインタビュアーが自分自身を紹介することによって，インタビュイーの緊張を解くこと，②インタビューの目的と活用方法を説明することで，インタビュイーに参画を促すこと，などである。

オプション・ステップ－キャリアパス
　キャリアパスでは学歴，主な職歴，経歴，現職に就いたきっかけなどについて聞く。目的は，インタビュイーが現在の仕事を行う上で必要な能力を修得した学校や仕事，その他の人生上の経験を知ることにある。

● ステップ２：職　　責
　インタビュイーに最も重要な職務内容や職責を説明してもらうステップである。このステップでは，実際に行っている仕事の内容，あるいは誰と一緒に仕事をしているかなどの仕事環境などに関して，以下のような具体的な質問を行っていく。
　「あなたの現在の仕事のタイトルは何ですか？」
　「あなたの上司はだれですか？　名前は必要ありません。タイトルだけで結構です」
　「あなたの部下はだれですか？　名前は必要ありません。部下のポジションだけを教えてください」
　「あなたの主な仕事と責任を説明してください。実際にやっている内容を教えてください」もし，インタビュイーが質問の意味を理解しない場合には，質問をもっと具体的に言い換えること。たとえば「特定の日，週，月を思い出してもらい，その日，その週，その月にあなたは何をしましたか？」といった具合である。

● ステップ３　ビヘイビアル・イベント
　過去に経験した最も重要な出来事（インシデント）―主な成功体験２～３と主な失敗体験２～３―を詳しく語ってもらうステップである。インタビュイーが語ったインシデントについて，聞いた話だけに基づいてナレーターが語れるビデオが作れるようであれば，十分に話を聞いたということができる。完全なストーリーを語ってもらうためには，次の５点についての答えを得ることが重要だ。
(a) 「どんな状況だったのですか？」「なぜそうなったのですか？」
(b) 「だれがそれに関与していたのですか？」
(c) 「その状況のなかで，あなたは何を思い，どう感じ，何をしようと思いま

したか？」ここでは特にインタビュイーがその状況と関与した人々にどう感じたかに注目。
　――この人が他の人についてどう思ったか？（肯定的か否定的か）あるいは状況についてどう思ったか？（問題解決的思考をもっているかなど）
　――どう感じたか？（怯えていた，落ち着いていた，興奮していたなど）
　――何をしようと思ったか？　何に動機づけられたか？（何かを改善したい，ボスにアピールしたい）
(d)「実際にあなたはどう言いましたか？　あるいはどう行動しましたか？」
(e)「それでどういうことになりましたか？　何が起きましたか？」

### ●ステップ4　担当する仕事に必要な要件

　このステップの目的は，①これまで見落とされていた可能性のある領域のインシデントを引き出すこと，②インタビュイーの意見を聞くことによって，インタビュイーにエキスパートとしての自負の感覚を持たせること，にある。
　具体的な質問例としては，以下などがある。

・「最後にお聞きしたいのですが，あなたの仕事をするのにどのような特性，知識，スキル，経験が必要だと思われますか？　もしあなたがその仕事に人を雇う，あるいは仕事を遂行するためにトレーニングを行うとしたら，何を求めますか？」
・インタビュイーが興味ある特性要件に言及したら，すかさずその特性要件を仕事の上で行使した事例を尋ね，さらにインシデントを引き出すようにする。たとえば，インタビュイーが「この仕事ではどんなプレッシャーの下でも冷静を保つことが必要なのです」と話したら，「あなたが冷静を保ち得たプレッシャーを感じたときとはどんなときでしたか？　冷静を保てなかったときは？　その2つのプレッシャーの違いは？」と聞いてみる。

### ●ステップ5　しめくくりとサマリー

　インタビュイーに対して，時間をとって貴重な情報を提供してくれたことに対して，お礼を述べて面接をしめくくる。仕事がうまくいっていない人にインタビューした場合には，その状況に同情を示し，気持ちをなだめて，できるだけ自信とプライドを回復させて面接を終えるように努力すべきである。

## ③ レパートリー・グリッド

個人がどのように世界をみているか，つまりその人のパーソナル・コンストラクトを知るために，ジョージ・ケリー（1977）によって開発されたインタビュー方法。レパートリー・グリッドを通じて，インタビュイーの世界観を知ると同時にその人がどのように行動するか，他者の行動をどのように捉えているかを明らかにすることができる。具体的な内容と進め方を，マネジャーが部下のどのような面をハイパフォーマーと考えているかをテーマにして紹介する。

(a) 部下の数だけカードを用意してマネジャーに渡し，マネジャーはそれぞれのカード1枚に部下の名前を1人ずつ書いていく。

(b) マネジャーは名前を書いたカードをハイパフォーマーとローパフォーマーに分けて，それぞれにカードを積上げる。

(c) マネジャーはハイパフォーマーのカードの山から2枚のカードを引き，ローパフォーマーの山から1枚の3カードを引く。次にマネジャーは抜き取った3枚のカードに書かれた名前の部下の仕事ぶりについてどういった点が，ハイパフォーマー2人の間で類似していて，ローパフォーマー1人とは異なっているかを指摘する。

(d) マネジャーはさらにハイパフォーマー2人とローパフォーマー1人の仕事ぶりについて具体的な事例を挙げて，詳細に描写していく。たとえば，マネジャーが異なる点としてモチベーションを挙げたとすると，インタビュアーは「どのようにしてあなたはハイパフォーマー2人が高いモチベーションを有していることを知ったのですか」あるいは「高いモチベーションを示す例を挙げてください」といった質問をしていく。このステップをラダリングという。

(e) ラダリングが終了したら，2つの山から抜いたカードを元の山に戻して，もう一度同じようにハイパフォーマーとローパフォーマーの山からそれぞれカードを2枚と1枚ずつ引いて，同じことを繰り返す。引いたカードは同じカードであってもよい。同じカードであった場合には，ハイパフォーマーが類似している点，ローパフォーマーと異なっている別の点について聞く。以上のステップを3回繰り返す。

以上のようにして，職務に関連した行動を，特にハイパフォーマンスとローパフォーマンスを異ならせている要因に焦点を当てて明らかにしていく。

### ④ キャリア・アンカー・インタビュー

　経験によって知った自分自身のキャリアに対する能力・指向・モチベーションなどを明らかにするためにエドガー・シャイン（1978, 1990）によって開発されたインタビュー方法である。アンカーとは錨（いかり）を意味し，人がどうしてもあきらめたくないというキャリアの領域を指す。インタビューとともにキャリア指向質問票があり，質問票への回答とインタビューという2つの方法によって，自分自身のキャリア・アンカーを発見・特定していくこととなる。ここで紹介するのは，Schein, H.（1990）Career Anchors: Discovering Your Real Valueの日本語翻訳（金井壽宏訳『キャリア・アンカー：自分のほんとうの価値を発見しよう』白桃書房，2003）に記載された内容から，「つぎの仕事または人生上の大きな出来事」に関する反復的な項目などを抜いた短縮版である。その結果，同書では18項目の質問が記載されているが，本書では16項目となっている。

1．教育：まずあなたの受けた教育についての質問から始めることにしましょう。あなたは学校で何を専攻しましたか。（特に大学時代，およびその後の教育についてよくしらべます。）
　（訳注：大学や大学院，その後の生涯教育を念頭においた問いですが，だれも大学までいっているわけではないので，高校時代に好きだった科目，また文系・理系の選択などについて聞くのも一案です。）
　なぜその分野を選んだのですか。その分野を選んだことについて，現在どう思っていますか。
2．最初の仕事：卒業後，最初に実際についた仕事は何でしたか。最初の仕事あるいは人生上の出来事になにを求めましたか。なぜそのように選択したのですか。
3．目的：キャリアを歩み始めたとき，どのような大きな望み（アンビション）あるいは長期的な目的をもっていましたか。あなたのその目的と照らし合わせてみて，最初についた仕事はどんな具合でしたか。
　（訳注：うまくいった点，うまくいかなかった点，仕事の中で好きだった点，いやだった点，意味が感じられた点，無意味だと感じた点などを尋ねてもよいでしょう。）
4．つぎの仕事または人生上の大きな出来事：あなたの仕事または働いていた組織での最初の大きな変化はどんなものでしたか。その変化はどんなふうに起こったのでしょう。その変化を起こしたのはだれですか。その変化が起こった理由は何

だったのでしょう。あなたはその変化についてどんなふうに感じましたか。それはあなたの目的とどのような関係があったのでしょう。
（訳注：ここでも，うまくいった点，うまくいかなかった点，仕事の中で好きだった点，いやだった点，意味が感じられた点，無意味だと感じた点などを尋ねるのもよいでしょう。）

**5．つぎの仕事または人生上の大きな出来事**：仕事または働いていた組織でそのつぎに起こった大きな変化はどんなものでしたか。その変化はどんなふうに起こったのでしょう。その変化を起こしたのはだれでしたか。その変化が起こった理由は何だったのでしょう。あなたはその変化についてどんなふうに感じましたか。それはあなたの目的とどのような関係があったのでしょう。
（訳注：ここでも，うまくいった点，うまくいかなかった点，仕事の中で好きだった点，いやだった点，意味が感じられた点，無意味だと感じた点などを尋ねてみるのもよいでしょう。）

**6．引き続いてあなたの仕事，働いていた組織，キャリア，または人生で起こった大きな変化と思われることがらについて分析を続けましょう。変化をひとつひとつ挙げて，その理由や結果を分析・検討してみてください。**
つぎの仕事（またはキャリアの変化，人生上の変化）
その変化はどんなふうに起こったのでしょう。その変化を起こしたのはだれですか。その変化が起こった理由は何だったのでしょう。あなたはその変化についてどんなふうに感じましたか。それはあなたの目的とどのような関係があったのでしょう。
（訳注：ここでも，うまくいった点，うまくいかなかった点，仕事の中で好きだった点，いやだった点，意味が感じられた点，無意味だと感じた点などを尋ねてみるのもよいでしょう。）
引き続いて仕事，キャリア，人生上の変化について，現在に至るまで上記と同じ形式の質問を繰り返しながら分析してみてください。

**7．これまであなたのキャリアと人生を振り返ってみて，なにか大きな節目となった時点**（訳注：transition points，転機，移行期，過渡期となった時点とも訳され，これまで振り返ってきたキャリアの流れの中で非連続的なステップの部分をさします）．つまり過去に慣れ親しんだこと（ルーチン）を越えるような変化をくぐった時期がありましたか。節目をひとつひとつ思い出してみてください。どんな節目でしたか。それはどのように起こりましたか。それを起こしたのはだれでしたか。それをどんなふうに感じましたか。あなたの目的とどのような関係がありましたか。
（訳注：この節目を乗り切る上で，あなたの持ち味である才能，動機，価値観のうちどのようなものが特に役立ちましたか，と追加的に問うのもよいでしょう。）

8．他の大きな節目となった時点についても，同じような手順で，それについて話していただけますでしょうか。
9．これまであなたのキャリアと人生を振り返っていただいたわけですが，あなたが特に楽しいと感じたのはどういうときですか。そのとき，それを楽しめるとあなたに感じさせたものは，いったい何だったのでしょうか。
10．あなたが特に楽しくないと感じたのはどんなときでしたか。そのとき，それを楽しめないとあなたに感じさせたものは，いったい何だったのでしょうか。
11．今まで，あなたはある仕事や昇進の機会を断ったことがありましたか。もしあれば，それを思い出してどのような状況だったか語っていただけますか。なぜそれを断ったのですか。あなたのこれからのキャリアを展望してみて，なにか特に避けて通りたいことがありますか。なにか心配なことがありますか。なぜそうしたことを避けたいとか，心配だとか思うのでしょうか。
12．キャリアを歩み始めたときから，あなたの大きな望み（アンビション）や長期的な目的が変わったことはありますか。それはどんなときでしたか。それはなぜですか。現時点では，ご自身の長期的な目的について，どのようにお考えですか。
13．あなたのこれからのキャリアを展望してみて，特に楽しみとして期待しているのはどんなことですか。そのようなことを楽しみとして期待しているのはなぜですか。あなたのつぎの仕事はどんなものになると思いますか。さらにその後，あなたのつぎの仕事はどんなものになるとお考えですか。相手の方が「究極的に」そうありたいと思う姿について答えが出るまで，さらにそれ以降の仕事についてどんどん訪ねてください。
14．これからの10年間で，あなたのキャリアにどんなことが起こると思いますか。そのようになりそうだと思う理由は何ですか。
15．あなたの従事してきた職種を他の人びとにどんなふうに説明しますか。あなたが本当に得意なのは何だと思いますか。あなたがご自身のキャリアから最も得たいと思うものは何ですか。あなたがご自身のキャリアで特に大事にしようとしているのは何でしょうか。この時点で，ご自身のことについてなにか付け加えておきたいコメントはありますか。
16．ここまでご自身の語ってきた回答全般を通して考えてみて，どのようなパターンあるいはテーマがそこに見えてきますか。あなたがご自身について明らかにしてきたことのなかで，なにか首尾一貫していなかったり，矛盾したり，食い違っていたりすることがありますか。仮にでけっこうですが，状況がどのようになれば，そのような矛盾や食い違いを解決できそうですか。

## 2 インタビューを用いた代表的研究例

インタビューを用いた研究例は数多い。ここではその中からオーラルヒストリーを活用した研究とクリティカル・インシデント・テクニックを活用した研究，キャリア・アンカー・インタビューを活用した研究の3つを紹介する。なお，構造化インタビューを活用した代表的研究としてWERS（Workplace Employee Relations Survey）を「第6章　サーベイリサーチ」で紹介する。

### (1) クリティカル・インシデント・テクニックを活用した研究例：動機づけ・衛生理論

> Herzberg, F. (1959) *Work and the Nature of Man*, Staple Press（北野利信訳『仕事と人間性：動機づけ—衛生理論の新展開』東洋経済新報社，1968）

クリティカル・インシデント・テクニックを活用した代表的研究として，フレデリック・ハーズバーグの動機づけ・衛生理論を紹介する。動機づけ・衛生理論で用いた研究方法は，アカウンタントとエンジニアという2つの職種で働く人約200人に対して，クリティカル・インシデント・テクニックを用いてインタビューを行い，これまで体験した職務感情に関する情報を収集するというものだ。そして収集した情報を基に，これまでの仕事の経験の中で，良かったと感じた要因と悪かったと感じた要因を分類し，良い感情をもったときによく登場した要因をモチベーション要因（Motivation Factor）と名づけ，悪い感情をもったときによく登場した要因を衛生要因（Hygiene Factor）と名づけた。

　動機づけ要因は，良かったときに登場し，悪かった時には登場しないのだから，"それが満足されれば職務満足が向上し，ワークモチベーションも向上する，なくても職務満足・ワークモチベーションが低下することはない"要因であると解釈された。他方，衛生要因は，悪い感情を持ったときに登場し，良かったときには登場しないのだから，"それが満足されなければ不満足を感じ，ワークモチベーションが低下するが，満足しても特に職務満足やワークモチベーションを向上させることはない"と解釈された。

　動機づけ要因と衛生要因の項目をみていくと，動機づけ要因として示されているのは，仕事の達成や仕事そのもの，責任といった要因であり，仕事そのも

のに関連した要因あるいは仕事によって引き起こされる内的な要因が多い。これに対して衛生要因として示されているのは，会社の政策や上司のマネジメント，給与，上司との関係，作業環境など仕事を取り巻く要因すなわち外的な要因である。

　この結果を考えると，**動機づけ要因となるのは仕事それ自体や仕事を通じて得られる内的な満足であり，ワークモチベーションを向上させるためには仕事の内容を考える必要がある，**ということになる。これに対して仕事を取り巻く環境である衛生要因はいくら向上させても，それだけでワークモチベーションを向上させることはできないことになる。

〔図表4-4〕動機づけ要因と衛生要因の比較

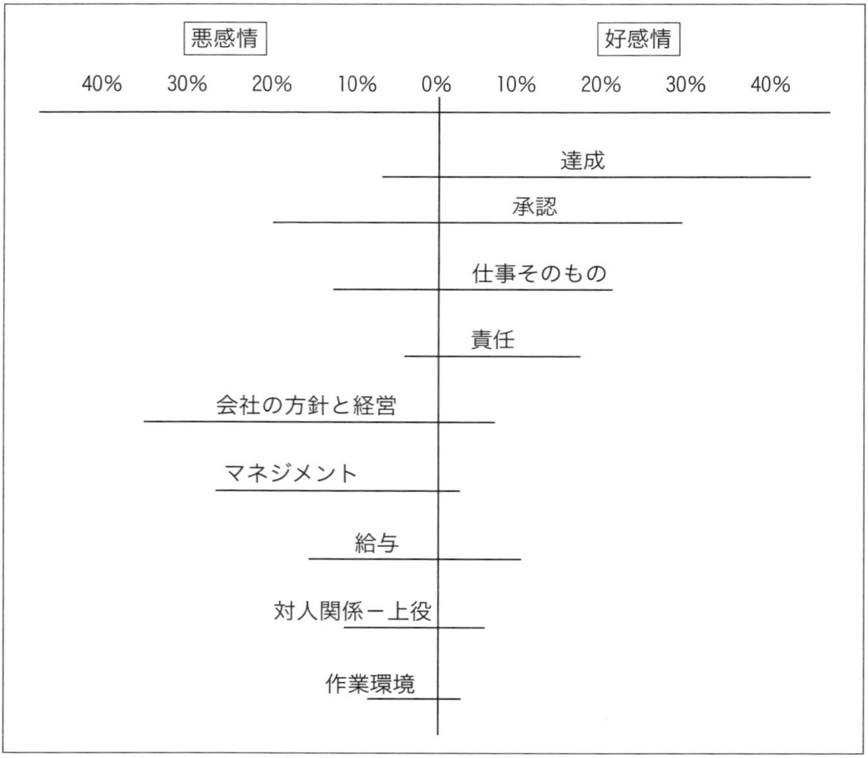

| 悪感情 ← | → 好感情 |
|---|---|
| 40%　30%　20%　10% | 0%　10%　20%　30%　40% |

- 達成
- 承認
- 仕事そのもの
- 責任
- 会社の方針と経営
- マネジメント
- 給与
- 対人関係－上役
- 作業環境

出所：Herzberg, F. (1966) *Work and the Nature of Man*, Staple Press（北野利信訳『仕事と人間性：動機づけ―衛生理論の新展開』東洋経済新報社，1968）

動機づけ・衛生理論は，発表当時，学界・ビジネス界ともに大きな反響を得た理論であった。ビジネス界の反響としては，アメリカにおけるQWL（Quality of Work Life）運動が挙げられる。この結果，職務拡大・職務充実などの必要性が広く認識・主張され，職務設計にも影響を与えることとなった。

　しかしその後の研究の結果，動機づけ・衛生理論にはさまざまな問題が指摘されるようになった。1つは，ハーズバーグは動機づけ要因と衛生要因という

## コラム4-1　新人間関係学派とアメリカにおけるマネジメントの変化

　第1章で紹介したテイラーの科学的管理法における，作業の分業化・細分化，作業の標準化と課業の明確化，計画者（経営者・管理者）と実行者（一般労働者）の分離，などの提案。その後のフォード自動車における実践を通じて，これらのテイラーの主張は，アメリカにおいて普及したマネジメント方法となった。これに対して，ホーソン研究において，働く人の気持ちや職場の人間関係などが生産性に影響を与えることが明らかとなり，働く人間の社会的側面，心理的側面に関する研究が進んでいった。そして1940年代以降，マズローやマグレガー，ハーズバーグなどの新人間関係学派（ネオ・ヒューマン・リレーションズ）と呼ばれる一連の研究者が登場し，"人は自己実現を望むものだ。職務満足の向上にはやりがいのある仕事の提供が必要だ。人は元来仕事が嫌いではなく，マネジメントの対応次第では積極的に仕事に取り組む"といった議論を展開していった。このような学界の動きを受けて，産業界でもQWL（Quality of Work Life）運動が広がり，決められた単調な職務から労働者を解放し，モチベーションを向上させようという動きが起こった。

　その具体策として実行されたのが，職務拡大（Job Enlargement）と職務充実（Job Enrichment）である。職務拡大は，1人の人が担当する職務の幅を広げることであり，水平的な職務拡大である。個人が行う仕事の内容（タスク）を多くすることであり，具体的には，スーパーで冷凍食品の品出しをしている人が，シリアルの品出しも担当するといったことだ。職務充実は，責任・権限の範囲を広げて1人の人が担当する職務の幅を広げることであり，垂直的職務拡大である。これまで上司がもっていた仕事のやり方を決める決定権を担当者に委譲していくなどが挙げられる。職務拡大によって労働者の知識・スキルを拡大。さらに，職務充実によって労働者の責任・権限・自主性などが強まる。これらを通じて，モチベーション向上と能力開発，長期的なキャリア開発に結びついていくというのが，これら施策の背景にある思想である。

2タイプに分類をしたが，こういった結果が得られるのはクリティカル・インシデント・テクニックのように過去に起こった経験に関して聞いた場合である。**現在の状況について聞いた多くの研究では，すべての要因に関して満たされなければ不満で，満たされれば満足という結果がでたのである。**このように過去のことを聞いた場合と現在の状況を聞いた場合の結果が異なる原因としては，人はよかったことは自分自身の原因に，悪かったことは外部要因に原因を捉えやすいという楽観思考という認知バイアスをもっており，楽観思考は，過去の事柄について顕著となるということが挙げられる（Vecchio, 1995, 2003）。

もう1つは，ハーズバーグは職務満足とパフォーマンスとの間に因果関係があると想定して，職務満足のみを聞いてパフォーマンスについては調査していない。しかしこれまでの数多くの研究結果が示すのは，職務満足とパフォーマンスとの因果関係は弱いというものだ（Vecchio, 1995, 2003; Gibson, et al., 2012; 金井・高橋, 2004）。以上のような動機づけ・衛生要因理論に対する批判により，学者の世界ではもはや動機づけ・衛生要因理論の妥当性はないとする結論が一般的となっていが，ビジネス界では現在でもアピールする理論であり，マネジメント研修などで頻繁に取り上げられる有名な理論である。

## (2) ビヘイビアル・イベント・インタビューを活用した研究例：コンピテンシー研究

> Boyatzis, R. E. (1982) *The Competent Manager: A Model for Effective Performance*, Wiley
> Spencer, L. M. & Spencer, S. M. (1993) *Competence at Work: Models for Superior Performance*, Wiley（梅津祐良・成田攻・横山哲夫訳『コンピテンシー・マネジメントの展開』（完訳版）日本生産性出版, 2011）

ビヘイビアル・イベント・インタビューは，高いパフォーマンスに結びつく行動様式であるコンピテンシーを明らかにするために，デビッド・マクレランドを中心とする研究グループによって開発されたものである。1990年代後半以降，日本においてもコンピテンシーは人材評価の新たな方法として広く普及し，採用や選抜，報酬，人材開発などさまざまな人材マネジメント分野で活用されている。

人材評価におけるコンピテンシーの役割は，パフォーマンス生み出す行動を評価することにある。以前は，パフォーマンスは結果を意味することが多かったが，1990年代以降，結果を生み出す行動も評価対象としようという動きが広まった。行動を評価対象とする理由には，①結果だけに着目すると短期的には結果として現れないが，組織にとっては重要なことが軽視されてしまう，②結果には本人のコントロールできない要素が影響を与える場合が多いため，結果だけを評価の対象とすると公平感や納得感が低下する危険性があるが，行動は個人のコントロールの度合いが強いため公平感・納得感を高めることができる，などがある（Armstrong & Baron, 1996; 須田，2005, 2018）。そして，この行動評価の基となる行動基準として広く採用されているのが，コンピテンシーなのである。なお，企業によっては現在の達成成果をパフォーマンスとし，将来の予測される達成成果としてポテンシャルとの言葉で表現するなど別の角度から実施している企業もあり，個別企業によって具体的な取り組みは異なる。

　マクレランドがコンピテンシー研究を本格的にスタートしたのは1970年代のことで，アメリカの国務省から外務情報職員の採用選考に関する協力を求められたことに始まる。その後，多くの研究者が研究に加わり，1970年代のコンピテンシー研究をまとめたのが，*Competent Manager*（Boyatzis著）であり，1980年代までのコンピテンシー研究をまとめたのが，*Competence at Work*（Spencer & Spencer 著）である。

　*Competence At Work*で示されたコンピテンシーの定義は"ある職務または状況に対し，基準に照らして効果的，あるいは卓越した業績を生む条件として関わっている根源的特性"であり，根源的特性とは"さまざまな状況を超えて，かなり長期間にわたり，一貫性をもって示される行動や思考の方法"である（2011年版翻訳書11頁）。これを簡潔に表現すると"個人が長期間にわたって安定的に有するハイパフォーマンスを実現する行動・思考様式"ということになるだろう。コンピテンシーの特色としては，コンピテンシーは奥深い部分から表層的な部分まで階層化されたものと捉えている点がある。つまりコンピテンシー特性のタイプには動因（motive），特性（trait），自己イメージ，知識，スキルの5つのタイプがあり，この5つのタイプのコンピテンシーは奥深い部分から表面的な部分へと階層化されていると捉えている。奥深く目に見えず隠された部分が動因，特性，自己イメージであり，表層的で目に見える部分は知識，

### 〔図表4－5〕中核と表層のコンピテンシー

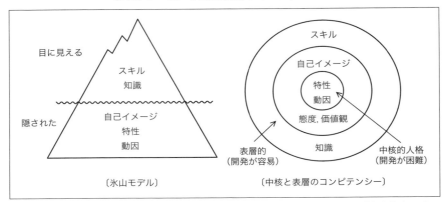

出所：Spencer, L. M. & Spencer, S. M. (1993) *Competence at Work*, Wiley.（梅津祐良・成田攻・横山哲夫訳『コンピテンシー・マネジメントの展開：導入・構築・活用』生産性出版，2001）

スキルである（**図表4－5**の左側の氷山モデル）。

　コンピテンシーの捉え方としては，コンピテンシー開発の困難性から捉えるアプローチも示されている。この捉え方では，表層的で開発が比較的容易なコンピテンシーが知識，スキルであり，開発が困難な中核的コンピテンシーが動因，特性，そして自己イメージ，態度，価値観がこの両者の間の中間的な存在となる（図表4－5の右側の中核と表層のコンピテンシー）。

　このようにコンピテンシーはいくつかの層からなっているが，仕事のパフォーマンスに対して直接的な原因となるのは行動だ。そこで重要となるのが，高いパフォーマンスを生み出す行動を特定することとなる。コンピテンシー研究で，行動項目と行動指標を特定するために用いられた方法は，ハイパフォーマーとそれ以外のパフォーマーの両者に対して，仕事の実行状況に関するインタビューを行い，両者の差を抽出して，ハイパフォーマーをそれ以外の人と異ならせている行動様式を特定するというものである。ここで用いたインタビュー方法が，ビヘイビアル・イベント・インタビューというわけである。

　コンピテンシー研究の結果，高パフォーマーとそれ以外のパフォーマーを異ならせる行動項目と各行動項目の具体的な行動指標が明らかになっていき，そ

の結果をコンピテンシー項目（コンピテンシーヘッドライン），各コンピテンシー項目に対する行動指標がまとめられた。これをコンピテンシー・ディクショナリーという。*Competence At Work*では，類似したコンピテンシー項目をまとめてコンピテンシー群が設定され，コンピテンシー群の中にコンピテンシー項目が，そして各コンピテンシー項目の測定尺度として行動記述が示されている。

### (3) キャリア・アンカー・インタビューを活用した研究例：
キャリア・アンカー

---

Schein, E. (1978) *Career Dynamics: Matching Innovation and Organizational Needs*, Addison-Wesley Publication （二村敏子・三善勝代訳『キャリア・ダイナミクス：キャリアとは，生涯を通しての人間の生き方・表現である』白桃書房，1991）

Schein, E. (1990) *Career Anchors: Discovering Your Real Values*, Jossey-Bass（金井壽宏訳『キャリア・アンカー：自分のほんとうの価値を発見しよう』白桃書房，2003）

---

**キャリア・アンカーとは自分自身の職務経験を通じて知覚した仕事に対する価値観・能力・モチベーションなど**であり，エドガー・シャインによって提唱されたものである。自分自身がどんな職業能力をもっているか，また仕事に対してどんな興味・価値観をもって，どんなモチベーションをもって働いているのかは，実際に仕事をある程度の期間，体験してみなければわからない，というのが，キャリア・アンカーのキャリアに対する基本的な考え方である。さまざまなタイプの仕事があるし，職務内容や環境などによって要求される能力も変わってくる。そのため，自分の仕事に対する能力・価値観・モチベーションを自覚するためには，おそらく10年以上の職務経験が必要となるだろう。人は自分の実体験から，自分はどんな仕事が好きで，どんな仕事ができるのかを知っていくのである。

シャインは，この自分自身が知覚した仕事に対する能力・価値観などをキャリア・アンカーと呼んだ。**アンカーは錨を意味し，シャインは，個人のキャリアを船に例えてちょうど船が錨の周りで漂うように，人はある特定の仕事の領**

域に能力や価値観などを有していると主張した。キャリア・アンカーを別の角度で捉えると，どうしても捨てることのできないキャリアの方向性といえる。人がキャリアの選択を迫られた時に，これだけは捨てることはできないとして，選択していくのがキャリア・アンカーである。つまり，自分自身のキャリア・アンカーを知るにはキャリアの選択に何度か遭遇する必要があり，その面からも少なくとも10年以上の職務経験が必要というわけだ。そして人は何度かのキャリア選択を通じて，いつしか人は自分にとって最も重要で捨てることのできない1つのキャリア・アンカーを知ることとなる。

　キャリア・アンカーの開発は，シャインが教鞭をとったMITスローン経営大学院修士課程の卒業生に対する質問票とインタビューの2つの形態の調査によって行われた。スタートは修士課程の学生44人に対して，2年在籍時に行った質問票調査である（1961年・1962年・1963年の3年間）。そして卒業の1年後に同様の内容でインタビューを実施，さらに卒業5年後に質問票調査が，そして，卒業後10年〜12年たった1973年に44人の対象者全員にキャリア・アンカーの自己分析表に自身のキャリアの軌跡と選択理由や感情などに関して記載してもらい，さらにその中の20人に対してインタビューが行われた。この1973年の調査の際に用いられたキャリア・アンカーの自己分析表が基となって，キャリア・アンカー・インタビューが開発されていった。なお，内容のほとんどは，キャリア・アンカー自己分析表とキャリア・アンカー・インタビューは同じである。

　これら一連の調査の結果，彼らがキャリアの選択やさまざまな職業経験の中で，どのようにキャリアに対する考え方を形成していったかが明らかとなっていった。そして発見されたのが，44人の職業体験やその時々のキャリア選択は，非常に多岐にわたるものだったが，44人のそれぞれ個人の中では，キャリアに対する考え方や選択基準などは，一貫したものだということであった。この結果を踏まえて，シャインは具体的に従事する仕事はその時々で異なるものの，各人は特定のキャリアタイプに対する関心・指向性を持っているとして，これをキャリア・アンカーと名付けたのである。キャリア・ダイナミクスが出版された1978年の時点では5つであったキャリア・アンカータイプは，その後の研究を通じて数を広げていき，以下の8つのキャリア・アンカーが提案されている（Schein, 1990）。

① **専門・職種別コンピテンス**：特定の職業領域で専門性や能力の向上に満足・やりがいを感じる人。これらの人はキャリアの途中で他の分野の仕事に異動となると満足感が低下し，有するスキルも十分に発揮されない。自分の専門領域を極めることを指向するため，自分の専門性を追究するのに必要な場合には，その分野のマネジャーになることに興味を持つが，ジェネラルマネジャーに興味を持たない。

② **全般管理コンピテンス**：キャリアを重ねるにつれて，経営管理そのものに興味を持ち，ジェネラルマネジャーに求められる能力を有していることに気がつく人。自分の事業領域や業界，職能分野などのエキスパートになる必要性は認めるが，それはジェネラルマネジャーとしてうまく仕事をしていくために必要と考えるためである。

### コラム4-2　認知のバイアスと楽観思考

　これまでの研究から，人間にはさまざまな認知のバイアス（ゆがみ）があり，実際に起こったことをそのまま認知するとは限らないことがわかっている。代表的な認知のバイアスに楽観思考がある。楽観思考にはいくつかの側面があり，ここでは2つ紹介する。1つが，自分がやったよいことや成功したことなど自分に都合のよいことを重視し，いつまでも記憶しているが，自分にとっていやなこと，失敗したことなど都合の悪いことは無視すると同時に記憶に残らず忘れてしまうという傾向だ。もう1つが起こった事柄に対する原因に関する認知のバイアスである。これはよかったこと，成功したことに関しては，原因は自分の内側にあるとし（自分ががんばったから目標が達成できたなど），悪かったこと，失敗したことなどの原因は，環境要因にある（上司のマネジメントが悪いから目標が達成できなかったなど）と考える傾向にあるというものだ。この楽観思考は現在起こっていることよりも，過去のことに対してより強く表れるため，過去を事柄を思い出してもらうクリティカル・インシデント・テクニックを用いたハーズバーグの研究でより強く表れたことが考えられるのである。

　楽観思考は状況を正しく認識しないバイアスという点では問題だが，以前から精神衛生上有効ではないかとの意見があったが，近年，うつ病患者には楽観思考が希薄で，自分のやったよいことと悪いことを同様に記憶する傾向があるとの研究結果が報告され，楽観思考は人にとってよい効果をもつとの認識が強まっている。

③ **自律・独立**：どんなときにも自分のペース，納得する仕事のやり方で仕事をやっていきたいと強く望む人。組織内での生活を制約の多い非合理なものと感じ，会社からは独立して自律的なキャリアを望む。

④ **保障・安定**：安全で確実，将来の出来事を予想でき，ゆったりとした気持で仕事ができることを何よりも重視する。多くの人にとって安定は重要だが，このタイプの人は，キャリア選択において安定性を最も重要な基準とするため，雇用保障が高い組織，退職時の諸制度が整っているなど安定して頼りにできる組織を選択する。

⑤ **起業家的創造性**：新製品開発や新市場開拓，新事業構造の構築，財務上の工夫で新しい組織をつくる，既存事業の再編により新しい事業を起こす，など新しいことを生み出すことに価値観を置く人。発明家，芸術家になる人もいるが，ビジネス世界においては起業する人もあり，既存組織内で新たなビジネスを起こす人もいる。

⑥ **奉仕・社会献身**：何らかの形で社会を良くしたり，他人に奉仕することに価値観を持つ人。医療・看護・社会福祉・教育などの職業に就く人が多い。他のビジネス分野であっても，社会のためになると信じるビジネスに熱心に取り組む人などもこれに当たる。

⑦ **純粋な挑戦**：解決困難な問題に挑戦すること，手ごわい相手に打ち勝つことなどに価値を見出す人。このタイプのアンカーを有する人にとって，挑戦こそが唯一のテーマであり，常に自己を試すチャンスがないと退屈し，変化に富んだキャリアを指向する。

⑧ **生活様式**：ワークキャリアを生き方全般・生活全般と調和させることに価値を置くタイプ。ワークライフバランスを重視して，仕事を選択する人などが当たる。このタイプの人たちは，組織のために働くことに非常に前向きだが，その際に自分の時間の都合に合わせた働き方ができることが重要な要件となる。

## 3 インタビューの強みと弱み

インタビューは，構造化インタビューと非構造化インタビューとで強みと弱みが大きく異なる。そこで構造化インタビューと非構造化インタビューに分けて，本書で設定した内的妥当性，外的妥当性，社会文脈妥当性，信頼性という研究評価指標から強みと弱みを分析していく。なお，主に参照するのは，ブライマン（1989，2016），ブライマンとベル（2007，2015）である。

### (1) 構造化インタビュー

最初に構造化インタビューからそれぞれの研究評価指標に対する強みと弱みをみていく。まず内的妥当性について述べよう。構造化インタビューにおける内的妥当性に関する問題は，研究者が予め設定していない質問項目に関しては，データを得られないということだ。仮説検証型研究で分析目的に活用する構造化インタビューにおいては，因果関係の追究において重要な事柄であったとしても研究者がそれに気づかず，インタビュー項目や選択項目に入れなければ，データを収集することは不可能である。社会現象には因果関係があり，それを正しく認識することが重要とする客観主義パラダイムの研究方法に共通の問題であるが，研究者が事前に知らない事柄に関してデータを収集することは不可能となる。内的妥当性向上のためには，事前準備が非常に重要となるのである。構造化インタビューのもう1つのタイプである描写目的の構造化インタビューの場合も，質問項目に含まれない，あるいは選択項目に含まれない場合には，重要な内容であったとしても情報を収集することはできない。分析目的，描写目的という目的にかかわらず，内的妥当性に関する構造化インタビューに共通する弱点である。それ以外にも，インタビューにおける質問項目の設計，インタビューの実施方法，インタビュー項目の数，インタビュアーの質などによって，内的妥当性は大きく異なってくる。たとえば，質問項目の設計に関しては，インタビュイーが理解しやすく複数の解釈が成り立たないようにする，インタビューの流れが適切である，といったことが内的妥当性に影響を与える。なお，インタビュアーの質は正しくデータを収集するために非常に重要であるが，この点に関しては，標準化のところで説明していく。

外的妥当性に関しては，**構造化インタビューの透明度は高く，インタビュー**

が標準化しやすいため研究者以外の人も含めて数多くのインタビュアーによる実施が可能となる。そのため，非構造化インタビューに比較すると，広範囲に実施しやすくなり，外的妥当性が高くなりやすい。もっとも内的妥当性が低い場合には，それを母集団に一般化した外的妥当性も低くなってしまい，その面でも事前の準備が重要である。

社会文脈妥当性に関しては，研究者が予め用意した質問への選択方式での回答が中心となる構造化インタビューでは，インタビュイーが置かれた社会文脈の把握度は低く，社会文脈妥当性は構造化インタビューの弱点である。

最後が信頼性である。構造化インタビューの強みは，決められた質問に回答していくため，インタビュー内容がインタビュアーやインタビュイー以外の第3者からわかりやすく透明性が高いということである。そして，透明性の高さは再現性・信頼性の高さにつながる可能性が高いということだ。この点は，構造化インタビューの強みといえる。

もっとも，"透明性の高さ＝信頼性の高さ"となるとは限らない。インタ

### コラム4-3　構造化インタビュー成功のための秘訣

構造化インタビューにとって複数のインタビュアー・インタビュイーの間で，インタビュー内容を標準化することが，インタビューの質の向上に重要となる。そのためには，以下のような方法が必要となる。

・すべての質問項目の内容をインタビュアー全員が正確に理解する。
・インタビュイーが質問内容を正確に理解するための説明方法をインタビュアー全員が修得・共有する。そのために想定される回答者から出される質問内容を事前に調査・特定し，インタビュアー全員で同じようにインタビュイーからの質問に答えられるようにする。
・最初の挨拶，質問の仕方，インタビューで使う敬語の度合などのコミュニケーションスタイルをインタビュアー間で共有する。そのためにインタビュー実施前にトレーニングを行うとともに，インタビューを録音して複数のインタビュアー間の差を確認し，標準化を進める。
・インタビュイーの対応や時間的制約などその場の状況で，質問内容や方法を変えない。そのためにはインタビューで発生するさまざまな状況を事前に想定し，インタビュアーに対応方法を修得させる。

出所：Bryman, A. (2016) *Social Research Methods* (5<sup>th</sup> ed.) Oxford University Press.を基に作成

ビュアー間あるいは同一インタビュアーが異なるインタビューに対して，インタビュー実施方法が異なるなど標準化がなされない場合には信頼性の高さには結びつかないのである。信頼性を向上させるためには，個別のインタビュー間での違いをなくして，標準化を図ることが必要だ。この標準化は信頼性だけでなく，内的妥当性の面でも重要となり，さらに，内的妥当性の低さは外的妥当性の低さにつながる。標準化には1人のインタビュアー内での標準化と，異なるインタビュアー間での標準化の2つの側面がある。この2つの面で標準化が実現しないと，複数のインタビューから得た回答の内的・外的の両方を含む妥当性と信頼性は大きく崩れることになる。たとえば，インタビュアー全員が質問内容を正しく理解していないと，インタビューへの質問内容・方法や，インタビュイーから質問された場合の対応などが異なってしまい（同時に誤ってしまう），インタビュイーから得られた回答の妥当性・信頼性は損なわれてしまう。また，インタビュイーも明るい人，寡黙な人，優しい感じの人，怖い感じの人などさまざまな人が含まれるため，インタビュアーがインタビューをしやすい人には長く丁寧な説明を行い，そうでない人には簡単な説明しか行わないなど，1人のインタビュアーの中でもインタビュイーによって態度が異なるなども標準化がなされない原因となる。そのため，複数のインタビュイーの間で回答が異なっていたとしても，標準化がなされていないために回答結果が違ったという場合も想定される。

## (2) 非構造化インタビュー

非構造化インタビューについても内的妥当性からみていく。非構造化インタビューの強みは，1人のインタビュイーから得るデータの量が多いということだ。研究者が予め想定していない内容に関しても，インタビュイーから引き出すことができる。インタビューを通じて思わぬ発見を得ることは，非構造化インタビューではよくあることだ。まさに相手の内面のロジックを理解するという主観主義パラダイムの研究方法といえる。インタビューによる新たな発見によって，コンセプト開発と理論的分析の精度が上がっていく。また，あるいは新たな発見によって新たにデータを収集する必要性が生じる場合もある。「第3章　マネジメント研究：研究方法論の選択」の図表3-3で示した「データの解釈→コンセプト開発と理論的分析→より特定化したリサーチクエスチョン

の設定→さらなるデータ収集→データの解釈」のループで示した部分である。また，インタビューで得たデータを基に次の研究につなげる可能性も高い。

　以上のように内的妥当性という面では，収集するデータ量の多さから構造化インタビューに比べて高くなる可能性が高い。だが，非構造化インタビューにおいて内的妥当性に大きな影響を与えるのは，知識・経験・スキル面などのインタビュアーの力量である。知識面では，研究テーマの領域とインタビュー方法に関する知識の両面があり，インタビュアーの力量によって同じインタビューから収集できるデータ量と質には大きな違いがでてくる。構造化インタビューにおいてもインタビュアーの知識・スキル・経験は重要である。だが，非構造化インタビューにおいては，インタビュアーの質は決定的な要因である。

　次いで，外的妥当性について。1人のインタビューに時間がかかるため，多くの人にインタビューすることが難しいため，構造化インタビューに比べるとインタビューの数は少なくなりやすく，外的妥当性は一般的に低くなる。さらに，構造化インタビューのように多くの人がインタビューを行うことが難しいため，この面でもインタビューの数は少なくなり，外的妥当性は低くなりがちだ。

　これに対して，社会文脈妥当性に関しては，インタビュイーの置かれた状況や考え方などに関する多くのデータを，インタビューを通じて収集できるため，一般的に高くなる。

　インタビュイーの人数が少ないため，研究対象の母集団からどのようにしてインタビュイーを選択するかが重要な問題となる。研究対象の母集団に属する人の中にもさまざまな人がいるため，どんな経験を持つ人，あるいはどんな考え方を持つ人をインタビュイーとして選択するかは，研究結果に大きな影響を与えるとともに，外的妥当性・社会文脈妥当性の両面で研究の質に影響を与える。研究対象の社会グループの中で意見は異なるためだ。ここから言えることは，構造化インタビューのように数百人あるいは数千人といった数の人にインタビューすることは難しいことだが，非構造化インタビューにおいてもなるべくインタビュイーの数が多いことが望ましい。

　信頼性に関しては，インタビューの状況に合わせて質問内容等を変えていく非構造化インタビューでは，透明性・再現性が低くなり，この結果，高い信頼性を期待することはできなくなってしまう。信頼性は主観主義パラダイムの研究方法である非構造化インタビューにとって弱点である。

[参考文献]

Armstrong, M. & Baron, A. (1996) *Performance Management: The New Realities*, CIOD

Boyatzis, R. E. (1982) *The Competent Manager: A Model for Effective Performance*, Wiley.

Bryman, A. (1989) *Research Methods and Organization Studies*, Routledge.

Bryman, A. (2016) *Social Research Methods* (5$^{th}$ ed.) Oxford University Press.

Bryman, A. & Bell, E. (2007) *Business Research Methods*. (2$^{nd}$ ed.) Oxford University Press.

Bryman, A. & Bell, E. (2015) *Business Research Methods* (4$^{th}$ ed.) Oxford University Press.

de Vaus, D. (2001) *Research Design in Social Research*, SAGE Publications.

Flanagan, J. C. (1954) "The Critical Incident Technique", *Psychological Bulletin*, Vol.51. No.4, pp.327-358.

Gibson, J. L., Ivancevich, J. M., Donnelly, Jr. J. H. & Konopaske, R. (2012) *Organization, Behavior, Structure, Process* (14$^{th}$ ed.) McGraw-Hill.

Herzberg, F. (1959) *Work and the Nature of Man, Staple Press*（北野利信訳『仕事と人間性：動機づけ—衛生理論の新展開』東洋経済新報社, 1968）

Kelly, G. A. (1977) "Personal Construct Theory and the Psychotherapeutic Interview", *Cognitive Therapy and Research*, Vol.1, No.4. pp.355-362.

Kvale, S. (2007) *Qualitative Research Kit 2: Doing Interview*, SAGE Publications（能智正博・徳田治子訳『質的研究のための「インター・ビュー」』新曜社 2016）

Schein, E. (1978) *Career Dynamics: Matching Innovation and Organizational Needs*, Addison-Wesley Publications（二村敏子・三善勝代訳『キャリア・ダイナミックス：キャリアとは、生涯を通しての人間の生き方・表現である』白桃書房, 1991）

Schein, E. (1990) *Career Anchors: Discovering Your Real Values*, Jossey-Bass（金井壽宏訳『キャリア・アンカー：自分のほんとうの価値を発見しよう』白桃書房, 2002）

Spencer, L. M. & Spencer, S. M. (1993) *Competence at Work: Models for Superior Performance*, Wiley（梅津祐良・成田攻・横山哲夫訳『コンピテンシー・マネジメントの展開（完訳版）』生産性出版, 2011）

Vecchio, R. (1995) *Organizational Behavior* (3$^{rd}$ ed), Dryden Press.

Vecchio, R. (2003) *Organizational Behavior: Core Concept* (5$^{th}$ ed.) Thompson Learning.

金井壽宏・高橋潔 (2004)『組織行動の考え方』東洋経済新報社

須田敏子 (2005)『HRMマスターコース：人事スペシャリスト養成講座』慶應義塾大学出版会

須田敏子 (2018)『組織行動：理論と実践』NTT出版

野村康 (2017)『社会科学の考え方：認識論，リサーチ・デザイン，手法』名古屋大学出版会

# 第5章 実験法と準実験法

## 1 実験法と準実験法の特色

### (1) 仮説検証型研究の基本ステップと各ステップでの課題

　実験法・準実験法はともに，理論に基づいて設定した仮説が正しいかどうかを知ることを目的とした研究方法である。実験法はさらに，実験室実験とフィールド実験に分かれ，実験室実験は研究者が人工的に作った環境で行う実験であり，自然科学における実験を社会科学に応用した研究方法といえる。これに対して，フィールド実験は，現実の社会環境の中で行うものであり，フィールド実験と実験室実験の特色はかなり異なっている。準実験は，実験法の研究（厳密には実験室実験）として必要な条件のすべてを満たしていない研究方法であり，フィールド実験と同様に現実の社会環境で行う研究方法である。同じ実験法と言っても，フィールド実験では，実験室実験で要求される条件を満たすことが難しい場合が多く，準実験に近い研究もある。
　実験法は仮説検証型（客観主義パラダイム）研究の代表的な研究であるため，実験法に入る前にまず，仮説検証型研究の基本ステップと各ステップにおける対応すべき課題を紹介する。仮説検証型の研究方法に含まれる研究方法の中でも，個別の研究方法によって具体的に使う方法は異なっているが，4つの基本ステップと各ステップで対応する課題は共通している。ギルとジョンソン（2002, 2010）に基づき，仮説検証型研究の4つの基本ステップと各ステップで対応すべき課題を紹介する。

**第1ステップ**：研究を通じて説明しようとする社会現象を特定する。理論的に従属変数を特定するステップである。

**第2ステップ**：理論に基づいて設定した従属変数に影響を与える原因となっている変数を特定する。理論的に独立変数を特定するステップである。

**第3ステップ**：独立変数と従属変数の変化を観察・測定するために操作化を行う。操作化には，独立変数・従属変数の変化を観察・測定できるようにするという目的だけでなく，観察・測定のために研究者が独立変数を意図的に変化させることも含む。

**第4ステップ**：観察した従属変数の変化が独立変数以外のなんらかの原因によって発生している可能性がある。そこで，独立変数以外の変数が従属変数に与える影響をコントロールあるいはニュートラルにして，独立変数が従属変数に与える影響のみを観察・測定できるようにする。独立変数以外の変数のコントロールができないと，正しい因果関係を知ることはできなくなってしまう。

上記4ステップと各ステップの課題を表したのが，**図表5－1**である。

次に，仮説検証型研究が各ステップで対応すべき課題である。基本ステップ1の課題は従属変数の特定（課題A）であり，基本ステップ2における課題は独立変数の特定（課題B）である。そして，基本ステップ3の課題は2つある。1つは従属変数の操作化方法の特定と従属変数の変化に関する観察・測定方法の特定（課題D）であり，もう1つは独立変数の操作化方法の特定と独立変数変化の観察・測定方法の特定（課題E）である。最後が，基本ステップ4の独立変数以外に従属変数に影響を与える可能性のある変数の特定（課題C）と，従属変数以外の変数からの影響をコントロールあるいはニュートラルにするための方法の特定（課題F）である。このうち課題A，課題B，課題Cの特定は，基本的に理論的な問題である。課題D，課題E，課題Fは，変数の操作・観察・測定に関するもので，基本的に研究方法に関する課題である。なお，仮説検証型研究に分類される研究方法の中で，課題D，E，Fへの具体的な対応は個別の研究方法によって異なってくる。

## (2) 実験法の特色

実験法には，実験室実験とフィールド実験がある。実験室実験は研究者が人

**〔図表５－１〕仮説検証型研究（客観主義パラダイム研究）の基本ステップと各ステップの課題**

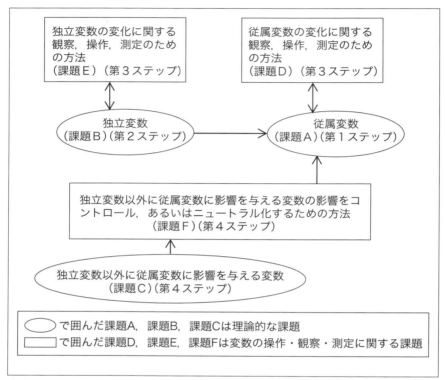

出所：Gill, J. & Johnson, P.（2010）*Research Methods for Managers*（4*th* ed.）SAGE Publicationsを基に一部修正

工的に設定した場所で実験を行うものであり，実験室実験が自然科学における実験の社会科学への応用といえる。これに対してフィールド実験は，研究対象である社会現象が発生している現場（フィールド）における実験である。実験室実験とフィールド実験は，かなり特色が異なっているため，本書では実験室実験イコール実験法として実験法を解説し，フィールド実験は実験室実験との比較から紹介する。

　実験法であるためには，いくつかの条件が存在する。第１の条件は，研究者が独立変数を特定し，独立変数を意図的に発生させたり，発生させなかったり

と，変化させることである。第2の条件は，実験前（独立変数の変化前）と実験後（独立変数の変化後一定期間が経過した時点）の少なくとも2つの時点で従属変数（研究対象となる社会グループ）の変化を観察・測定することである。実験法の第3の条件は，独立変数を発生させた実験グループと，独立変数を発生させなかった統制グループの2つのグループを設定するということ。そして，実験グループと統制グループを比較することによって，独立変数が従属変数（研究対象の社会グループ）に与える影響を明らかにしていこうというのが，実験法の目的となる（Kirk, 2013; Gill & Johnson, 2002, 2010; Bryman, 1989; de Vaus, 2001; Hakim, 1992; 野村，2017）。

　第3の条件である実験グループと統制グループの2つのグループが必要な理由を，ブライマン（1989）を基に，統制グループのない非実験から考えてみる。ブライマンは，「意思決定への参画が生産性に影響を与えるかどうか」との研究テーマを例にとって，非実験の問題を説明した。非実験の場合には，意思決定への参加を行った1つのグループ（実験グループ）を対象に，意思決定への参画が行われる前（時点1）と，意思決定への参画が行われた後（時点2）の2回生産性が測定されて，両者が比較されることとなる（**図表5-2**）。

　この場合に問題となるのは，もし生産性が向上していたとしても，意思決定の参画以外に生産性に影響を与える以下のような他の要因が存在する可能性があるということだ。

● 研究期間中に企業内で仕事に関して，意思決定への参画以外に何らかの別の変化が発生した可能性があり，これらの変化が生産性に影響を与える可能性がある。たとえば賃金制度の改定，トップマネジメントの交代による会社方針の変化など。

**（図表5-2）1グループのみで意思決定の参画が生産性に与える影響を調査する例**

出所：Bryman, A.（1989）*Research Methods and Organization Studies*, Routledgeを基に作成

●生産性向上に影響を与える何らかの変化が研究対象者グループに起こった可能性がある。たとえば，研究対象者グループのメンバーが外部機関で教育を受け，知識・スキルが向上しているなど。

　以上のように，生産性向上の原因は数多く考えられる。意思決定への参加は原因のうちの1つにすぎないため，生産性が向上したとしても意思決定への参画が原因とは言い切れないのである。そこで独立変数を発生させた実験グループと，独立変数を発生させない統制グループの存在が必要となる。

　意思決定の参画が生産性に与える影響を例に，実験グループと統制グループの2つのグループを設定した実験法のプロセスを説明すると，以下のようになる。2つの従業員グループを編成し，1つの従業員グループ（実験グループ）には意思決定への参画を実施し，もう1つの従業員グループ（統制グループ）は従来のままとして，意思決定への参画は実施しない。そして，実験グループと統制グループに対して，意思決定への参画を実施する前（時点1）と意思決定への参画が実施されて一定期間が経過した時点（時点2），の2回にわたって実験グループと統制グループの生産性を測定し，条件の異なる2つのグループの生産性の変化を比較する。

　もっとも以上のように統制グループをつくっても，実験で想定した独立変数以外の要因によって実験グループと統制グループの両方が影響を受け，独立変数の影響が適切に観察・測定できないという非実験で指摘したと同じ問題が発生する可能性がある。たとえば，実験の間に賃金制度の改定，トップマネジメントの交代による会社方針の変化などによる影響が実験グループと統制グルー

〔図表5－3〕実験グループと統制グループの2つのグループでい意思決定への参加が生産性に影響を与える影響を調査する例（実験リサーチ）

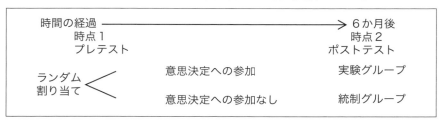

出所：Bryman, A. (1989) *Research Methods and Organization Studies*, Routledgeを基に作成

プの両方に影響を与えて、従業員参画の影響が相対的に弱まったとする。こういった変化が起こらなければ、実験グループと統制グループの間で生産性に差がついていたかもしれないが、他の要因の影響が強くて、実験グループと統制グループの間に明確な差が表れなかったという場合である。このように統制グループをつくっても必ずしも他の影響要因をなくすことはできないが、統制グループを作らず実験グループのみで行う非実験と比べれば、実験のほうが、独立変数の影響をよりよく知る可能性が格段に向上する。

　実験を行う場合でもう1つ重要なことは、**実験グループと統制グループの2つのグループに割り当てられる人たちは、実験内容以外は、全く同じ条件にいる人たちでなければならない**ということだ。これを従業員の意思決定参画が生産性に与えるケースで考えると、実験グループと統制グループの従業員は、同

### コラム5-1　システマチックコントロール

　ランダム割り当てが基本であるが、他の影響要因をなくす方法として、システマチックコントロールがある。システマチックコントロールとは、これまでの理論や研究から、研究内容に影響を与える要素が特定されている場合には、その要素を持った人が、同じ比率で実験グループと統制グループに入れるという方法である。これは作為的であるが、作為性をシステマチックにコントロールしているという意味で、システマチックコントロールという（Kirk, 2013; Gill & Johnson, 2002, 2010）。

　従業員の意思決定への参画が生産性に与える影響で考えると、同じ仕事をしている従業員の中で、生産性レベルの同じ従業員、リーダーシップやコミュニケーション能力など所属グループに影響を与える個人特性を持った人を2つのグループに均等に割り当てて、グループ分けを行うといった具合である。特に実験対象者の数が少ない場合には、ランダムに割り当てると、偶然にも特定のグループの側に生産性の高い人、リーダーシップやコミュニケーション能力の高い人などが割り当てられてしまい、実験結果に影響を与えることとなるために、システマチックコントロールが行われる。個人の生産性レベルやリーダーシップ・コミュニケーション能力などの個人特性は、すべて個人の特性である。人間である限り、さまざまな面で個人的な特性をもっており、独立変数以外の要因がまったくなくなることはまずありえない。そのため、研究対象の人数が少なくなると、個人特性の影響は大きくなるため、なるべく人数を多くすることが望ましい。

**〔図表5-4〕実験室実験・フィールド実験・準実験の関係**

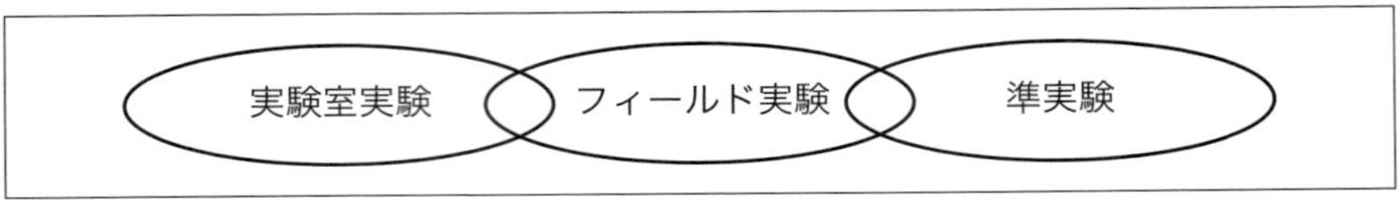

```
実験室実験  フィールド実験  準実験
```

出所：筆者作成

一企業で同じ仕事に従事している従業員の中からランダムに割り当てられなくてはならない。このランダム割り当てが，実験の第4の条件であり，独立変数以外に従属変数に影響を与える可能性のある変数をコントロールするためには，不可欠の条件である（Kirk, 2013; Gill & Johnson, 2002, 2010: Bryman, 1989；de Vaus, 2001; Hakim, 1992; 野村，2017）。

以上のように，実験法には，①研究者が独立変数を操作できること，②実験前と実験後に少なくとも2回は，従属変数の変化を測定すること，③実験グループと統制グループの2つのグループを設定すること，④実験グループと統制グループの割り当ては，研究対象の母集団からランダムに割り当てること，などの条件がある（Kirk, 2013; Gill & Johnson, 2002, 2010; de Vaus, 2001; Hakim, 1992；野村，2017; Bryman, 1989）。

実験法の中でも，研究者が人工的に環境を作ることのできる実験室実験ではこの4つの条件を満たすことが比較的可能であるが，フィールド実験においては，研究者が独立変数を操作する，あるいは実験グループと統制グループをランダムに割り当てるなどが難しくなる。その面で，フィールド実験は実験法の要件を満たさない場合が多くなり，しばしば，実験室実験をTrue or Classical Experimentと表現するのはそういった理由である（Kirk, 2013; Gill & Johnson, 2002, 2010; Bryman, 1989）。

こういった状況のため，フィールド実験と次に紹介する準実験を明確に区別することは難しい。その結果，個々の研究において，実験法の条件を満たしている程度が高いとフィールド実験と呼ばれ，満たしている程度が低いとフィールド準実験となる，といった現象が発生している。実際に，本章で実験・準実験の代表的研究例として紹介する企業で実施された2つのフィールド研究のうち，実験法の条件を満たす度合が高い研究では，研究者自身がフィールド実験と名付けており（Orpen, 1979），実験法の条件を満たす度合が低い研究では，

担当した研究者グループはフィールド準実験と名付けている（Wall et al., 1986）。

### (3) 準実験法の特色：実験法との比較から

準実験法の目的は，独立変数と従属変数の因果関係を分析することであり，この点では実験法と共通である。**準実験法とは，実験法の４つの条件のうち，研究者による独立変数の操作，実験グループと統制グループの設定，実験グループと統制グループのランダム割り当てのいずれかを満たしていない研究である**。準実験が行われるのは，フィールド実験であり，現実社会で発生する出来事を対象とするために，実験法が求める条件を満たすことが難しい。もちろん，準実験においても実験グループと比較対象のグループは作られるが，実験グループと比較グループは，現実社会というフィールドにおいて形成・特定されるものであるため，研究者が厳密に実験グループと統制グループに分けられない場合もでてくるのである（Gill & Johnson, 2002, 2010; Thyer, 2012）。

準実験に括られる研究の中には，研究当初は実験グループと統制グループを割り当てたが，研究プロセスの中で実験グループと統制グループの明確な割り当てができなくなってしまった研究もある。本章で準実験の研究例として取り上げる，自己管理型ワークグループの導入が与える効果に関するウォールたちの研究（Wall et al., 1986）は，研究開始時には自己管理型ワークグループが導入された実験グループと，導入されなかった統制グループへの割り当てが行われている。だが，実験の途中で統制グループにも自己管理型ワークグループが導入される，実験グループと統制グループの間で従業員の異動が起こる，などの状況が発生した。その結果，研究期間を通して実験グループと統制グループの割り当てが厳密に維持できず，その結果，ウォールたち自身が研究を準実験と位置付けたのである。このようにフィールド実験では，研究者たちのコントロールできないことが発生する可能性が高い。

### (4) ２軸における実験法と準実験法の位置づけ

実験法と準実験法を本書で設定した，客観主義・主観主義という研究パラダイムと定量データ中心・定性データ中心という収集されるデータの性質に関する分類軸と，研究対象者の範囲に関する広範・集中という分類軸の２つの分類軸における実験法・準実験法の位置づけを考える。主に参照するのは，ギルと

ジョンソン（2002，2010），ブライマン（1989）である。なお，フィールド実験は，実験室実験と準実験の中間的な位置づけにあり，実験室実験に近い研究から準実験に近いものある。そこで，本書ではフィールド実験の立ち位置は，個別の研究によって異なるとの立場をとり，実験法イコール実験室実験とみなして，実験法と準実験法の2軸における位置づけを考えていく。最初は実験法である。

　実験法であるためには，①研究者が独立変数を操作できること，②実験前と実験後に少なくとも2回は，従属変数の変化を測定すること，③実験グループと統制グループの2つのグループを設定すること，④実験グループと統制グループの割り当ては研究対象の母集団からランダムに割り当てること（あるいはシステマチックコントロールによって割り当てる），という条件があり，仮説検証を実現するために非常に構造化された設計となっている。まさに自然科学の実験を社会科学に応用したものであり，客観主義・主観主義の研究パラダイム軸では，客観主義の側に位置する。

　収集されるデータの性質に関しては，実験前と実験後の変化に関する測定は，基本的に定量データを収集して行われるため，収集されるデータの性質は定量データが中心となる。だが，実験の間に非参与観察や研究対象者に対する非構造化インタビューなど定性データ収集の研究方法を実施できるため，大量の定性データの収集も可能である。もう1つの広範・集中軸に関しては，上記4つの条件を満たした実験を行うためには，多くの時間とコストを要するために，対象者の範囲は限られてくる。実験室という人工的な環境に数多くの研究対象者を置いて，長期間にわたる観察や測定を行うことは，現実的なことではないためだ。また，4つの条件を満たした構造化されたプロセスで行う実験法では，集中的に多くのデータを収集することができる。以上のように実験法は，広範・集中軸では，集中軸の側に位置する。

　次いで準実験法である。準実験法も設定した仮説の検証を目的として行う研究であり，客観主義・主観主義の研究パラダイム軸では，客観主義の側に入る。だが，フィールドという社会の自然環境の中で行うため，人工性の度合は低くなり，また実験法の4つの条件のすべてを満たしていないため，構造化の度合も低くなる。この社会環境下での自然性，構造化の度合の弱さとの条件からみると，準実験では研究者の操作化度合が弱まり，研究対象である社会グループが社会環境をどう捉え，行動したかを探究する側面も一部含まれる。以上の準

実験の特色からは，研究パラダイム軸では，客観主義側に位置するが，実験法に比べると，主観主義軸に近い位置づけとなる。収集されるデータの性質は，実験法と同様に定量データが中心となるが，準実験中に非参与観察や研究対象者への非構造化インタビューなど定性データを収集する研究方法を実施できるため，大量の定性データの収集も可能である。

もう1つの広範・集中軸に関しては，本章で紹介する2つの準実験の研究例では，1つは工場の従業員数百人という研究対象者数（Wall et al., 1986），もう1つはアメリカの5つの州という非常に広範な研究（Campbell & Ross, 1968）といった具合に，準実験の研究対象者の範囲にはかなりの違いがあるが，実験室実験に比べると，対象者の範囲は広くすることが可能である。客観主義・主観主義の研究パラダイムと定量データ中心・定性データ中心という収集データの性質の分類軸，広範・集中の研究対象者の範囲という分類軸の2つの分類軸における実験法と準実験法の位置づけを示したのが，**図表5－5**である。

**〔図表5－5〕2軸からの分類における実験法と準実験法の位置づけ**

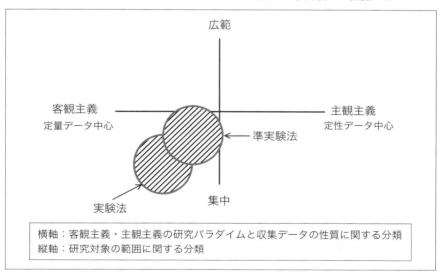

注）実験法・準実験法では，非参与観察・非構造化インタビューなど定性データ収集の研究方法も実施できるため，大量の定性データも収集することが可能である。しかし，客観主義パラダイムの研究であること，データの中心は定量データであることから，客観主義・定量データ中心の側に位置づける。
出所：筆者作成

## 2 実験法・準実験法の代表的研究

　実験法と準実験法の代表的研究を紹介する。取り上げるのは、実験室実験の研究例としてホーソン研究第1段階の照明実験、フィールド実験として職務充実が従業員に与える影響に関する研究、フィールド準実験として自己管理型ワークグループの導入が従業員に与える影響に関する研究と、コネティカット州におけるスピード違反取締りが交通事故死亡者の減少につながったかどうかに関する研究の2つのフィールド準実験である。

### (1) 実験室実験の研究例：ホーソン研究の第1段階照明実験

　第1章・第2章でも言及したホーソン研究のうち、第1段階の照明実験は、照明の明るさが作業量に与える影響を知る目的で行われた。仕事内容と作業量の同じ従業員を、照明を変化させた実験グループと照明を変化させない統制グループの2つのグループに分け、工場の別々の場所にそれぞれ他の従業員から隔離して、実験グループ・統制グループの生産性の比較を行った実験法研究である。実験グループ・統制グループともに実験前（実験グループに対する照明変化が始まる前）に生産性を測定し、実験グループに対して照明の変化を実施した後に再び生産性を測定する。そして、実験グループと統制グループのそれぞれに対して、実験前と実験後の生産性を比較する。両者の間に差があれば、それは照明の変化によるものであるとの仮説を検証するものであった（**図表5－6**）。

　ホーソン研究に関する書籍『ホーソン実験の研究』（大橋昭一・竹林浩志著）を基に、第1段階の照明実験内容と結果を詳しくみてみる。第1段階の照明実験は3つの実験からなっている。第1実験は、継電器組み立て作業・検査作業・コイル巻き作業を行う3部門で照明が変化する中で作業を行う3つの実験グループと、通常の照明のままでコイル巻き作業を行う統制グループが設定され、計4グループを対象に生産性の測定が行われた。なお、実験が行われた3部門では賃金制度が異なっており、継電器組み立て部門では集団出来高給、検査部門では日給、コイル巻き部門では個人出来高給が導入されていた。実験を行ったところ、3つの実験グループでは照明の明るさ度合とは関係なしに生産性が変化し、照明を変化させなかった統制グループでも生産性に変化が発生

**〔図表5－6〕ホーソン研究第1段階照明実験の全体的なデザイン**

- 実験で追究される独立変数と従属変数

独立変数の変化　照明の明るさ　→原因→　従属変数の変化　生産性

- 実験方法
  仕事内容・生産性が同様の2つのグループを他のワークグループから工場の別々の場所に隔離して生産性を2時点で測定する

  プレテスト　　　　　　　　　　　　　　　　ポストテスト
  生産性測定　　　　　　　　　　　　　　　　生産性測定
  ――――――――――――――――――――――――→
  　　　　　実験グループに対して照明を変化させる
  　　　　　統制グループには照明変化なし

  実験グループの生産性＝E1　　　　　実験グループの生産性＝E2
  統制グループの生産性＝C1　　　　　統制グループの生産性＝C2

  　　E2－E1＝D1（実験グループの生産性の差）
  　　C2－C1＝D2（統制グループの生産性の差）

- 仮説：D1とD2の差は独立変数（照明）の操作によって発生するとの仮説を設定

出所：Gill, J. & Johnson, P. (2010) *Research Methods for Managers* (4th ed.) SAGE Publicationsを基に作成

した。このようにして，第1実験では，照明と生産性との関係は示されなかった。実は実験にあたって，実験対象の作業員たちが実験に参加しているという心理状態が実験結果に影響を与えることが予想されており，それをできる限り取り除くために，照明変化は週末にするといった試みがなされていたが，第1実験の結果は心理的効果を明らかにするものであった。「**第2章　存在論・認識論・研究アプローチ**」で紹介した人工的な実験環境が研究対象者に影響を与える"**ホーソン・エフェクト**"は，研究当初から指摘されていた問題だったのである。

　第2実験では照明だけでなく監督方法の変化も加えられた。誘導コイル巻き作業を対象に照明と監督方法を変化させた実験グループと変化させない統制グループが設定され，両者の作業量が比較されたが，今度も実験グループと統制グループの作業量に有意な差はなく，作業量に与える影響は，照明よりも心理

的効果のほうが大きいことを明らかにする結果となった。

だが，照明に関して自然照明と人工照明が区別されていなかったため，人工照明が与える影響を測定する実験としては不完全ではないかとの議論があり，第3実験が行われることとなった。第3実験では，誘導コイル巻き作業を対象に実験グループと統制グループが設定されて，生産性の測定が行われた。第3実験の結果も実験グループでは照明をどんどん暗くしていっても生産性にほとんど影響はないというものであった。また誘導コイル巻き作業部門では個人出来高給が導入されていたため，これが，生産性が落ちない原因ではないかとの指摘があり，第3実験の途中で日給に賃金制度が変更になったが，賃金制度の変化による違いはほとんどないものであった。以上のように照明と生産性との関係は，明確にならないまま第1段階は終了し，第2段階である継電器組み立て作業に向かうこととなった。

### (2) フィールド実験の研究例：職務充実が従業員に与える影響

> Orpen, C. (1979) "The Effects of Job Enrichment on Employee Satisfaction, Motivation, Involvement and Performance: A Field Experiment", *Human Relations*, Vol.32, No.3, pp.189-217

本研究は，職務特性理論（Hackman & Oldham, 1980）が提案する"5つの中核的職務特性（技能多様性・タスク完結性・タスク重要性・自律性・フィー

**〔図表5-7〕職務特性モデルが想定する因果関係**

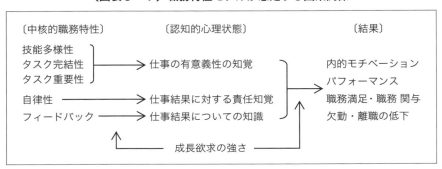

出所：Hackman, J. R. & Oldham, G. R. (1980) *Work Redesign*, Wileyを基に作成

ドバック)が向上すると,その結果として職務満足・職務関与・内的モチベーション・パフォーマンスが向上し,欠勤・離職が減少する。5つの中核的職務特性と結果として挙げられた職務満足などの向上,欠勤・離職の低下は認知的心理状態によって媒介される"(**図表5-7**),との仮説が正しいかどうかをフィールド実験によって検証しようとしたものである。なお,本研究では5つの中核的職務特性の向上を職務充実(job enrichment)と表現している。

〔研究概要〕

　研究の対象者は,地方自治体の3部門に働く事務職員である。研究対象となった一般事務職の中の一部の人たちを対象に職務充実(5つの中核的職務特性を向上させる方向で職務内容を変化)を行う実験グループとし,残りの人たちを職務充実せずに同じ職務を続ける統制グループに分ける。そして実験グループ・統制グループともに一定期間の経過後に,職務満足・職務関与・内的モチベーション・パフォーマンス・欠勤率・離職率を測定し,両者の間で,職務満足・職務関与・内的モチベーション・パフォーマンスのレベルと欠勤率・離職率を比較するというのが,研究内容である。研究は,フェーズ1～4に分かれ,各フェーズの概要は以下のとおり。

- **フェーズ1**:研究対象者である地方自治体の3部門に働く事務職員を一堂に集めて研究目的を説明し,彼らに職務満足・職務関与・内的モチベーションに関する調査票への回答をしてもらうフェーズ。ただし,研究目的に関しては,本来の目的である"5つの中核的職務特性の向上が職務満足などに与える影響を分析する"ではなく,"仕事の違う局面にどう対応するかを明確にしたい"という形で,研究対象となる事務職員には伝えられた。研究を行ったオーペン自身が質問票を研究対象者たちに手渡し,各人が匿名で質問票に回答。その場で質問票は,回収された。
- **フェーズ2**:研究対象者を,職務充実の方向で変化した仕事を行う実験グループと,以前と同じ方法で仕事を行う統制グループにランダムに割り当てるフェーズ。具体的には,金曜日の夕方に対象者全員に集まってもらい,来週の月曜日から,この中の一部の人は別のビルにある新しい部署に異動し,残った人はこれまでと変わらずに,同じ部門で同じ仕事を行うことの説明がなされ,さらに,いずれのグループに入っても,賃金レベル,年金,医療面

のベネフィットや仕事上のルールなどは変わらないが，新しい部署に異動したグループでは職務上の責任や課題は変化する旨の説明が行われた。さらに，実験グループ事務職員が新部門に異動して6週間が経ったら，元の部署に戻る，あるいは同じ部門に留まった人が新しい部署への異動が発生する。この異動に関して会社側の決定に委ねるかどうかについて聞いたところ，会社側の決定に委ねたくないという人が，6人いた。この6人の事務職員の名前は記録され，分析から外されることとなった。

- **フェーズ3**：職務充実グループ（実験グループ）と非職務充実グループ（統制グループ）の事務職員に対して，別のグループへの異動希望を聞くフェーズ。職務充実グループと非職務充実グループに振り分けられて，働いた6週間後に，従業員たちは希望があれば別のグループと異動できると告げられた。その結果，実験グループの3人と統制グループの3人が異動希望を出して，別のグループへ異動した。この6人の名前も記録され，分析から外されることとなった。
- **フェーズ4**：職務充実による効果を測定するフェーズ。6か月後にフェーズ1で行った同じ質問票に実験グループ・統制グループのメンバーに回答してもらう。質問票への回答は匿名のため，同じ回答者の実験前の回答結果と実験後の回答結果を比較できるように，会議室で同じ席に座ってもらうこととした。

研究対象者の人数は，当初は3部門から各30人ずつの90人であったが，フェーズ1の質問票にすべて回答しなかった4人と，会社側が実験グループ・統制グループへの割り当てから外した14人が研究対象から外された（14人には，フェーズ2で6週間後の異動決定を会社側の決定に委ねないとした6人が含まれる）。そして，残りの72人がフィールド実験に参加することとなり，72人のうち36人が実験グループ（職務充実を実施する部門に異動），36人が統制グループ（職務充実を実施しない以前と同様の部門に留まる）に割り当てられた。実験開始から6週間経過後に，実験グループと統制グループのメンバーに，部門の異動希望を聞いたところ，6人が異動を希望（実験グループ＝3人，統制グループ＝3人）し，この6人も実験メンバーから外され，最終的に66人が最後まで研究の対象となった。

〔データ収集の方法〕
　実験グループと統制グループのメンバーたちは，実験前（フェーズ１）と実験後（フェーズ４）の２回にわたり，職務特性理論が提案する技能多様性・タスク完結性・タスク重要性・自律性・フィードバックの５つの中核的職務特性（独立変数），職務満足・職務関与・内的モチベーション・パフォーマンス・欠勤率・離職者数（従属変数）に関する調査票への回答を行い，加えて，職務特性理論が媒介変数として提案する認知的心理状態を表す項目として設定された成長欲求の強さと職務環境への満足度の２つの要因についても，質問票に回答した。実験グループと統制グループの両方が実験の前後で質問票に回答することで，職務充実が与える影響を把握することが可能となる。質問票で用いた尺度は以下のとおりである。

● **独立変数**
　ハックマンとオルダムによって開発されたスキル多様性・タスク完結性・タスク重要性・自律性・フィードバックの５つの中核的職務特性に関するJDS（Job Diagnostic Survey）の15項目の質問に対して，１～７の７段階で回答。回答結果（点数）によって，ハックマンとオルダムによって開発されたMPS得点が算出され，分析に用いられた。

---

MPS（Motivation Potential Scale＝潜在的モチベーション得点）＝
（技能多様性＋タスク完結性＋タスク重要性）÷３×自律性×フィードバック

---

● **従属変数**
　それぞれの従属変数に活用した尺度は以下のとおりである。
**職務満足**：職務満足度に関して普及した質問票であるJDI（Job Description Index）（Smith et al., 1969）のなかの18項目を測定。回答方法は，形容詞と説明的な語句が与えられ，自分の仕事と当てはまる場合は「Yes」を，当てはまらなければ「No」を選ぶ。選べない場合は「？」を選ぶ。
**職務参画**：ロダールとケジュナー（1965）によって開発された質問票を使い，６項目への回答から仕事に対する心理的アイデンティティの度合いを測定する。
**内的モチベーション**：JDSのなかの６項目で測定する。
**パフォーマンス**：上司の人事評価とグループ生産性に関するインデックスに

よって測定する。
**欠勤率**：欠勤した総時間を総出勤時間で割って測定。月単位で2つのグループの欠勤率を算出する。
**離職率**：2つのグループごとに6カ月間に離職した人数をグループの総人数で割って算出する。計算は月単位で行われた。
● **媒介変数**
**成長欲求**：ハックマンとローラー（1971）によって開発された質問票の中の2項目を用いて測定する。
**職務環境に対する満足**：オルダムたち（1976）によって開発された質問票の4項目を用いて測定する。

〔研究結果〕
　5つの中核的職務特性の向上による職務充実が，従属変数として設定した内容に関して影響を与えたか。結果は，職務満足，職務関与，内的モチベーションに関しては，職務充実グループ（実験グループ）と非職務充実グループ（統制グループ）の間で，職務満足（1％レベル），職務関与（1％レベル），内的モチベーション（5％レベル）といずれも統計的有意なレベルで差が表れた。この結果から，職務充実が職務満足，職務関与，内的モチベーションを向上させるという仮説が検証された。
　次の仮説は，職務充実した従業員たちは，積極的に仕事に参画し，より高いモチベーションをもって仕事にあたるため，パフォーマンスを向上させるとの仮説である。この仮説に関しては，本研究では，パフォーマンス指標として設定した上司の人事評価・グループ生産性という2つの指標とも，職務充実グループと非職務充実グループの間で統計的に有意な差はなかった。こちらの仮説は棄却され，予測と異なり，職務充実によって個人のパフォーマンスとグループ生産性が向上したとは言えないという結果となった。欠勤率と離職率に関しては，職務充実グループと非職務充実グループの間で統計的有意な差が認められ，欠勤率と離職率は職務充実によって，大幅に減少できることを示した。職務充実と職務満足・職務関与・内的パフォーマンスなどの結果との媒介要因として設定した個人の成長欲求の強さと職務環境に対する満足という2つの変数に関しては，職務特性理論の主張とは異なり，成長欲求，職務環境に対する

満足度のいずれも，影響を及ぼしていることは確認できなかった。

職務満足については職務満足向上がパフォーマンス向上に直接結びつかないことは，すでに数多くの研究で明らかになっているが，**モチベーションに関しても，パフォーマンスの向上に結びつくとは限らないとした本研究結果は，非常に重要なものである。**

### (3) フィールド準実験の研究例：
### 自己管理型ワークグループの導入が与える影響

Wall, T. D., Kemp, N. J., Jackson, P. R. & Clegg, C. W. (1986) "The Outcome of Autonomous Workgroup: A Long-Term Field Experiment", *Academy of Management Journal*, Vol.29, No.2, pp.250-304.

自己管理型ワークグループは，監督者が有していた決定権なども含めて現場の従業員たちに大幅な権限委譲を行うことによって，上司による管理を弱めて従業員グループの自己管理に基づいて仕事を行っていくというものだ。自己管理型ワークグループによって，職務満足，モチベーション，組織コミットメント，メンタルヘルスなどの面で従業員の態度が変化し，従業員の態度変化によってパフォーマンスが向上するという主張がなされている。本研究は，自己管理型ワークグループが従業員の態度とパフォーマンスに正の影響を与えるとの仮説をフィールド準実験によって検証しようとしたものである。

〔研究概要〕

研究が行われたのはイギリスの菓子製造工場である。菓子製造企業が新工場を立ち上げるに際し，自己管理型ワークグループの導入を決定したことにより，研究がスタートすることとなった。新工場で導入された自己管理型ワークグループは，8人～12人によって組織され，現場従業員たちは仕事の配分や現場の問題解決，生産データの記録，休憩管理，原材料調達，店舗への出荷など，幅広い分野で権限と責任を負って仕事を行った。自己管理型ワークグループの導入によって，監督者の業務のほとんどがなくなったため，監督者のポジションはなくなり，現場従業員たちは，40人～70人の従業員を統括するサポートマネジャーに直接報告を行う体制に変更された。新工場では自己管理型ワークグ

ループが導入されたが，同じ菓子製造企業の既存工場では，自己管理型ワークグループは導入されず，従来どおりの方法で仕事が実施されたため，既存工場の従業員を比較グループとして，両者の間で，仕事の自主性に対する知覚と従業員の態度や行動を比較するというのが，本研究の目的である。

　新工場・既存工場はそれぞれ日中シフトと夜間シフトがあり，自己管理型ワークグループは当初，新工場の日中シフト勤務者を対象に導入され（グループA），従業員たちの希望により，12か月後に新工場の夜間シフト勤務者にも導入された（グループB）。一方，既存工場で日中シフト・夜間シフトともに自己管理型ワークグループは導入されなかった（グループC・グループD）。

　以上のように，自己管理型ワークグループの導入に関して，従業員たちはA・B・C・Dの4つのグループに分かれる。新工場のグループA・グループBに対しては，日中シフトのグループAへの自己管理型ワークグループ導入から6か月後，18か月後，30か月後の3回にわたり，既存工場の日中シフトグループCには6か月後・18か月後の2回，既存工場の夜間シフトのグループDには6か月後に1回（その後夜間シフトがなくなる），仕事の自主性に関する知覚，態度に関する4つの項目（内的職務満足・外的職務満足・モチベーション・組織コミットメント），メンタルヘルスが，質問票調査によって測定された（研究の全体概要と測定対象人数を図表5－8に記載）。研究を通して，回答率はどちらの工場でも高く，平均して70％から95％の間であった。

　新工場と既存工場の仕事は，非常に類似しており，報酬は標準レートで，成果報酬はなく，部署・会社業績連動のボーナス支給もなかった。また，残業は上乗せした時給で支払われていた。自己管理型ワークグループを導入した新工場では生産工程にスキルと経験のあるキーパーソンは，たびたび工場内で異動が行われ，自己管理型ワークグループのメンバーは固定されたものではなかった。これは，仕事の自主性に対する知覚や態度・行動など研究結果に影響を与えるものと思われる。本研究は，研究当初は従業員を，自己管理型ワークグループを導入した実験グループと導入しなかった統制グループに分けてのフィールド実験として計画されたものであった。だが，研究の途中で当初は統制グループと考えていた新工場の夜間シフトの従業員に自己管理型ワークグループが導入される，新工場では経験・スキルの高い従業員がグループ間を異動する，など当初の計画とは異なり，実験グループと統制グループを明確にコ

〔図表５−８〕フィールド準実験の対象となった４つのグループに対する測定時期と予測される結果

| 質問票による測定時期 | グループA 新工場の日中シフト | グループB 新工場の夜間シフト | グループC 既存工場の日中シフト | グループD 既存工場の夜間シフト | 予測される測定結果のパターン |
|---|---|---|---|---|---|
| 6か月後 | 自己管理型ワークグループの導入 A1 N＝37 | B1 N＝24 12か月後に自己管理型ワークグループの導入 | C1 N＝233 | D1 N＝54 夜シフトなくなる | A1＞B1, C1, D1 |
| 18か月後 | A2 N＝45 | B2 N＝42 | C2 N＝159 | | A2, B2＞C2 |
| 30か月後 | A3 N＝76 | B3 N＝5 | | | A3, B3 |
| 予測される測定結果のパターン | A1, A2, A3 | B1＜B2, B3 | C1, C2 | | |

・質問票によって測定された内容＝仕事の自主性に対する知覚，内的職務満足・外的職務満足・モチベーション・組織コミットメント・メンタルヘルス
・自己管理型ワークグループ導入した６か月後・18か月後・30か月後に６つの指標を測定。予想される指標の測定結果を一番右側の列と一番下の行に記載
・新工場では知識・スキルの高い現場従業員に対する自己管理型ワークグループ間の異動が行われ，ワークグループのメンバーは流動的だった

出所：Wall, T. D., Kemp, N. J., Jackson, P. R. & Clegg, C. W. (1986) "The Outcome of Autonomous Workgroup: A Long-Term Field Experiment", *Academy of Management Journal*, Vol.29, No.2, pp.250-304を基に一部修正

ントロールできない状況となった。この結果，本研究の研究者グループが本研究をフィールド準実験と定義して，論文にその旨を記載している。

　本研究の仮説に基づくと，研究結果は以下のようになることが予測される。自己管理型ワークグループが態度とメンタルヘルスに正の影響を与え，４つの態度指標とメンタルヘルス指標は，６か月後の測定では，自己管理型ワークグループを導入したグループAの指標が他の３つのグループよりも高く，12か月後の測定では，グループBの指標も上がるため，グループAとグループBの指

標がグループCとグループDよりも高くなる。仮説どおりの結果となった場合の予測値を図表5-8の右端の行と一番下の列に記載している。

〔データ収集の方法〕
データ収集方法は，質問票による収集（仕事の自主性に関する知覚と4つの態度に関する項目，メンタルヘルスに関するデータ），工場の記録からの収集（退職者数とパフォーマンスに関するデータ）である。加えて，研究期間をとおして工場を定期的に訪問して，仕事ぶりを観察（非参与観察）すると同時に，現場従業員とマネジャーに対してインタビューを行っている。質問票で用いた尺度は以下のとおりである。

● 仕事の自主性に対する知覚
グロウセン（1972）の自己管理型ワークグループの設計基準を基に，本研究グループで開発した13項目の質問項目で測定する。

● 従業員の4つの態度項目
ワーたち（1979）によって開発・標準化された尺度（内的職務満足＝3項目，外的職務満足＝3項目，内的モチベーション＝3項目，組織コミットメント＝3項目）によって測定する。

● メンタルヘルス
バンクスたち（1980）などによって活用され，信頼性・妥当性が確保されている12項目で測定する。

フィールド準実験の対象となる従業員のプロファイルは以下のとおりである。従業員数：545人，男女比率：女性83％，男性17％，平均年齢31歳，平均勤続年数：新工場1.5年，既存工場5.7年。

〔研究結果〕
質問票で収集した仕事の自主性に関する知覚，従業員の態度に関する4項目，メンタルヘルスについての結果は以下のとおりである。仕事の自主性に関する知覚については，6か月後の測定時には，グループAは他の3グループに比べて高い値となり，18か月後にはグループBのスコアがグループAと同程度に上昇し，グループCは低いスコアとなった。30か月後の測定でもグループAとBのスコアは高いまま維持されていた。内的職務満足の結果にも同様のパターン

が現れており，仕事の自主性に関する知覚と内的職務満足については，自己管理型ワークグループが導入されるとスコアが上がり，そのまま維持されるという結果となった。だが，外的職務満足に関しては，自己管理型ワークグループが紹介された後にスコアが上昇したが，30か月後の測定ではスコアが下がっており，結果が違っていた。どうやら，外的職務満足に対しては，自己管理型ワークグループの効果は短期的なものであったようだ。これに対して，モチベーション，組織コミットメント，メンタルヘルスについては，自己管理型ワークグループの導入による向上はみられず，これらに関しては自己管理型ワークグループの影響は認められないという結果に終わった。

パフォーマンスに関しては，新工場と既存工場と直接比較することは不可能であった。パフォーマンスのデータは複雑で，パフォーマンス基準が工場間で違っていたためだ。たとえば，特定の製品を生産するために必要な時間の基準はさまざまだったし，従業員の直接・間接労働者の分類も異なっていた。また，既存工場では，個人のパフォーマンス情報はなく，部門レベルか工場レベルの情報しかなかった。

本研究から注目すべきことが2つある。1つは，新工場においては監督者がいなくなったため，その分の人件費が減少し，これが収益を向上させたということだ。既存の工場では，10人の従業員に1人の監督者がついており，この人件費分だけ経費が増加していたのである。

もう1つの注目すべき点は，退職者の増加である。既存工場での退職率は22%であるが，新工場では28%となった。退職者増の最も顕著な要因は，規律上の理由による解雇である。規律上の解雇は，自己管理型ワークグループで8.2%だったのに対し，既存のグループでは，たった1.3%であった。監督者が不在となったので，ラインから外れてサボる従業員をすぐに見つけることはできなかったためだ。自己管理型ワークグループを導入しない従来の働き方では，監督者がいたため従業員の規律違反に対して迅速に対応ができた。だが，自己管理型ワークグループでは，不品行が発覚した時にはすでに遅く，規定の警告手続きが行われる段階となっていた。自己管理型ワークグループのメンバーたちは，しばしば規律違反を犯し，しかも他のメンバーの規律違反についても，マネジャーにそのことを報告することはなかった。

以上のような問題もあったが，良い点としては，良好な人間関係からなる組

織風土を作ったことが挙げられる。自己管理型ワークグループをマネジャー，現場従業員ともに気に入り，支持している。従業員インタビューからわかったことは，新工場の従業員は，時間をきっちり計られないことを歓迎し，マネジメントが自分たちを大人として扱ってくれることをありがたく思っているということだ。「20年，2社で働いてきたが，ここの環境は素晴らしい。マネジャーが人間として扱ってくれる」「ワークグループは，何かを打ち明ける雰囲気を作り，何かをしてあげたい気分にさせる」などの発言が従業員から発せられた。こういった感覚が，工場内に良い関係性を持つ風土を作っていったと思われる。

**良好な組織風土が必ずしもハードワークにつながらないことを発見した本研究は，人材マネジメントの難しさを明らかにした重要な研究といえる。**

### (4) フィールド準実験の研究例：
### スピード違反の取り締まりが死亡事故減少に与える影響

> Campbell, D. T. & Ross, H. L. (1968) "The Connecticut Crackdown in Speeding: Time Serious Data in Quasi-Experimental Analysis", *Law and Society Review*, Vol.3, No.1, pp.33-53.

本研究は，アメリカ・コネティカット州におけるスピード違反の取り締まりと交通事故の死亡者数の減少との関係を他の4州との比較から分析したフィールド準実験の古典的研究である。

コネティカット州では1956年にスピード違反の取り締まりを行い，その後，交通事故の死亡者数が大幅に減少した。一見すると，スピード違反取り締まりが交通事故による死亡者減少の原因と考えがちだが，本当にそうだろうか。死亡事故の減少には，スピード違反の取り締まり以外にもさまざまな要因が考えられる。たとえば，①気候・天気の変化，②社会の変化や時代の変遷による人々の行動の変化，③1955年に交通事故の死亡率が公表されたことにより，ドライバーの注意を喚起した，④測定器具の変化など測定方法の不安定性，⑥1955年に交通事故による死亡者が上昇し，翌年は通常の水準となった，などが挙げられる。

以上のように，交通事故による死亡者数に影響を与える可能性のある要因がいくつか考えられるため，交通事故死亡者の減少の原因はスピード違反の取り

締まりとは必ずしもいえない。そこで，スピード違反の取り締まりを行ったコネティカット州を実験グループと考え，スピード違反の取り締まりを行っていない他の州を統制グループとして比較することが，必要となる。だが，現実の社会で統制グループを設定はできないため，本研究では準実験を行うこととし，スピード違反の取り締まりを行わなかった他の4つの州（ニューヨーク，ニュージャージー，ロードアイランド，マサチューセッツ）との比較を行った。コネティカット州を含む5州における交通事故の死亡者の変化を比較したのが，**図表5－9**である。

　5州の交通事故による死亡者数の推移をみると，コネティカット州以外の4州においてもニュージャージー州以外は，1955年に死亡者が上昇する傾向にある（ニュージャージー州は1952年に死亡者が増加し，その後減少傾向）。1956年の死亡者数の減少傾向は，ニューヨーク州を除く4州に共通する傾向であることがわかる。特に1955年の死亡率上昇率が大きいコネティカット州とロードアイランド州では1956年の交通事故による死亡者数の減少度合いが大きく，1955年の死亡者数の上昇が大きい州ほど，1956年の死亡者数の減少度合いが大きい。ここからは，1955年は特に交通死亡事故の多い年であり，それが翌年の1956年に通常の死亡者数に戻ったという可能性が考えられる。もっとも，他の4州もコネティカット州のスピード違反の取り締まりが影響を与えて，1956年の死亡率減少に結びついたという可能性も否定できない。

　次いで，コネティカット州における死亡事故減少が他の州と比較して違いがあるかを比較するために，統計分析を行い，4つの比較対象の州それぞれについてコネティカット州と比較したところ，コネティカット州との違いは$P<.10$～$P<.14$であった。このP値は，コネティカット州における交通事故死亡者の低下原因はスピード違反の取り締まりによるものか，あるいは1955年が特に死亡事故の多い年で1956年は通常の死亡事故率に戻ったことによるものか，に関しては，はっきりとは結論づけられないものであった。

　以上のように準実験では，独立変数の操作，実験グループと統制グループの割り振りができないため，原因と考える独立変数以外の影響要因を否定できないという問題があり，その面では内的妥当性が低くなってしまう。だが，準実験は，実世界において自然のうちに実験的操作を体験するグループと体験しないグループを比較することで，両者の間にある違いを知ろうというものである。

〔図表5−9〕米国5州における自動車事故死亡者数の推移（10万人当たり）

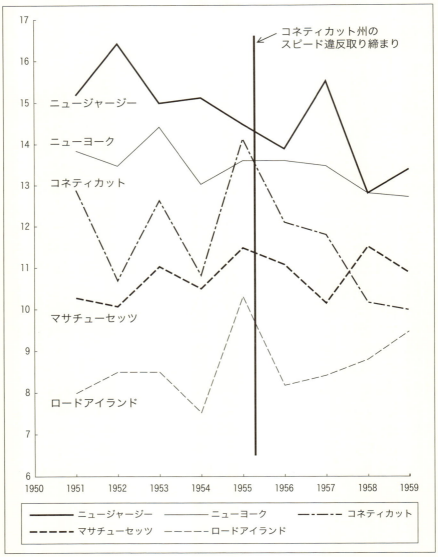

出所：Campbell. D. T. & Ross, H. I. (1968) "The Connecticut Crackdown in Speeding: Time Serious Data in Quasi-Experimental Analysis", *Law and Society Review*, Vol.3, No.1, pp.33-53 を基に作成

倫理面や政治面などで実験的操作が難しいマネジメント研究には準実験は適した研究方法といえる。

## 3　実験法と準実験法の強みと弱み

### (1)　実験法の強みと弱み

　本節では，内的妥当性，外的妥当性，社会文脈妥当性，信頼性という4つの研究評価指標から実験法と準実験法の弱みと強みをみていく。なお，実験法は実験室実験を対象とする。実験室実験と準実験の中間に位置するフィールド実験に関しては，個別の研究によって実験室実験に近いもの，あるいは準実験に近いものがある。そこで本書では，フィールド実験は個別研究に応じて，強みと弱みは異なってくるとの立場をとる。

　研究者によって人工的に作られた環境で行う実験室実験では，独立変数の発生・非発生など独立変数の操作が比較的容易にでき，また実験グループと統制グループの割り当てもできる。そのため，マッチングさせた実験グループと統制グループの観察によって，研究で特定した独立変数以外の変数からの影響をコントロールすることができ，従属変数に対する独立変数の影響を観察することが可能となる。その結果，独立変数と従属変数の間の因果関係を知ることができ，内的妥当性は高くなる（de Vaus, 2001, Gill & Johnson, 2002, 2010; Kirk, 2013; Hakim, 1992; 高野・岡，2004）。

　同時に，実験法ではやるべき手順を明確化することができるため，透明性が高くなる。したがって，同じ研究者が何度やっても同じように実験を再現することが可能であり，他の研究者にとっても手順がわかっているために同じ方法で実験を再現することができる。その結果，実験法においては信頼性も強みとなる（de Vaus, 2001, Gill & Johnson, 2002, 2010; Kirk, 2013; Hakim, 1992; 高野・岡，2004）。

　以上のように，実験法は，内的妥当性と信頼性では強みを発揮するが，これらの強みを持つことができるのは，研究者によって人工的な研究環境を作っているためである。つまり，実験法の強みは，社会の現実における状況とは，トレードオフの関係で成り立つものであり，社会文脈妥当性は低くなってしまう

(de Vaus, 2001, Gill & Johnson, 2002, 2010; Hakim, 1992; Kirk, 2013)。

　実験法のもう1つの弱みは，外的妥当性の低さである。実験は少ない人数を対象に行われることが多いためだ。外的妥当性を上げるためには，ランダム割り当てなど，研究対象メンバーの決定に高い注意を払うことが必要となる。だが，実際には実験参加者の選択にバイアスがかかり，母集団を反映したランダムサンプリング[1]やランダム割り当てができない場合が考えられる。心理学実験，経済学実験，社会実験などでは，自ら志願して実験に参加するボランティアや報酬目的の人，学生などが，参加する場合が多いが，これらの実験参加者たちは母集団を代表していない場合が多いのである。たとえば，ボランティアの場合はその母集団全体よりも問題に関心を持っている，あるいは人のために奉仕したいなど特定の心理的特性をもっている，などが考えられる。報酬目的の場合は報酬のために母集団の平均以上に実験テーマを真剣に捉えて，行動をとるなども考えられる。ボランティアやアルバイトなど報酬目的で集めた学生を実験対象とした場合には，それ以外の人を含んだ母集団を反映しているとはいえない場合がでてくるのである。以上のように，ランダム割り当てなどを実際の実験で行うのは難しいのである（de Vaus, 2001; Gill & Johnson, 2002, 2010; Kirk, 2013; 高野・岡，2004）。

　さらに実験対象者の個人的特性の問題もある。人間はさまざまな面で個人的特性をもっているため，ランダム割り当てなどをしても，実験対象者の個人的特定が偏る可能性は捨てきれない。特に実験対象者の人数が少ないと個人的特性の影響により，外的妥当性に問題がでてくる（de Vaus, 2001; Kirk, 2013; Bryman, 1989; Hakim, 1992）。

　最後に実験室の人工性によって生じる問題を指摘する。実験法は内的妥当性・信頼性に強みを発揮すると記載したが，実はこの**人工性によって，実験法には内的妥当性・外的妥当性・社会文脈妥当性・信頼性のすべてにおいて潜在的な脅威が存在する。**具体的に内容をみていこう。

　1つは，プレテストが与える影響である。これはプレテストによって，実験内容に関して実験対象者たちが敏感になったり，より関心をもったりするという問題である。実験でなければプレテストは行われないため，実験環境の人工性によって発生する問題といえる（de Vaus, 2001; Bryman, 1989; Kirk, 2013; 高野・岡，2004）。

2つ目が，人工的な環境が特定の社会文脈を作り出して，それによって研究の内的妥当性が損なわれる可能性があるということ。毎日の生活は，さまざまな社会文脈の中で発生し，社会文脈によって人は行動をコントロールし，変化させる。人は置かれた状況を理解し，意味づけし，それに対応して行動をとるのである。実験が行われる実験室環境にもこれは当てはまる。実験環境が特定の社会文脈を作り出し，研究対象者たちは実験環境を理解し，それに対応した行動をとるのである。その結果，実験環境で得られた結果が，真の因果関係ではなくなってしまうこととなる。なお，人工的な環境が特定の社会文脈を作り出すことには，研究者自身が研究対象者に与える影響も含まれる（de Vaus, 2002, Gill & Johnson, 2002, 2010; Kirk, 2013）。

　3つ目が個人的特性である。先述のとおり，個人的特性によって実験対象者の偏りがあるとの問題に加えて，個人によって人工的に作り出された実験環境における社会文脈や研究の意味などに対する解釈が異なるという問題がある。その結果，実験参加者によって結果が違ってきてしまう。

　実験環境の人工性によって実験法には，常に研究の質を低下させる潜在的脅威があるのである。

## (2) 準実験法の強みと弱み

　次に準実験法についてである。準実験法は，現実の社会で行う実験であり，現実社会で行うために，実験法に要求される条件を満たしていない研究である。実験法では，独立変数の操作や実験グループと統制グループの割り当てなどによって，従属変数に対する独立変数の影響を正確に知るという，内的妥当性の向上に注力が払われる。これに対して，準実験法は，現実社会の自然で非人工的な状況の中で行われるため，社会文脈妥当性は高くなる。だが現実社会の自然性を捉えることは，実験法のように独立変数や従属変数の操作という点では弱くなる。自然性と変数操作は両立できないのである。つまり，自然性と操作性のいずれかが高ければ，他方が低くなってしまう。社会文脈が高ければ，独立変数を操作し，独立変数以外の変数をコントロールする能力は低くなってしまう。準実験法では，内的妥当性が弱みとなるのである（de Vaus, 2001, Gill & Johnson, 2002, 2010; Thyer, 2012; Hakim, 1992）。

　フィールド準実験で紹介したウォールたちの研究では，自己管理型ワークグ

ループを導入した実験グループと自己管理型ワークグループを導入しなかった統制グループに分けて，研究が開始された。しかし，研究の途中で，当初は自己管理型ワークグループを導入しなかった統制グループメンバーにも自己管理型ワークグループが導入される，あるいは実験グループと統制グループの間でメンバーの異動が発生するなどして，実験グループと統制グループの厳密な区分けができなくなってしまった。結局，フィールド実験でスタートした研究が，フィールド準実験となったのである。

　さらにフィールド準実験では，キャンベルとロスのコネティカット州におけるスピード違反取り締まりと死亡事故者数の関係に関する研究のように，統制グループが設定できず，実験グループと比較グループのみという場合もある。比較グループは研究者が設定したものではなく，自然につくられたものである。この場合も，社会文脈妥当性は高いが，内的妥当性は低くなる。信頼性に関しても，研究者が独立変数を操作することができないなど，研究手順を構造化することが難しい。その結果，研究を再現することが難しくなり，信頼性が低くなってしまう（de Vaus, 2001, Gill & Johnson, 2002, 2010; Thyer, 2012; Hakim, 1992）。

　外的妥当性に関しては，準実験においては，実験法よりも研究対象者が多くなる傾向があるため，その点では，実験に比較すると外的妥当性は高くなる傾向がある。ただし，準実験法においても，サンプリングが問題となる。社会環境の中で行う準実験法では，ランダムサンプリングやランダム割り当てなどは難しい。ウォールたちの研究では，新工場には自己管理型ワークグループを導入し，旧工場には以前のままで自己管理型ワークグループは導入されなかったが，新工場と旧工場の間では，業務の熟練度など従業員たちの特性や，仕事の進め方，パフォーマンス基準などが異なっており，他の要因を均一にすることは不可能であり，ランダムサンプリングが行われたとは言い難い。さらにキャンベルとロスの研究では，コネティカット州以外の4つの州を比較グループとしているが，この4つの州を選んだ方法は，ランダムとは言い難い。準実験にとって外的妥当性を担保するサンプリングを実現することは，難しいことであろう。以上のように準実験では，独立変数の操作，実験グループと統制グループの割り当てができないため，内的妥当性・外的妥当性・信頼性には問題が出てくる（de Vaus, 2001, Gill & Johnson, 2002, 2010; Thyer, 2012; Hakim, 1992）。

〔注〕
(1) ランダムサンプリングなどサンプリング方法は,「第6章 サーベイリサーチ」で紹介する。

[参考文献]

Banks, M. H., Clegg, C. W., Jackson, P. E., Kemp, N. J., Shefford, E. M., & Wall, T. D. (1980) "The Use of the General Health Questionnaire as an Indicator of Mental Health in Occupational Studies", *Journal of Occupational Psychology*, Vol. 53. pp.187-194.

Bryman, A. (1989) *Research Methods and Organizational Studies*, Routledge.

Campbell, D. T. & Ross, H. L. (1968) "The Connecticut Crackdown in Speeding: Time Serious Data in Quasi-Experimental Analysis", *Law and Society Review*, Vol.3. No.1. pp.33-53.

Clegg, C. W. & Wall, T. D. (1981) "A Note on Some New Scales for Measuring Psychological Well-Being at Work", *Journal of Occupational Psychology*, Vol.54, pp.221-225.

de Vaus, D. (2001) *Research Design in Social Research*, SAGE Publications.

Gill, J. & Johnson, P. (2002) *Research Methods for Managers* ($3^{rd}$ ed.) SAGE Publications.

Gill, J. & Johnson, P. (2010) *Research Methods for Managers* ($4^{th}$ ed.) SAGE Publications.

Goldberg, D. F. (1972) *The Detection of Psychiatric Illness by Questionnaire*, Oxford University Press.

Hackman, J. R. & Lawler, E. E. (1971) " Employment Reactions to Job Characteristics", *Journal of Applied Psychology*, Vol.55, pp.259-286.

Hackman, J. R. & Oldham, G. R. (1980) *Work Redesign*, Wiley.

Hakim, K. (1992) *Research Design: Strategies and Choices in the Design of Social Research*, Routledge.

Kirk, R. E. (2013) *Experimental Design: Procedures for the Behavioral Science* ($4^{th}$ ed.) SAGE Publications.

Lawler, E. E. III. (1986) *High-Involvement Management, Participative Strategies for Improving Organizational Performance*, Jossey-Bass.

Lodahl, T. M. & Kejner, M. (1965) "The Definition and Measurement of Job Involvement", *Journal of Applied Psychology*, Vol.61, pp.701-711.

Oldham, G. R., Hackman, J. R. & Oerace, J. L. (1976) "Conditions under Which Employees Respond Positively to Enriched Work", *Journal of Applied Psychology*, Vol.61, pp.395-403.

Orpen, C. (1979) "The Effects of Job Enrichment on Employee Satisfaction, Motivation, Involvement and Performance: A Field Experiment", *Human Relations*, Vol.32, No.3,

pp.189-21.
Pfeffer, J.（1998）*The Human Equation: Building Profits by Putting People First*, Harvard Business University Press.
Smith, P. C., Kendall, L. M. & Hulin, C. L.（1969）*The Measurement of Satisfaction in Work and Retirement*, Rand-McNally.
Thyer, B. A.（2012）*Quasi-Experimental Research Design*, Oxford University Press.
Wall, T. D., Kemp, N. J., Jackson, P. R. & Clegg, C. W.（1986）"The Outcome of Autonomous Workgroup: A Long-Term Field Experiment", *Academy of Management Journal*, Vol.29, No.2, pp.250-304.
Warr, F. B., Cook, J. D. & Wall, T. D.（1979）"Scale in the Measurement of Some Work Attitude and Aspects of Psychological Well-Being", *Journal of Occupational Psychology*, Vol. 51. pp.183-196.
大橋昭一・竹林浩志（2008）『ホーソン実験の研究：人間尊重的経営の源流を探る』同文舘出版
下村研一（2015）『実験経済学入門』新世社
高野陽太郎・岡隆（編）（2004）『心理学研究法：心を見つめる科学のまなざし』有斐閣
野村康（2017）『社会科学の考え方：認識論，リサーチ・デザイン，手法』名古屋大学出版会
三浦麻子（監修）（2017）『なるほど！心理学実験』北大路書房
吉原正彦編（2013）『メイヨー＝レスリスバーガー：人間関係論』文眞堂

# 第6章 サーベイリサーチ

## 1 サーベイリサーチの特色

### (1) サーベイリサーチとは何か

　本章ではマネジメント分野を含む幅広い分野で普及しているサーベイリサーチについて紹介する。ところが，広く普及している割にはサーベイリサーチに関してはわかりにくい点がある。1つは，修士課程・博士課程をイギリスで学んできた筆者だから感じることかもしれないが，日本語の世界と英語の世界でサーベイの意味が必ずしも一致していないという点だ。日本では「文献サーベイ」という言葉によく出会う。これは英文では「Literature Review」あるいは「Literature Research」に相当する言葉のようだ。だが，英文では決して「Literature Survey」とは言わない。サーベイとはある特定の研究方法を指しているためだ。

　どうやら日本ではサーベイは，研究・調査全般を指しているようなのだ。ネットでSurvey Researchと検索してみたところ，"英単語の正しい使い分けを勉強しましょう"というサイトで「Investigation, Survey, Research」の違いについての英語解説がでてきた。日本ではこの3つが同じように調査を表す言葉として受け止められていて，"それは誤解ですよ。英単語の正しい使い方を勉強しましょう"との目的で，3つの単語の意味が紹介されているのだった。ちなみに同英語サイトでは，サーベイの意味として「広範囲にわたる調査」が記されていた。この解説は，イギリスで学んだ筆者のサーベイに対する受け取

り方と同じである。英語の世界におけるサーベイは広範囲を対象に調査を行う研究方法なのだ。European Survey Research Associationはミッションとして「サーベイの質向上のためにヨーロッパと世界中のサーベイリサーチャー同士のコミュニケーション向上」を掲げていることでも，サーベイリサーチが特定の研究方法を指すことがわかる。

次いで，わかりにくい2つ目の点である。実は英語の世界でも研究方法としてのサーベイは，非常に幅広い内容を含み，概念があいまいなのである。ルーエルたち（2016）は"サーベイリサーチを開発した人は誰か？ それは数多い不特定の多くの人たちであり，政府・学界・民間など非常に広範に活用されている。質問項目は長いものもあれば，短いものもあるし，サーベイリサーチはこれだと明確に語ることは難しいのだ"と，サーベイリサーチの定義のしにくさを語っている。

こういった状況に，シューマン（1997）は，サーベイの語源を探ることを通じてサーベイリサーチの意味を明らかにしようとしている。シューマンによると，サーベイの語源はラテン語のsuper（over）とvidere（to look）ということだ。これは広く概観するという意味であり，「サーベイ＝広範囲にわたる調査」という英文解説の意味は正しいということになる。**実際に多くの研究者たちの「サーベイリサーチとは何か」に関する意見は，目的，データ収集方法，研究対象者の範囲（どの程度，広範囲か）などはさまざまであるが，"広範囲の対象に対して質問すること"という点では合意ができているようである**（Schuman, 1997; Groves, et al., 2009; Ruel, et al., 2016; Fowler, Jr., 2014; Marsh, 1982; Beam, 2012; Bryman, 1989, 2016; Bryman & Bell, 2007, 2015; Gill & Johnson, 2002, 2010）。広範囲の対象に対して質問することに加えて，もう1つ大枠で合意ができているのは，サーベイリサーチ実施のプロセスは，研究目的の決定，質問内容の決定，データ収集サンプルの決定，データ収集方法の決定，の4つからなるという点であろう（Schuman, 1997; Groves, et al., 2009; Ruel, et al., 2016; Fowler, Jr., 2014; Marsh, 1982; Bryman, 1989, 2016; Gill & Johnson, 2002, 2010）。

## (2) サーベイリサーチの目的

次いでサーベイリサーチの目的について，主にギルとジョンソン（2002,

2010），ブライマン（1989, 2016），ブライマンとベル（2007, 2015）を参考にみていく。サーベイリサーチが含む目的は幅広い。研究目的は，分析目的（Analytical Purpose）[1]・描写目的（Descriptive Purpose）・探索目的（Exploratory Purpose）の3つに大別されるが，サーベイリサーチにはこのすべての目的が含まれる。1つ目のタイプが分析目的のサーベイである。**分析型サーベイは，理論や既存研究に基づいて仮説を設定し，その検証あるいは棄却により，新たな理論の構築や既存理論の修正といった理論開発を目的としたサーベイリサーチである**。仮説検証を目的としているため，質問方法は研究者が質問と回答の選択肢を用意するという選択肢方式となる。マネジメント分野も含めてアカデミズムの世界においては，分析型サーベイが多いため，サーベイリサーチ＝分析型サーベイを意味することもあるだろうが，本書ではサーベイリサーチ全体を俯瞰する立場から，描写目的のサーベイ・探索目的のサーベイも含めて紹介する。

　**2つ目が描写目的のサーベイである。目的は，研究対象である社会グループの状況をよりよく知ることにある**。企業が実施する従業員オピニオンサーベイ，政府機関や公的・私的セクターの研究機関が実施する各種サーベイリサーチの多くがこれにあたる。政府機関では，個人・家族・組織などを対象に数多くのサーベイリサーチが実施されている。例を挙げると，厚生労働省が企業と事業所を対象に毎年実施している雇用均等基本調査がある。同調査の内容は，企業調査では女性の雇用管理が中心となり，質問項目には，女性採用比率，女性管理職比率，コース別雇用管理制度に関する内容，ハラスメント防止策などがある。事業所調査では，育児・介護休業制度が中心で，質問項目には，育児休業制度の内容，利用状況，介護休業制度の内容，利用状況，介護勤務者に対する援助施策などがある。

　サーベイリサーチは，社会問題を理解するために，広く社会の状況に関してデータを収集したことから始まったと言われており（Groves, et al., 2009），サーベイは描写型サーベイからスタートしたと考えられる。描写型サーベイは仮説検証目的ではないが，質問方法は分析型サーベイと同様に，研究者が質問と回答選択肢を用意する選択肢方式が多い。また，描写型サーベイは仮説検証目的ではないため，まったく仮説的なものを持たずに行われるサーベイリサーチがあると同時に，サーベイリサーチの中には緩い形の仮説的な前提をもって

いる場合がある。たとえば本書で描写型サーベイの代表として紹介する2011年に実施されたWERS（Workplace Employment Relations Survey）では，当時のリセッションの状況を反映して，リセッションに関する質問を用意し，雇用者側代表，従業員側代表，従業員に事業所におけるリセッションへの対応・反応などを聞いている。これは事業所においてリセッションに対応した施策がとられているとの前提に立って，質問が設定されていることを示す。さらに，選択肢に挙げられた内容は，たぶんリセッションへの対応としてはこのような施策が実施されているだろう。これらはリセッションに対する事業所対応に関する緩い形の仮説的なものがなければできないことだろう。

　3番目の探求目的のサーベイは，まだ研究対象の状況がよくわからない段階で状況把握のために行うもので，質問方式としては自由回答方式が多い。広い範囲を対象に行うというサーベイリサーチの特色によって，サーベイリサーチの多くが選択肢方式の分析型サーベイと描写型サーベイであり，探索型サーベイが独立して実施されることは少ないと思われる。多くの場合，探索目的は分析型サーベイや描写型サーベイの一部に自由回答欄を設けて，回答者に自身あ

**〔図表6−1〕サーベイリサーチ**
**選択肢方式と自由回答方式の両方が含まれる例**

---

人事部員の育成施策に関する調査

問1．貴社では人事部員の育成施策に関して，明確なポリシーをお持ちでしょうか？
　　以下の内容で最も当てはまるものを1つ選択してください。

　⑴　人事部員の育成に関して明文化された明確なポリシーがある
　⑵　明文化されてはいないが，人事部員の育成に関してある程度の明確なポリシーを持っている
　⑶　人事部員の育成に関して特に明確なポリシーはない

問2．問1で⑴あるいは⑵と回答された方にお尋ねします。貴社の人事部員の育成に関するポリシーの内容を以下に記載してください。

---

出所：筆者作成

るいは自社の状況や意見を記載してもらうという形で行われる。選択肢方式の質問と自由回答方式を両方入れた例を**図表6－1**に記載した。読者の皆様もよく目にする質問方法であろう。

　以上のように，サーベイリサーチは実質的には分析型サーベイと描写型サーベイの2つに大別されるため，以下，本書では分析型サーベイと描写型サーベイを対象に議論していく。

　なお，アカデミズムにおいて描写型サーベイと分析型サーベイは関連を持つことが多い。たとえば，政府機関や研究機関が描写型サーベイを実施し，収集したデータを記述統計として発表する。そして，一定の要件を備えた研究者などに一次データを提供し，一次データの提供を受けた研究者は，セカンダリーデータ分析を行うという方法で，仮説検証型研究に活用する。このように描写型サーベイはアカデミズムにとっても研究に重要な役割を果たすものである。本章でも，描写型サーベイの代表としてWERSを紹介するとともに，WERSデータに基づいて仮説検証型研究を行った（セカンダリーデータ分析）ラムゼイたち（2000）の研究を紹介する。

## (3) サーベイリサーチの実施までのプロセス

　前述のとおり，サーベイ実施までの4つのプロセスがあることは，多くの研究者間で合意ができている。そこで，分析型サーベイと描写型サーベイについてギルとジョンソン（2002, 2010）に基づきサーベイ実施までのプロセスを概観する。サーベイリサーチにおけるサーベイ実施までのプロセスを示したのが，**図表6－2**である。

　第1ステップがサーベイリサーチで明らかにする研究内容の特定である。この中で特に重要なのが，研究目的の特定である。これによって分析型サーベイなのか，描写型サーベイなのかが決まってくる。分析型サーベイであれば，検証したい仮説に基づき，独立変数・従属変数・剰余変数・媒介変数などの変数を特定する。描写型サーベイであれば，描写したい現象を特定する。これにより，具体的な質問項目が設定される。次の段階からは，分析型サーベイ・描写型サーベイは同じプロセスを踏む。まず，サーベイ結果から母集団全体がわかるように母集団を代表する形でサンプルを決め，次いで，具体的なデータ収集方法の選択となる。データ収集の方法は，構造化インタビュー，質問票，ある

**〔図表6-2〕サーベイリサーチの実施までのプロセス**

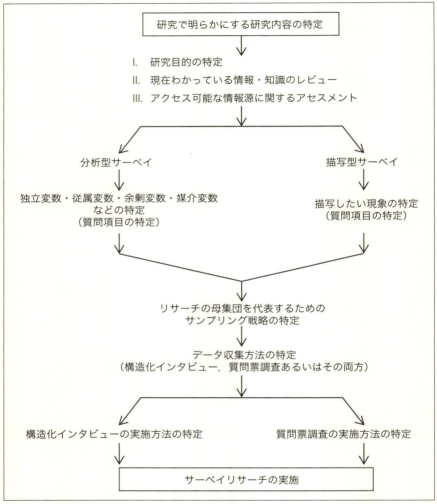

出所：Gill, J. & Johnson, P.（2010）*Research Methods for Managers*（4*th ed.*）SAGE Publicationsを基に作成

いはその両方を用いる、という3つのタイプに大別される。3タイプのデータ収集方法のうち、いずれの方法を実施するかを選択し、選択した情報収集方法に関して実施方法を特定する。そしていよいよサーベイリサーチの実施となる。

## ⑷　2軸におけるサーベイリサーチの位置づけ

　本書で設定した客観主義・主観主義という研究パラダイムと定量データ中心・定性データ中心という収集されるデータの性質に関する分類軸と，研究対象の範囲に関する広範・集中という分類軸という2つの分類軸から，サーベイリサーチの代表である分析型サーベイと描写型サーベイの位置づけをみていく。主に参照するのは，ギルとジョンソン（2002, 2010），ブライマン（1989, 2016），ブライマンとベル（2007, 2015）である。

　まず，客観主義・主観主義という研究パラダイム軸について述べる。研究パラダイム軸に関しては，仮説検証により新たな理論の構築や既存理論の修正といった理論開発を目ざす分析型サーベイは明らかに客観主義パラダイムに位置する。分析型サーベイの目的は仮説検証であるため，研究者が質問内容とともに選択肢を用意して，最も当てはまるものを選択してもらう方式がとられ，収集されるデータは定量データが中心となる。

　これに対して，対象の社会グループをよりよく知る目的の描写型サーベイは，研究パラダイムにおいては客観主義・主観主義の中間的な位置づけとなる，というのが筆者の立場である。その理由は，構造化インタビューと同様に，仮説検証目的ではないため，客観主義パラダイムには入らないが，回答者の内部ロジックを理解するまでは含んでいない。さらに，緩い形で仮説的なものを設定した上で，設問項目を設定するサーベイリサーチも含まれるためだ。描写型サーベイの選択肢方式が多いという性質は，描写型サーベイが研究者側の外部ロジックから研究対象者をよりよく知るという面を示している。この面からは描写型サーベイは，客観主義の研究パラダイムの側面を有しているといえる。

　収集されるデータの性質に関しては，描写型サーベイにおいても，ほとんどの設問が選択肢方式であるため，収集されるデータは定量データが中心となる。

　以上が，分析型サーベイと描写型サーベイの研究パラダイムと収集されるデータの性質に関する位置づけである。これに，探索目的で自由回答方式によって定性データを収集する主観主義パラダイムが一部加わることとなる。なお，多くの研究者がサーベイリサーチは，定量データが中心であるが，必ずしも定量データだけとは限らず，定性データも収集するという点では，一致している（Grove, et al., 2009; Ruel, et al., 2016; Gill & Johnson, 2002, 2010; Bryman

1989, 2016, Bryman & Bell, 2007, 2015)。

　第2の分類軸である研究対象の範囲に関する広範・集中軸については，サーベイリサーチには，センサスデータや従業員オピニオンサーベイなど研究対象の社会グループ全体（母集団）を対象とするタイプと，研究対象の社会グループ（母集団）から一部をサンプルとして抽出して実施するタイプ，の2つのタイプに分かれる。前者は，研究対象の社会グループ全体をサーベイリサーチの対象とするため，研究対象を広範に含めた研究であることはいうまでもない。後者もサンプルから母集団全体の状況を推測できるためには，ある程度広範囲にサンプル抽出を行う必要がある。すでに述べたようにサーベイリサーチとは，「広範囲にわたる調査」である。分析・描写・探求目的など目的は複数あるが，サーベイリサーチは母集団の中の比較的多くのサンプルを対象に広範囲にデータを収集する研究方法である。

　研究パラダイム/収集データの性質軸と研究対象の範囲に関する軸の2つの軸を合わせると，研究パラダイム/収集データの性格軸では全体的には客観主義・定量データ中心の側に位置し，そこに一部主観主義・定性データが入り，

**〔図表6-3〕2軸からみたサーベイリサーチの位置づけ**

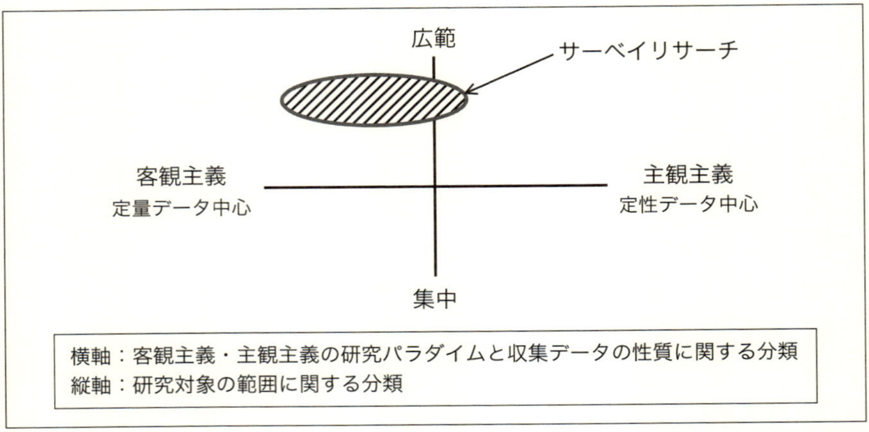

横軸：客観主義・主観主義の研究パラダイムと収集データの性質に関する分類
縦軸：研究対象の範囲に関する分類

注）分析型サーベイは客観主義・定量データ中心，描写型サーベイは研究パラダイムに関しては中立的立場で収集データは定量データ中心，分析型サーベイ・描写型サーベイの一部として実施することの多い探索型サーベイは主観主義・定性データ中心である。サーベイリサーチ全体としては，客観主義・定量データ中心の側に位置するが，一部主観主義・定性データ中心も含まれるとの位置づけとする。
出所：筆者作成

広範・集中軸では広範の側に位置するというのが，本書で設定した2軸からみたサーベイリサーチの位置づけといえる（**図表6－3**）。

## ⑸　サンプリングの方法

　従業員オピニオンサーベイや，特定部門の風土診断のために部門の構成員のみを対象とするサーベイなど，母集団が比較的少ない場合には，母集団全員を対象としたサーベイを実施することはそう難しいことではないかもしれない。しかし，国民全体，日本企業全体といった具合に母集団が大きい場合には，母集団のすべてを対象とするのは費用や時間の関係で難しいため，多くのサーベイリサーチは，母集団から何らかの方法でサンプルを選択して行われている。そこでサンプルから得られた結果が母集団を代表することが重要となる。そのためには，偶然によってサンプルを選ぶというランダムサンプリングが必要となり，ランダムサンプリングによって，偏りのない母集団を代表するサンプルが得られることとなる。ランダムサンプリングの方法は，母集団のメンバーに番号を振って，番号を書いたクジをよく混ぜてクジを引き，クジに書かれた番号のメンバーをサンプルとする，あるいは乱数表を使って番号を決めるといった方法である。このほかにも，ランダムサンプリングを基本としながらも，変化を加えたサンプリング方法として，系統サンプリング，多段サンプリング，層別サンプリング，クラスターサンプリングなどがある。以下にこれらのサンプリング法をみていく（Bryman, 1989, 2016; Bryman & Bell, 2007, 2015; Gill & Johnson, 2002, 2010; 林, 1985; 轟・杉野, 2013; 森岡,2007; 盛山, 2004; 神保, 2002; 福井, 2013; 廣瀬・稲垣・深谷, 2018）。

### ●系統サンプリング

　メンバーに番号を振り，1番目だけをクジで引いたり，乱数表を使って数字を選ぶ。2番目以降は一定の間隔でサンプルを選んでいく。10人に1人のサンプル抽出であれば，最初に5が選ばれたとしたら，5番，15番，25番，35番といった具合である。利点はくじ引きや乱数表発生が1回だけでよい点にある。だが，母集団のデータに周期性がある場合には，サンプルに偏りが出てしまう可能性がある。

### ● 多段サンプリング

母集団をいくつかのグループに分け，グループの中からいくつかのグループをランダムに選び，選んだグループからさらにいくつかのグループをランダムに選ぶ，と段階を踏んで複数回にわたり，ランダムサンプリングを行うため，多段サンプリングという。たとえば，5,000人のメンバーを50人ずつの100グループに分け，10グループをランダムに選ぶ。次いで，選んだ10グループからそれぞれ20人ずつサンプルを選び出すという方法である。グループ分けしたグループ間でメンバーの特性が均一であればよいが，メンバー間の特性に違いがある場合には，母集団からランダムサンプリングを行ったことにはならず，偏りがでてしまう。

### ● クラスターサンプリング

母集団をいくつかのグループに分け，いくつかのグループをランダムに選ぶという点では，多段サンプリングと同じだが，選んだグループのメンバー全員をサンプルとして選ぶという方法である。グループ間にメンバーの特性が異なる場合には，多段サンプリング同様に偏りがでてしまう。

### ● 層別サンプリング

母集団に構成の違いがある場合には，ランダムにサンプリングしても，偶然偏ったサンプリングとなってしまう場合がある。そのため，母集団の構成に合わせて，メンバーを層別に分けて，各層ごとにランダムサンプリングを行うというものである。たとえば中学生と高校生の比率が7対3であったとすると，中学生と高校生でグループ分けをして，それぞれのグループ内でランダムサンプリングを行い，全体のサンプル数を中学生7で高校生3の割合とするように設定するという方法である。

マネジメント研究でいうと，たとえばホワイトカラーの職務満足に関してサーベイリサーチを行うとする。すべての経営機能分野が十分に代表されなくてはならないので，母集団は経営機能分野によって分けられる（製造・マーケティング・セールス・HR・R&D・ファイナンス部門など）。そして，それぞれの経営機能分野でランダムサンプリングが行われることで，機能分野ごとの母集団の代表性を確実にすることができる。さらに，職務満足に関して経営機

能以外に影響を与える重要要因がある場合には，複数の階層化が行われる。たとえば，組織階層（シニアマネジャー・ミドルマネジャー・第一線管理職・現場従業員など）と経営機能の2つによって階層化を行うと，製造部門のシニアマネジャー，セールス部門のミドルマネジャーといった階層化が図られることとなる（Bryman, 1989）。

⑹　データ収集に用いられる研究方法：インタビューと質問票

　サーベイリサーチでデータ収集のために用いられる研究方法は，インタビューと質問票の2つに大別される（Bryman, 1989, 2016; Bryman & Bell, 2007, 2015; Ruel et al., 2016; Groves et al., 2009; Fowler, Jr., 2014）。インタビュー方法として用いられるのは主に構造化インタビューであり，分析型サーベイと描写型サーベイの両方で活用される。非構造化・半構造化インタビュー（以下，非構造化インタビューと記載）は，研究対象が広範であるというサーベイリサーチでは，主要なデータ収集方法として活用するのが難しい。広範な対象にインタビューをするため，インタビュアーの数が多くなり，インタビュアー間での差がでてしまい，これが研究の妥当性を低めてしまうためだ。またインタビュアー・インタビュイーの双方が多いサーベイリサーチにおいて，時間のかかる非構造化インタビューは，時間・費用などコスト面でも現実的ではない。非構造化インタビューを実施するとしたら，構造化インタビューを中心にして，これにいくつかの自由回答方式の質問を加えるというのが現実的な対応方法といえる。構造化インタビューの実施方法としては，インタビュアーとインタビュイーが直接会って行う面談と電話インタビューに大別され，電話方式に関しては，近年ではネットを通じたテレビ電話なども普及してきている（Bryman, 2016; Bryman & Bell, 2007, 2015）。

　もう1つが質問票サーベイである。図表6－1に示したのが質問票サーベイの例であり，読者の皆様がサーベイリサーチというとまず思い浮かぶのが，質問票サーベイであろう。質問票サーベイの実施方法は，郵送による方法，メールやウェブサイトなどネットを通じた方法，その場で回答してもらう方法の3つに大別される。マネジメント研究では，企業対象の場合は，郵送法で行われることが多く，質問票がサーベイリサーチの対象企業に送付され，質問票に回答後に研究者あるいは研究委託機関などに返送する。ネットの普及に伴い，近

年はネットを通じたサーベイリサーチも数多く行われており，こちらは個人対象の調査が多い。個人対象の調査では，直接その場で回答してもらう方法も普及している。研修に集まった人たちに，仕事やキャリア，職場環境に対する意識などを調査する，展示会会場に来た人たちに，商品や購入方法の好みなどを調査する，などさまざまな目的で活用されている。直接その場で回答してもらう場合には，回答者が質問内容などに関して直接質問できるため，郵送法やネットを通じた調査に比べると，回答者の質問内容への誤解による妥当性の低下を防ぐことができる（Bryman, 1989, 2016; Bryman & Bell, 2007, 2015; Ruel et al., 2016; Groves et al., 2009; Fowler, Jr., 2014）。

インタビューと質問票の割合は，質問票サーベイのほうが多いと思われる。特に日本のマネジメント研究においては構造化インタビューに基づくサーベイリサーチはほとんど行われておらず，サーベイリサーチ＝質問票サーベイと思っておられる読者も多いのではないだろうか。インタビューサーベイの実施が少ない理由は，なんといっても，インタビュー実施に伴う時間と費用の問題であろう。もっとも少ないとはいえ，サーベイリサーチで構造化インタビューが活用されている例もあり，本章では構造化インタビューサーベイと質問票サーベイの両方を取り入れた代表的なサーベイリサーチとしてイギリスで実施されているWERS（Workplace Employee Relations Survey）を紹介する。

### (7) 横断的サーベイと縦断的サーベイ

サーベイリサーチには，ある一時点でデータを収集する横断的サーベイ（Cross Sessional Survey）と横断的サーベイを継続的に実施する縦断型サーベイ（Longitudinal Survey）がある。

〔図表6－4〕横断的サーベイと縦断的サーベイ

| 横断的サーベイ | 縦断的サーベイ |
| --- | --- |
| 一時点におけるデータ収集 | 横断的サーベイを繰り返して実施 |
|  | コホートデザイン |
|  | 特定のサンプルに対するパネルデザイン |

出所：Ruel, E., Wagner III, W. E. & Gillespie, B. J.（2006）*The Practice of Survey Research: Theory and Application*, SAGE Publications を基に作成

マネジメント研究で多く行われているのは，横断的サーベイであろう。描写型サーベイであれば，ある一時期の研究対象の社会グループの状況をよりよく知ることが目的となる。分析型サーベイであれば，ある一時期の研究対象社会グループのメンバー間で差異を明らかにすることなどが目的となる。たとえば，基本給決定の重視項目として，**図表６－５**のように７つの項目を設定し，財務データを含む多くのデータを収集できる上場企業を対象に，各項目の重視度と企業業績などとの関係を調べることを目的でサーベイリサーチを実施したとする。回答企業から収集したデータを因子分析したところ，職務遂行能力・職務価値・役割・成果・行動からなる因子（第一因子）と年齢・勤続年数からなる因子（第二因子）が抽出され，第一因子を職務・成果因子と，第二因子を属人・年功因子と命名した。次いで，売上高，営業利益，ROA，ROEなど企業業績指標，株主構造，資金調達システム，従業員数，企業年齢，平均年齢，平均勤続年数，男女比率，管理職比率，女性管理職比率，平均年収，産業セクターなどさまざまな企業属性と因子得点との関係を分析したところ，多くの企業業績データと第一因子得点の間で，統計的有意レベルで正の相関関係を発見したとする。この結果は，成果・職務因子と命名された第一因子を構成する項

〔図表６－５〕基本給で重視する項目に関する質問票

基本給を決定する際に，以下の項目の重視度合について，それぞれ最もあてはまるものを１つ選択してください。

| | 非常に重視している | 重視している | やや重視している | あまり重視していない | 重視していない | まったく考慮していない |
|---|---|---|---|---|---|---|
| １．年齢 | 6 | 5 | 4 | 3 | 2 | 1 |
| ２．勤続年数 | 6 | 5 | 4 | 3 | 2 | 1 |
| ３．職務遂行能力 | 6 | 5 | 4 | 3 | 2 | 1 |
| ４．職務価値 | 6 | 5 | 4 | 3 | 2 | 1 |
| ５．役割 | 6 | 5 | 4 | 3 | 2 | 1 |
| ６．成果 | 6 | 5 | 4 | 3 | 2 | 1 |
| ７．行動（コンピテンシー） | 6 | 5 | 4 | 3 | 2 | 1 |

出所：『人事部門の組織と機能に関する調査』（筆者が代表を務める研究チームで実施した調査）を基に一部修正。

目を重視する企業のほうが，企業業績が高いことを示す結果といえる。

　だが，ここで重要なことは，基本給決定の重視項目として，第一因子を構成する職務遂行能力・職務価値・役割・成果・行動を重視すると，企業業績が向上するとはいえないということだ。独立変数として設定した変数データと従属変数として設定した変数データを同時に収集する横断型サーベイでは，独立変数と従属変数の相関関係は知ることができても，原因と結果に関する因果関係はわからないからだ。あくまで基本給重視項目と企業業績を示す変数の間で正の相関関係があることがわかったということである。そのため，本章で分析型サーベイの研究例として紹介するドレリー＆ドッティ（1996）の研究のように，横断型で分析型サーベイを行う場合の仮説は，因果関係ではなく，相関関係に関する仮説を設定することとなる（Bryman, 1989; Gill & Johnson, 2002, 2010; Blair et al., 2014; Fowler, Jr., 2014; Groves et al., 2009; Ruel et al., 2016; 野村, 2017）。

　もう1つが縦断型サーベイである。横断型サーベイを繰り返し実施するものであり，横断型サーベイではある1時点でデータを収集するが，縦断型サーベイでは時系列のデータを収集することができる（Bryman, 1989; Gill & Johnson, 2002, 2010; Blair et al., 2014; Fowler, Jr., 2014; Groves et al., 2009; Ruel et al., 2016; 野村, 2017）。たとえば，厚生労働省が毎年実施している『賃金構造基本統計調査』では，事業所の名称・所在地，主な事業内容，事業所の常用雇用者数（雇用形態別・男女別），臨時雇用者数，企業全体の常用雇用者数，新規学卒者の学歴別・男女別初任給と採用人数（事業所対象），性別，雇用形態，年齢，勤続年数，経験年数，実労働日数，所定実労働時間，超過実労働時間，決まって支給する現金給与額，前年1年間の賞与・期末手当等特別給与額（個人対象）など毎年同じ項目が質問され，データが収集される。

　継続的に実施しているサーベイでは特定の属性をもつ回答対象者や回答対象企業などの時間的な変遷を知ることができる。個人対象に5年ごとに生活実態や意識をテーマにサーベイを実施したとすると，2回前の10年前には20代であった回答者層は30代に，さらに10年後には40代になり，同年齢層の加齢による変化を知ることができる。企業対象の調査でも，10年前に設立5年以下の企業の企業年齢は，設立10年〜15年の企業となっており，企業の時間的変遷による戦略変化などを知ることができる。このように特定の属性を共有しているグループの長期的な変化を継続調査によって知ることをコホートデザインという。

もっとも個人対象・企業対象のいずれも，年齢だけが変化の要因ではないことはいうまでもなく，他に影響を与える要因は数多く存在することは忘れてはならない（Bryman, 1989; Gill & Johnson, 2002, 2010; Blair et al., 2014; Fowler, Jr., 2014; Groves et al., 2009; Ruel et al., 2016; 野村, 2017）。

もう1つの縦断的サーベイは，同一対象（個人・世帯・事業所・企業など）を対象に継続的にサーベイを実施するもので，パネルデザインという。同一対象の時間的変遷を知ることができるため，全体としての変化（グロス変化量）を知るだけでなく，特定対象における変化（ネット変化量）を知ることができる（Bryman, 1989; Gill & Johnson, 2002, 2010; Blair et al., 2014; Fowler, Jr., 2014; Groves et al., 2009; Ruel et al., 2016; 野村, 2017）。たとえば，1990年・2000年・2010年の20年間に，基本給決定における職務価値重視を「非常に重視する」企業がどのくらいの割合で高まったかがわかる（グロス変化量）とともに，1990年・2000年・2010年の20年間にわたる個別企業における変化がわかる（ネット変化量）。また同一対象の時間的な変化がわかるため，横断的サーベイではわからなかった原因と結果に関しての分析が可能となる。次に紹介するWERSでは，一部のサーベイ対象に対してパネルデザインが導入されている。

## 2　サーベイリサーチの代表的研究

### (1)　描写型サーベイの例：2011WERS

WERS（Workplace Employment Relations Survey）は，労使関係・雇用・人事施策など雇用関係（Employment Relations）に関する実態をつかむために，イギリスで事業所対象に実施されているナショナル・サーベイであり，収集データの質の高さで世界的に有名なサーベイリサーチである。これまで，1980年，1984年，1990年，1998年，2004年，2011年の6回実施されている。調査対象は，従業員5人以上を雇用する事業所である。調査対象の事業所には，私的セクターと政府組織など公的セクターの両方が入る。私的セクターと公的セクターの間で労使関係・雇用・人事施策などに大きな違いがある日本では，両者を同一研究の調査対象に含めることは少ないが，イギリスでは雇用関係において私的セクターと公的セクター間の違いは日本のように大きくはなく，両者を

調査対象とする研究が多い。

　WERSの特色は，雇用者・従業員代表・従業員という雇用関係に関する主要なステークホルダーから情報を収集している点にある。このように多様なステークホルダーを回答者に含めることで，事業所における多様な意見を収集することが可能となり，これが，WERSが品質の高い調査としての評価を確立している大きな要因となっている。雇用者と従業員代表には，インタビューによりデータを収集している点でも，WERSで収集したデータは質の高いものとなっている。WERSのもう1つの特色は回答者数の多さである。最新の調査である2011年調査における雇用者・従業員代表・従業員の回答人数は，雇用者（事業所の人事・労務責任者）＝2,680人（有効回答率46.3％），従業員代表者＝1,002人（有効回答率63.9％）（うち組合代表797人），従業員（各事業所25人まで）＝2万1,981人（有効回答率54.3％）となっている。

　さらに，WERSは前回調査と同一回答者を含んでおり，2011年調査では前回2004年調査の回答者が，雇用者＝989人（全回答者の52.3％），従業員代表＝432人（全回答者の65.5％），従業員＝8,821人（全回答者の55.7％）。この前回調査と同じ人に回答してもらうことにより，WERSデータはパネル分析が可能となっている。この点でもWERSは優れた調査と言われている。

---

**WERS 雇用者・従業員代表・従業員に対するデータ収集方法**
●雇用者（事業所における人事・労務に関する責任者）
　約90分間の面接による構造化インタビュー
　インタビューに先立ち，従業員プロファイルと財務パフォーマンスに関する質問票に回答する。
●事業所の従業員代表
　事業所の従業員代表は事業所の労働者代表組織によって調査対象者は3タイプに分かれる。
・組合がある事業所：組合の代表者
・組合がなく労使協議会のある事業所：労使協議会の従業員側代表
・組合も労使協議会もない事業所：事業所で決めた従業員代表
　約30分間の面接あるいは電話による構造化インタビュー
●従業員
　各事業所で従業員25名以下に質問票による調査

2011年調査を例に，WERSの質問内容を紹介する。2011WERSの質問項目は以下のとおりである。リセッション（景気後退）への対応策，職場での人員配置（シフトワークの導入状況，非正規雇用の動向，派遣社員の活用状況など），雇用関係への対応状況（雇用関係に対する事業所の責任者は誰か，HRマネジャーの仕事実態，外部アドバイザーの存在など），従業員代表に関する状況（労働組合組織率，労使協議会の設置状況，従業員代表者のプロファイル，従業員代表者の業務実態など），職場の変化（余剰人員対応の実態，組織変革に伴う従業員参画施策の導入状況，従業員のマネジャーに対する見方，意思決定に対する従業員参画状況，従業員の組織コミットメント度合など），賃金等労働条件決定方法（団体交渉対象の従業員割合，賃金決定に影響を及ぼす要因など），成果給（個人成果給の導入状況，ボーナスインセンティブスキームの内容など），労使関係の状況（良好・悪いなど），賃金格差と満足度合（職場の賃金レベル，賃金格差，職務満足など），労働時間（勤務時間の実態など），ワークライフバランス（ワークライフバランス施策の導入状況など），ダイバーシティ（職場のダイバーシティの実態など），トレーニング（Off-JTの受講実態，Off-JTの内容など），健康・安全（健康・安全に対するコンサルテーション方法，健康・安全に対するマネジャーの評価など），職務満足・ウェルビーイングなど。

　本書では，このうち2011WERSの中心テーマであるリセッションの影響に関する質問から，リセッションに対する職場の対応実態に関する人事・労務の責任者と従業員回答結果を紹介する。

　人事・労務の責任者の回答結果をみると（**図表６−６**），賃金凍結，人員補充の凍結，組織変更，人員増の延期，残業削減，教育訓練費の削減，派遣社員の削減，希望退職など多くの項目で，公的セクターのほうが私的セクターよりも実施率が高い。この結果からは，**日本における公的セクターと私的セクターにおけるリセッション対応とはかなり異なるように思える。雇用関係に対する国による違いを表した結果といえるだろう。**

　他方，従業員に対して聞いたリセッション対応の施策実施率は，「賃金凍結または賃金カット」32％，「業務量の増加」28％，「職務内容の変更」19％，「残業規制」19％，「教育訓練の削減」12％などとなっている。なお，最も高い回答率を示したのは，「特に対応策は実施されなかった」40％であった（回答は公的・私的セクター両者を含む）。

**〔図表6－6〕リセッションに対する事業所の対応実態**

回答：人事・労務の責任者
リセッションに対応して起こした行動（％）

|  | 私的セクター | 公的セクター | 全体 |
|---|---|---|---|
| 賃金凍結・賃金カット | 38 | 64 | 41 |
| 人員補充の凍結 | 26 | 44 | 28 |
| 組織変更 | 23 | 36 | 25 |
| 人員増の延期 | 22 | 22 | 22 |
| 残業削減 | 19 | 23 | 19 |
| 教育訓練費の削減 | 14 | 33 | 17 |
| 派遣社員の削減 | 13 | 30 | 15 |
| 勤務時間の削減 | 15 | 7 | 14 |
| 強制解雇 | 14 | 10 | 13 |
| 希望退職 | 5 | 23 | 7 |
| 非金銭的報酬の削減 | 7 | 7 | 7 |
| 無給休暇の取得促進 | 3 | 3 | 3 |
| 派遣社員の増加 | 3 | 5 | 3 |
| その他 | 3 | 5 | 3 |
| 特に対応をとらなかった | 27 | 11 | 25 |

出所：2011WERS（Workplace Employment Relations Survey）を基に作成

## (2) ハイパフォーマンスにつながる人材マネジメントの研究

　本章では，WERSデータを用いたセカンダリーデータ分析と分析型サーベイという2つの研究を紹介する。セカンダリーデータ分析はサーベイリサーチではないが，描写型サーベイが仮説検証型研究に活用される例として紹介する。なお，2つの研究ともにハイパフォーマンスにつながる人材マネジメントモデルに関する研究であるため，2つの研究例の紹介に先立ち，ハイパフォーマンスにつながる人材マネジメント研究の研究系譜を概観する。

1980年代以降，欧米諸国の人材マネジメント研究において，人材マネジメントと組織パフォーマンスとの関係について関心が高まり，組織パフォーマンスを向上させるいくつかの人材マネジメントモデルが登場していった。1980年代において提案された人材マネジメントモデルは，ベストプラクティスモデルとベストフィットモデルの2つに大別される。ベストプラクティスモデルは，すべての組織にあてはまる効果的な人材マネジメントが存在する，との立場をとるものであり，1980年代に提案された具体的なモデルとしては，ハイコミットメントモデル（Walton, 1985），ハイインボルブメントモデル（Lawler, 1986）などがある。

　もう一方のベストフィットモデルは，効果的な人材マネジメントは組織内外の状況によって異なる，との立場である。そのため，人材マネジメントに影響を及ぼす組織内外の影響要因を特定し，影響要因と人材マネジメント施策との関係に焦点が当てられることとなった。1980年代において組織内外の影響要因として重視されたのが，経営戦略のタイプ[2]である。経営戦略タイプ別に効果的な人材マネジメント施策の特定を目的としたため，経営戦略と人材マネジメントのマッチングモデルあるいはフィットモデルと呼ばれた。1980年代に登場した代表的なマッチングモデルには，ポーターの基本戦略タイプ別に効果的な人材マネジメント施策を分類したモデル（Schuler & Jackson, 1987），マイルズとスノーの競争戦略タイプ別に人材マネジメント施策を分類したモデル（Miles & Snow, 1984）などがある。

　1990年代になると，人材マネジメント施策と組織パフォーマンス間の統計分析が盛んに行われるようになっていった。統計分析の結果は，産業セクターや経営戦略タイプなどとは関係なく，すべての組織に共通して，高いパフォーマンスに関連した人材マネジメント施策があるいう結果をだしたものが多かった。(Huselid, 1995; Delery & Doty, 1996)。

　だが，ベストプラクティスモデルに対しては，すべての組織に共通な人材マネジメントのベストプラクティスがあるのであれば，理論的にはベストプラクティスと特定された人材マネジメント施策を導入していればすべての企業が競争に勝つこととなる。だが実際には，市場で競争に勝つ企業と負ける企業が存在する。この企業の利益の差をどうやって説明するのか，との批判（Boxall & Purcell, 2000, 2011, 2015）。また，パフォーマンスにつながる特定の人材マネ

ジメント施策群があるとしてベストプラクティスモデルを支持した研究の中には、実は個別の研究によってベストプラクティスとして挙げられた施策が異なっていたり、データの取り方が異なる研究などがあり、一貫した研究結果とはなっていないとの批判（Becker & Gerhart, 1996）。あるいは人材マネジメント施策と組織パフォーマンスとの定量研究の基となったサーベイリサーチはほとんどが横断型サーベイであるため、人材マネジメント施策と企業業績間の相関関係はわかっても因果関係はつかめないなどの批判があり、ベストプラクティスモデルにはさまざまな批判が巻き起こった。

しかし、批判を受けながらも、ベストプラクティスモデルは次第に人材マネジメント研究で中心となっていく。同時にこれらの統計分析から、高い雇用保障、パフォーマンス重視の人事評価と報酬、組織パフォーマンスと報酬の連動、広範な教育訓練、権限委譲、従業員参画など、ある程度、パフォーマンスと正の相関関係のある人材マネジメント施策群が特定されるようになった（Pfeffer, 1998）。そして、これらの人材マネジメント施策群は、ハイパフォーマンスワークプラクティスなどの言葉で表現されるようになっていった。

これに対してベストフィットモデル（少なくとも1980年代に行われた経営戦略と人材マネジメント施策のマッチングモデルに関しては）の主張を支持する定量調査が少なかったため、1990年代後半〜2000年代以降は、経営戦略と人材マネジメントのマッチングを重要要件とする研究は少なくなっていくことなる。なお、経営戦略分野におけるRBV（Resource Based View）など内部資源重視型戦略論の高まりを受け、個別組織によって人材マネジメント施策は異なるとするベストフィットモデル側の主張は、次第に内部資源重視型戦略論に連動する議論が中心となっていった（Boxall, 1992, 1996; Boxall & Purcell, 2011, 2015）。

### (3) WERS1998を活用したセカンダリーデータ分析：3つの人材マネジメントモデルと従業員の態度・パフォーマンスとの関係の分析

Ramsay, H., Scholarios, D. and Harley, B.（2000）'Employee and High-Performance Work Systems: Testing Inside the Black Box', *British Journal of Industrial Relations*, Vol.38, No.4, pp.501-531.

本研究は，パフォーマンス向上につながる特定の人材マネジメント施策があるというベストプラクティスの主張に基づくものである。だが本研究では，人材マネジメント施策とパフォーマンスの間には複数のルートがあるとの前提に立ち，3つの人材マネジメントモデルを提案。いずれのモデルがハイパフォーマンスに結び付くかを1998年に実施されたWERSデータを活用して，解明しようとしたものである。WERSを活用したセカンダリーデータ分析の研究例として紹介する。

　本研究でハイパフォーマンスに結びつく人材マネジメントモデル全般を表す言葉として用いられたのは，ハイパフォーマンスワークプラクティスであり，ハイパフォーマンスワークプラクティスをハイコミットメントモデルとハイインボルブメントモデルに分けている。この2つのモデルは，ハイパフォーマンスワークプラクティスが挙げる施策（従業員とマネジメント間での活発なコミュニケーション，従業員参画，情報共有，個人業績給，プロフィットシェアリング，従業員持ち株制度，問題解決グループの導入，従業員コンサルテーション，権限委譲，自律型チーム，広範なトレーニングの実施など）を実施している点では共通であり，異なるのは，これらの施策が組織パフォーマンス向上に影響を与えるルートである。

　ハイコミットメントモデルでは，権限委譲や仕事の幅の拡大などによって内的モチベーションを向上させ，さらにプロフィットシェアリングや個人業績給などによって外的モチベーションも向上させる。こういったさまざまな施策によって従業員の組織目標に対するコミットメントを実現して，組織パフォーマンスを向上させていこうというものだ。他方，ハイインボルブメントモデルは従業員との情報共有や従業員参画によって，従業員の組織目的達成や成果拡大に対するイニシアティブを高め，さらに従業員の能力を十分に発揮する機会を増大していき，これによって組織パフォーマンスの向上を図るというものだ。ハイインボルブメントモデルの特色は，組織パフォーマンス向上に影響を与える要因として情報共有や意思決定への参画など，さまざまな面での従業員参画を重視する点に特色がある。以上のように，ハイコミットメントモデルとハイインボルブメントモデルは，組織パフォーマンス向上ルートで焦点を当てる点は異なっているが，マネジメントと従業員が同じ方向を目指すことによって，一体感を生み出し，組織パフォーマンス向上を目指すという点では共通といえ

る。ハイコミットメントモデルもハイインボルブメントモデルもマネジメントと従業員は共通の利害に立つと主張する人材マネジメントモデルなのである。

これに対して，レイバープロセスモデルはマネジメントと従業員の利害は相反すると主張するモデルである。レイバープロセスモデルをハイパフォーマンスワークプラクティスモデルの1モデルとして提案している点が，本研究の特色といえる。ハイコミットメントモデルとハイインボルブメントモデルでは，情報共有や従業員参画，権限委譲などのハイパフォーマンスワークプラクティ

**〔図表6－7〕ハイパフォーマンスを実現する人材マネジメントタイプ**

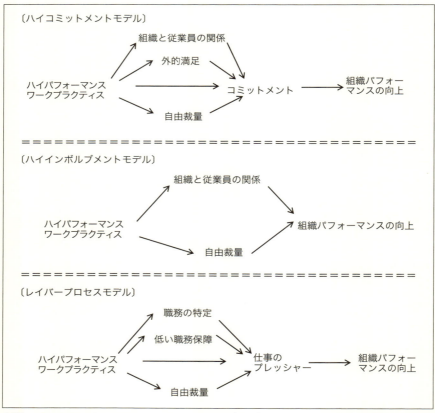

出所：Ramsay, H., Scholarios, D. & Harley, B.（2000）"Employee and High Performance Work Systems: Testing Inside the Black Box", *British Journal of Industrial Relations*, Vol.38, No.4, pp.501-531を基に作成

スは，従業員の積極性を喚起して，組織パフォーマンスの向上につながると捉えられている。これに対して，レイバープロセスモデルでは，権限委譲や従業員参画などは従業員の責任増大につながり，職務強化・ストレス増大などの結果をもたらすと考える。ハイパフォーマンスワークプラクティスは，従業員にとっては職務強化・ストレス増大などネガティブなものであるが，組織側からみれば従業員の責任の増大や労働強化などによって高い組織パフォーマンスが実現できるため，効果的な人材マネジメントなのである。これはまさにマネジメントと従業員の利害は相反することを示した考え方といえる（**図表6－7**）。

この3つの人材マネジメントモデルのどのモデルの主張が正しいのか。本研究では，WERSデータに基づいて，3モデルのいずれがハイパフォーマンスに結び付くかの検証が行われた。活用されたWERSデータは，①雇用者側（事業所の人事・労務責任者）・従業員代表者・従業員の3者から収集した人材マネジメント施策に関する回答結果，②雇用者側から収集したパフォーマンスに関する回答結果（労働生産性，財務パフォーマンス，製品・サービス品質，欠勤率，他のコストと比較した人件費の変動割合），③従業員から収集した態度（組織と従業員との関係，外的満足，自由裁量，職務保障，コミットメント，仕事のプレッシャーなど媒介変数に関する従業員の認識）に関する回答結果，などである。

人材マネジメント施策に関する回答結果は，質問項目によってSWP1スコア，SWP2スコア，HPWPスコアの3スコアに分けられ，分析に活用された。

**SWP1, SWP2, HPWPスコアの算出に活用した調査項目**
SWP（System Work Practice）1スコアの算出項目
従業員代表者あるいは組合代表者の存在，コンサルテーションコミッティの設置，イコールオポチュニティあるいはダイバーシティマネジメントの実施，ファミリー・フレンドリー施策の実施，洗練された採用・選抜施策の実施
SWP（System Work Practice）2スコアの算出項目
確立した苦情申し立てシステムの存在，公式のチーム制度の導入，従業員・マネジャー間の平等的な扱い（Harmonization），人事評価，公式なトレーニングシステム
HPWP（High Performance Work Practice）スコア
組織業績連動給，従業員持ち株制，従業員コンサルテーション，TQM，問題解決グループ，自律型チーム，職務コントロール，インベスター・イン・ピープル認

証の取得，部下から上司へのコミュニケーション，職務保障，内部労働市場の活用，採用時教育の実施。

　分析の結果は，ハイコミットメントモデル，ハイインボルブメントモデル，レイバープロセスモデルの3つのモデル共に，パフォーマンスに結び付くという一貫した結果は得られないものだった。**従業員のポジティブな態度が高いパフォーマンスにつながるとするハイパフォーマンスワークプラクティスの仮定は支持されず，この結果は，人材マネジメントの中心的な主張に疑問を投げかけた点で，本研究の意義は大きい。だが同時にレイバープロセスモデルも支持されず，こちらの主張もハイパフォーマンスワークプラクティス以上に強力なものとはならなかった。**

　本研究結果を踏まえて，ラムゼイたちは，組織の現実は複雑で，マネジメントと従業員の利害は一致する，あるいは一致しないと単純にモデル化できるようなものではないのかもしれないとし，定量データから人材マネジメントに対する組織における非常に複雑な実態や，従業員の人材マネジメントに対する微妙な反応をつかむことの難しさを指摘している。人材マネジメント研究において，多くの研究者が指摘してきた定量分析の問題を，本研究も指摘したものであった。

### (3) 分析型サーベイの研究例：
### 3つの人材マネジメントモデルと組織パフォーマンスとの関連の分析

Delery, J. E. and Doty, D. H. (1996) "Modes of Theorizing in Strategic Human Resource Management: Tests of Universalistic, Contingency, and Configurational Performance", *Academy of Management Journal*, Vol.39, No.4, pp.802-835.

〔研究の概要〕

　1990年代中盤に発表された本研究は，組織パフォーマンスと人材マネジメントモデルの定量分析において，ベストプラクティスモデルを支持する研究が出始めた時期に発表されたものである。当時は，ベストプラクティスモデルと，経営戦略と人材マネジメントのマッチングモデル（ベストフィットモデル）の

いずれの主張が正しいかに関する論争が、学界で行われていた時代であった。そういう時代に、本論文はベストフィットモデルをコンティンジェンシーとコンフィギュレーションの2つモデルに分け、ベストプラクティス・コンティンジェンシー・コンフィギュレーションの3つのモデルのうち、いずれのモデルが高い組織パフォーマンスに結びついているかを定量的に分析した研究である。なお、本研究ではベストプラクティスモデルをユニバーサルモデルと表現している。

　コンフィギュレーモデルの主張は"組織パフォーマンスを向上させる特定の人材マネジメント施策の組み合わせが存在する。だがどのような組み合わせが組織パフォーマンスを向上させるかは組織内外の状況によって異なる"というものである。コンフィギュレーション（形状）とは、個別の人材マネジメント施策の組み合わせから構成される人材マネジメントの全体状況を指している。コンティンジェンシーモデルでは個別人材マネジメント施策と組織パフォーマンスの1対1の関係を分析して、人材マネジメント施策と組織パフォーマンスの関係を追求しようとしたのに対して、コンフィギュレーションモデルでは、パフォーマンスを向上させる個別人材マネジメント施策の組み合わせに焦点が当てられている。特定の人材マネジメント施策の組み合わせによってシナジー効果が生まれ、個別人材マネジメント施策と組織パフォーマンスとの間で発生する効果の総和以上の高い効果が生まれる、というのがコンフィギュレーションモデルの主張である。

　本研究は、ユニバーサル・コンティンジェンシー・コンフィギュレーションの3つの異なるモデルのうち、いずれのモデルが組織パフォーマンスに結びついているかを検証するために、各モデルに対する仮説を設定し、3つのモデルのいずれの主張が正しいかを定量分析によって検証しようとしたものである。本書では、同論文で設定された5つの仮説のうち、4つの仮説とその結果を紹介する。

● 仮説1（ユニバーサルモデルに関する仮説）
　内部昇進中心、広範な教育の実施、パフォーマンス重視の人事評価、プロフィットシェアリングの導入、高い雇用保障の提供、従業員参画、緩い職務定義の7つの人材マネジメント施策と財務パフォーマンスは正の相関関係にある。

● **仮説２（コンティンジェンシーモデルに関する仮説）**
　人材マネジメント施策と財務パフォーマンスの関係は，経営戦略によって異なる。

● **仮説３（コンフィギュレーションモデルに対する仮説）**
　導入している雇用システムが，理想タイプの雇用システムと類似しているほど，財務パフォーマンスが高い。

● **仮説４（コンフィギュレーションモデルに対する仮説）**
　経営戦略タイプに適した雇用システム（理想タイプ）と類似性が高いと，財務パフォーマンスと正の相関関係をもつ。

〔データ収集と分析の方法〕
　本研究では，２つの調査票によってデータが収集された。１つは人材マネジメントの特色に関する調査票であり。目的は，ベストプラクティスモデルとして特定した，①内部昇進中心，②広範な教育の実施，③パフォーマンス重視の人事評価，④プロフィットシェアリングの導入，⑤高い雇用保障の提供，⑥従業員参画，⑦緩い職務定義，の７つの人材マネジメント施策の導入度合を知ることにある。財務パフォーマンスの指標として活用されたのは，すべての仮説においてROAとROEである。
　もう１つは経営戦略に関するデータ収集のための調査票である。本研究で戦略タイプの分類として活用されたのは，マイルズとスノー（1984）が提案した先取り型，分析型，防御型の３タイプの戦略分類である。３タイプの戦略分類に用いられたのが，戦略に関する質問票（Segev, 1989）であり，この質問票への回答傾向に応じて，３タイプの戦略のいずれに該当するかが特定された。そして，仮説２を検証するために，７つの人材マネジメント施策の回答結果，戦略に関する質問票によって特定された戦略タイプ，財務パフォーマンス，３者の関係が分析された。仮説３の検証のために行われた方法は，７つの人材マネジメント施策に関して，マーケットタイプと内部市場タイプの２つのタイプを設定し（**図表６－８**），マーケットタイプと内部市場タイプのいずれかとの類似性が高ければ，財務パフォーマンスが高く，中間的な場合には財務パ

〔図表6-8〕人材マネジメントの2つのタイプ

| 人材マネジメントの施策分野 | マーケットタイプ | 内部労働市場タイプ |
| --- | --- | --- |
| 内部昇進の可能性 | ほとんどのポジションに対して外部から採用<br>内部昇進機会はほとんどない | ほとんどのポジションは内部昇進で埋める<br>内部昇進ルートが確立している |
| 教育訓練 | 公式の教育訓練システムはほとんどない | 多くの教育訓練が提供されている |
| 結果重視の人事評価 | 定量的結果重視の人事評価 | 行動重視の人事評価 |
| プロフィットシェアリング | 広範にプロフィットシェアリングを活用 | プロフィットシェアリングはほとんど導入されていない |
| 雇用保障 | 雇用保障レベルは低い | 高いレベルの雇用保障 |
| 従業員参画 | 従業員参画度合は低い | 従業員参画度合は高い |
| 職務内容の明確化 | 職務内容の明確度度合は低い | 職務内容の明確度度合は高い |

出所：Delery, J. E. & Doty, D. H.（1996）"Modes of Theorizing in Strategic Human Resource Management: Tests of Universalistic, Contingency and Configurational Performance", *Academy of Management Journal*, Vol.39, No.4, pp.802-835を基に作成

フォーマンスが低いとの仮説をもとに，人材マネジメント施策と財務パフォーマンスとの関係を分析するというものだ。

仮説4の検証に関しては，人材マネジメント施策に関する2つのタイプと3つの戦略タイプの間に，ハイパフォーマンスに結び付く組み合わせとして，先取り型戦略＋マーケットタイプ，分析型戦略＋マーケットタイプと，内部労働市場タイプの中間タイプである防御型戦略＋内部市場タイプ，の3つのフィットパターンを設定して，その当てはまり度合いと財務パフォーマンスとの関係が分析された。

調査対象となったのは，銀行業界である。1,050の銀行が調査対象となり，最初に人事部門のトップに人材マネジメント施策に関する調査票が送られ，216社から回答を得た。次いで，人事部門トップから回答のあった216社のCEOに対して経営戦略に関する調査票を送り，111社から回答を得た。

〔分析結果〕

7つの人材マネジメント施策の導入割合の高い銀行の方が，統計的優位レベルで財務パフォーマンスが高いという結果が得られ，仮説1は支持された（ユニバーサルモデルを支持）。コンティンジェンシーモデルに関しては，人事評価と内部昇進の可能性については仮説を支持する結果となった。すなわち，人事評価タイプでは，先取り型戦略をとる銀行ではパフォーマンス重視の人事評価の導入銀行のほうが，防御型戦略をとる銀行では行動重視の人事評価の導入銀行のほうが，ROA, ROE共に統計的優位レベルで高く，正の相関関係を示した。内部昇進の普及度合では，先取り型戦略をとる銀行では内部昇進の普及度合が低いほうが，防御型の戦略をとる銀行では内部昇進の普及度合が高いほうが，ROA, ROE共に統計的優位レベルで高く，正の相関関係を示したのである（コンティンジェンシーモデルを部分的に支持）。

以上のとおり，ユニバーサルモデルに関する仮説1は支持され，コンティンジェンシーモデルに関する仮説2は部分的に支持されるという結果となったが，これに対して，コンフィギュレーションモデルに関しては，仮説3，仮説4共に統計的有意レベルで差は見られず，仮説は検証されないという結果であった。

## 3　サーベイリサーチの強みと弱み

### (1)　サーベイリサーチ全体としての強みと弱み

サーベイリサーチは，分析目的・描写目的・探索目的のすべてを含むが，中心は選択肢回答方式中心の分析型サーベイと描写型サーベイであるため，ここでは分析型サーベイと描写型サーベイを対象に，サーベイリサーチの強みと弱みをみていく。

サーベイリサーチで問題となるのは，内的妥当性と社会文脈妥当性である。たとえば，回答者が普段特に焦点を当てていない質問項目が並んでいたり，回答選択肢の中に回答者の状況に合うぴったり合う選択肢がなかったという状況で，回答者が無理やり回答する，などがあれば，内的妥当性は大きく低下してしまう。サーベイリサーチは，研究者が構築した仮説の検証や，想定した状況に沿って質問項目と選択肢が作成されるため，サーベイを設計した研究者たち

が知らない内容，想定しない内容は含まれない。これは，客観主義パラダイム・定量データ収集の研究方法全体にいえることだが，サーベイリサーチにもこの問題はあてはまる。事前にサーベイリサーチの対象となる社会グループの状況を把握していることが，非常に重要だ（Bryman, 1989; Gill & Johnson, 2002, 2010; Blair et al., 2014; Fowler, Jr., 2014; Groves et al., 2009; Ruel et al., 2016; 野村, 2017）。

さらに，質問票サーベイの場合には，回答者が質問の意味を間違ってとらえる，別の解釈を加える，などの問題が発生する。質問票サーベイでは紙面上の説明のみとなるため，回答者が質問内容を誤って捉えたり，回答者間での異なった解釈などが発生しやすい。誤解を生じないようにわかりやすい質問内容とすることとともに，質問内容や回答方法などに関する解説を質問票用紙に記載するが，解説が長くなったり，複雑になると回答者は読む気をなくしてしまう。それ以外にも，質問項目が多くなると無回答となりやすかったり，答えやすい項目だけ回答する，すべての質問項目を読んでから回答したり，答えにくい質問を発見して回答するのをやめる，などさまざまな弱みがあり，これらはすべて内的妥当性の低下につながる問題である（Bryman, 1989; Gill & Johnson, 2002, 2010; Blair et al., 2014; Fowler, Jr., 2014; Groves et al., 2009; Ruel et al., 2016; 野村, 2017）。

インタビューサーベイの場合は，質問内容をインタビュアーが説明することで回答者の誤解や回答者間での異なる解釈の問題は低下するし，答えたくない質問に回答しないなどの問題も緩和されるため，質問票サーベイよりも高い内的妥当性が期待できる。だが，インタビューサーベイには，インタビュアーによる刺激や，インタビュアーに対する社会的望ましさから，回答内容が実態とは異なるものに変化するという別の問題が発生する。同時にインタビュアーが与える影響は，インタビュアーによって作られる人工的な環境という意味で社会文脈妥当性の問題ともいえる。社会文脈妥当性は質問票サーベイを含むサーベイリサーチ全体にとっての弱点である。実験法よりも人工性は弱いとはいえ，研究者が質問を用意し，それに回答してもらうというデータ収集環境を持つサーベイリサーチにとって，現実社会の自然性は低まってしまうのだ。サーベイリサーチでは，回答者自身が感じた解釈や考えを表現する機会はほとんどなくなってしまう。これを防ぐために，質問票に自由回答欄を設けたり，構造化

インタビューの中に非構造化インタビューを加えたりする。しかし，そういった対応措置を講じたとしても，やはりサーベイリサーチの社会文脈妥当性は低いと考えられる（Bryman, 1989; Gill & Johnson, 2002, 2010; Blair et al., 2014; Fowler, Jr., 2014; Groves et al., 2009; Ruel et al., 2016; 野村, 2017）。

サーベイリサーチの強みは，外的妥当性と信頼性の高さといえる。外的妥当性に関しては，広範囲の対象にリサーチを実施するというサーベイリサーチの特徴から，研究結果をより広い母集団に一般化しやすいためである。もっとも外的妥当性が担保されるためには，ランダムサンプリングなどを実現し，母集団の属性を反映するサンプルが実現し，かつ回答者が母集団の属性を反映していることが必要となる。サーベイリサーチのサンプルを決定した時点では母集団を反映していたとしても，回答率が低いと，回答者の属性が母集団の属性とは異なってしまうという問題がある。サーベイリサーチにとって外的妥当性の向上には，回答率の向上が重要な要件となる。ただし，外的妥当性の前提は内的妥当性にあることは忘れてはならない。誤った結果を母集団に一般化することはできないし，してはいけないためだ。信頼性に関しては，構造化インタビューや質問票によってデータが収集されるため，透明性・再現性が高くなり，信頼性の高さはサーベイリサーチの強みといえる。ただし，インタビューサーベイの場合は，「第4章　インタビュー」の構造化インタビューでも述べたように，信頼性確保のためには，標準化が重要となる（Bryman, 1989; Gill & Johnson, 2002, 2010; Blair et al., 2014; Fowler, Jr., 2014; Groves et al., 2009; Ruel et al., 2016; 野村, 2017）。

## (2) 分析型サーベイの問題

分析型サーベイ・描写型サーベイに共通の強みと弱みについて紹介したが，次いで，仮説検証を目的とした分析型サーベイの問題について考えてみよう。分析型サーベイにとって，因果関係を正しくつかむことが非常に重要となるが，この点で分析型サーベイはさまざまな問題を抱えている。たとえば，仮説検証型研究（客観主義パラダイム）の代表として紹介した実験法と比較すると，分析型サーベイの内的妥当性は低くなる。実験法では，研究者が考えた独立変数，従属変数，独立変数以外に従属変数に影響を与える可能性のある変数の操作が可能であるが，サーベイリサーチではこれら変数の操作が難しいためだ。独立

変数と従属変数の関係は複雑であり，独立変数以外に多くの従属変数に影響を与える可能性のある変数が存在する。分析型サーベイは独立変数以外の影響をコントロールするために，多変量解析など統計的なコントロールを行う。だがどんなに統計的コントロールを行ったとしても，分析型サーベイには，内的妥当性に関して潜在的な弱さを持っていることは否めない。

「第3章 マネジメント研究：研究方法論の選択」で独立変数と従属変数の複雑な関係を紹介したが，ここでブライマン（1989）を基にもう少し詳しくみていく。1番目の問題は，独立変数と従属変数の間で関係が認められたとしても，それが因果関係か相関関係か，なのかがわからないという点だ。これは，特に研究対象の社会グループに対して一時期のデータを収集する横断的サーベイで問題となる。横断型サーベイの多いマネジメント研究では，因果関係か相関関係かわからないという問題は重要な問題である。

たとえば，サーベイリサーチを実施した結果，リーダーの配慮行動が高いと回答した部下ほど，職務満足・パフォーマンスが高いという結果を得たとする（Likert, 1961）。だがこの結果から，リーダーの配慮行動が高いほど職務満足・パフォーマンスが向上するとは言えない。この結果は，相関関係であって因果関係とは言えないためだ。つまり，職務満足・パフォーマンスが高い部下ほど，リーダーの配慮行動を高いと回答する傾向があるという逆の因果関係を否定できない。

2番目が独立変数以外の別の変数（剰余変数）が影響を与える例である。たとえば，リーダーの配慮行動と部下の職務満足・パフォーマンスの関係につい

**（図表6-9）相関関係それとも因果関係？**

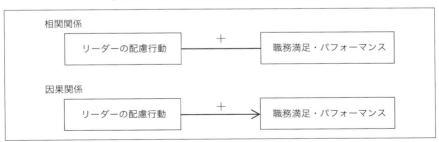

出所：Bryman, A. (1989) *Research Methods and Organization Studies*, Routledgeを基に作成

**〔図表6−10〕剰余変数の存在**

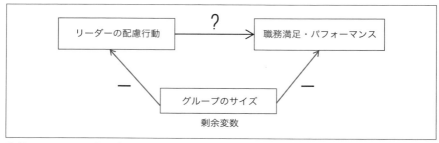

出所：Bryman, A. (1989) *Research Methods and Organization Studies*, Routledge.を基に作成

て考えてみると，剰余変数として考えられるものとしてはグループサイズがある。これまでの研究から，グループサイズが小さいほどリーダーの個別の部下に対する配慮行動が高まる，グループサイズが適正規模よりも大きくなると，部下の職務満足やパフォーマンスが低下することが研究結果からわかっている (Gibson et al., 2012; Vecchio, 1995, 2003)。ここから言えることは，リーダーの行動も，部下の職務満足・パフォーマンスともにグループサイズに影響を受けているということだ。この場合は，グループサイズが独立変数と従属変数に影響を与える剰余変数ということになる。

3番目が，独立変数と従属変数の関係が直接的ではなく，媒介変数が入った間接的な関係となっている場合である。これに関しては，職務特性とモチベーションとパフォーマンスに関する関係を考えてみよう。職務特性理論 (Hackman & Oldham, 1980) では，職務特性が直接モチベーションやパフォーマンスに影響を与えるのではなく，仕事の有意義性の知覚や仕事結果に対する責任の知覚など認知的心理状態が媒介すると主張している。「第5章　実験法と準実験法」で紹介したオーペンの研究では，媒介変数の影響は確認できなかった

**〔図表6−11〕媒介変数の存在**

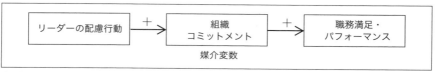

出所：Bryman, A. (1989) *Research Methods and Organization Studies*, Routledgeを基に作成

が，別の研究では，職務特性（スキル多様性）とモチベーションは.42の相関関係だが，媒介変数（認知的心理的状態）を抜くと.15となるなどとの結果を得たものもあり（Hackman & Oldham, 1976），この結果からは。職務特性とモチベーションとの関係は，認知的心理状態を媒介したものではないかと推測される。

　以上のようなさまざまな要因によって分析型サーベイの内部妥当性には問題が生じる。この内部妥当性問題を解決するために，剰余変数となる可能性のある変数をコントロール変数として統計分析に活用する，媒介変数となる可能性のある変数が実際に媒介変数となっているかどうかを統計的に分析する，といった対応が取られる。たとえば，「第5章　実験法・準実験法」で紹介したオーペンの研究では，5つの中核的職務特性の向上（独立変数）と，職務満足・職務関与・内的モチベーション・パフォーマンス（従属変数）との間で，媒介する可能性のある変数として，「成長欲求」と「職務環境に対する満足」の2つを設定し，実際にこの2つの変数が両者を媒介しているかに関する統計分析を行っている。

　だが，このように独立変数と仮定する変数以外に従属変数になると仮定する変数に影響を与える可能性のある変数を想定したとしても，それは研究者が想定できる変数に限られる。実際には独立変数以外に従属変数に影響を与える変数があったとしても，研究者が想定しない（存在に気づかない）変数は，考慮から外されてしまうのである。これはすべての仮説検証型（客観主義パラダイム）研究に共通する弱みであり，分析型サーベイもこの弱みから逃れることはできないのである。

〔注〕
(1)　説明目的（Explanatory Purpose）という場合もある。
(2)　人材マネジメント施策と経営戦略の関係で研究に活用された経営戦略の多くは，競争戦略を対象としている。

[参考文献]
Beam, G. (2012) *The Problem with Survey Research*, New Brunswick.
Becker, B. E. & Gerhart, B. (1996) "The Impact of Human Resource Management on　Or-

ganizational Performance: Progress and Prospects", *Academy of Management Journal*, Vol.39, No.4, pp.779-801.

Blair, J., Czaja, R. F. & Blair, E. A. (2014) *Designing Surveys: A Guide to Decisions and Procedures*, SAGE Publications.

Boxall, P. (1992) "Strategic Human Resource Management : Beginnings of a New Theoretical Sophistication", *Human Resource Management Journal*, Vol.2, No.3, pp.60-79.

Boxall, P. (1996) "The Strategic HRM Debate and the Resource-Based View of the Firm", *Human Resource Management Journal*, Vol.6, No.3, pp.59-75.

Boxall, P. & Purcell, J. (2011) *Strategy and Human Resource Management* ($3^{rd}$ ed.) Palgrave.

Boxall, P. & Purcell, J. (2015) *Strategy and Human Resource Management* ($4^{th}$ ed.) Palgrave.

Bryman, A. (1989) *Research Methods and Organization Studies*, Routledge.

Bryman, A. (2016) *Social Research Methods* ($5^{th}$ ed.) Oxford University Press.

Bryman, A. & Bell, E. (2007) *Business Research Methods* ($2^{nd}$ ed.) Oxford University Press.

Bryman, A. & Bell, E. (2015) *Business Research Methods* ($4^{th}$ ed.) Oxford University Press.

Delery, J. E. and Doty, D. H. (1996) "Modes of Theorizing in Strategic Human Resource Management: Tests of Universalistic, Contingency, and Configurational Performance", *Academy of Management Journal*, Vol.39, No.4, pp.802-835.

Fowler, Jr., F. J. (2014) *Survey Research Methods* ($5^{th}$ ed.) SAGE Publications.

Gibson, J. L., Ivancevich, J. M., Donnelly, Jr., J. H. & Konopaske, R. (2012) *Organizations, Behavior, Structure, Process* ($14^{th}$ ed.) McGraw-Hill.

Gill, J. & Johnson, P. (2010) *Research Methods for Managers* ($4^{th}$ ed.) SAGE Publications.

Gill, J. & Johnson, P. (2002) *Research Methods for Managers* ($3^{rd}$ ed.) SAGE Publications.

Groves, R. M., Fowler Jr. F. J., Couper, M. P., Lepkowski, J. M., Singer, E. Tourangeau, R. (2009) *Survey Methodology* ($2^{nd}$ ed.) Wiley.

Hackman, J. R. & Oldham, G. R. (1976) "Motivation through the Design of Work: Test of a Theory", *Organizational Behavior and Human Performance*, Vol.16, No.2, pp.250-279.

Hackman, J. R. & Oldham, G. R. (1980) Work Redesign, FT Press.

Huselid, M. A. (1995) "The Impact of Human Resource Management Practices on Turnover, Productivity and Corporate Financial Performance", *Academy of Management Journal*, Vol.38, No.3, pp.635-672.

Likert, R. (1961) *New Patterns of Management*, McGraw-Hill（三隅二不二訳『経営の行動科

学：新しいマネジメントの探求』ダイヤモンド社，1964年）
Lawler, E. E. III. (1986) *High-Involvement Management: Participative Strategies for Improving Organizational Performance*, Jossey-Bass.
Marsh, C. (1982) *The Survey Method: The Contribution of Surveys to Sociological Explanation*, George Allen & Unwin.
Miles, R. E. & Snow, C. C. (1984) "Designing Strategic Human Resource Systems", *Organizational Dynamics*, Summer.
Ramsay, H., Scholarios, D. and Harley, B. (2000)' Employee and High-Performance Work Systems: Testing Inside the Black Box', *British Journal of Industrial Relations*, Vol.38, No.4, pp.501-531.
Ruel. R., Wagner III, W. D. & Gillespie, B. J. (2016) *The Practice of Survey Research: Theory and Application*, SAGE Publication.
Schuler, K. S. & Jackson, S. E. (1987) "Linking Competitive Strategies with Human Resource Practices", *Academy of Management Executive*, Vol.1, No.3, pp.207-219.
Schuman, H. (1997) "Poll, Surveys, and the English Language", *The Public Perspective*, April-May, pp.6-7.
Segev, E. (1989) "A Systematic Comparative Analysis and Syntheses of Two Business-Level Strategic Typologies", *Human Resource Management*, Vol.10. pp.487-505.
Vecchio, R. (1995) *Organizational Behavior* ($3^{rd}$ ed.) Dryden Press.
Vecchio, R. (2003) *Organizational Behavior: Core Concept*, ($5^{th}$ ed.) Thompson.
Walton, R. E. (1985) "From Control to Commitment in the Workplace", *Harvard Business Review*, Vol.63, No.2. March-April pp.77-84.
*2011Workplace Employee Relations Survey First Findings Report.*
大久保一彦（2010）『アンケートの作り方・活かし方』PHP
厚生労働省『賃金構造基本統計調査』
酒井隆（2001）『アンケート調査の進め方（第2版）』日本経済新聞社
神保雅一編（2002）『データサンプリング』共立出版
鈴木淳子（2011）『質問紙デザインの技法』ナカニシヤ出版
轟亮・杉野勇編（2013）『入門・社会調査法：2ステップで基礎から学ぶ（第2版）』法律文化社
野村康（2017）『社会科学の考え方：認識論，リサーチ・デザイン，手法』名古屋大学出版会
林知己夫監修　多賀保志編（1985）『調査とサンプリング』同文書院
廣瀬雅代・稲垣佑典・深谷肇一（2018）『サンプリングって何だろう：統計を使って全体を知る方法』岩波書店
福井武弘（2013）『標本調査の理論と実際』日本統計協会

森岡清志（2007）『ガイドブック社会調査（第2版）』日本評論社
盛山和夫（2004）『社会調査法入門』有斐閣

# 第7章 エスノグラフィー

## 1 エスノグラフィーの特色

### (1) エスノグラフィーとは何か

　エスノグラフィーは人類学で始まり，その後，ウィリアム・ホワイトのボストンのイタリア人スラム街での生活を描いた「ストリート・コーナー・ソサエティ」（1943）など社会学にも広まり（野村，2017），1950年代頃からマネジメント分野でも活用されるようになっている（Bryman & Bell, 2007, 2015）。
　「第5章　実験法と準実験法」で実験法（実験室実験）が仮説検証型（客観主義パラダイム）の研究を代表する研究方法であることを紹介した。そしてこの対極に位置し，主観主義パラダイムの研究を代表するのが，エスノグラフィーである。エスノグラフィーでは，研究者が設定した仮説を研究対象の社会グループで試してみるという方法は決してとらない。**研究対象である社会グループメンバーたち自身が，彼らの環境をどう認識・解釈し，行動するかを理解するのが，エスノグラフィーの研究目的となる**。その背景となっているのは，社会で起こる現象は人間から独立して客観的には存在するものではなく，関係者たちの意識や解釈によって現実の捉え方は異なってくるというのが，エスノグラフィーにおける社会に対する存在論である（Bryman, 2016; Bryman & Bell, 2007, 2015; Gill & Johnson, 2002, 2010; 野村，2017）。
　エスノグラフィーでは研究目的を達成するために，さまざまな種類の観察法や，観察法以外の研究方法が活用される。観察法についてみてみると，観察法

で広く活用されているのは参与観察であろう。参与観察では，研究者が研究対象である社会グループのメンバーとなって，長期間にわたり，研究対象の社会グループの行動を観察し，同時に研究者自身も彼らとコミュニケーションをもち，行動を共にしていく。マネジメント研究の場合，研究対象である社会グループは組織や組織内での部門，職場，ビジネス関係をもつ複数組織の関係者，ビジネスやキャリアなどで関心を共有するネットワーキンググループなどであり，研究者が研究対象の組織や職場，組織を超えた関係者グループなどのメンバーとなって行動を共にしながら，観察を行っていく（Bryman, 2016; Bryman & Bell, 2007, 2015; Gill & Johnson, 2002, 2010）。

参与観察に含まれる研究でも，参加の形態や度合は個別の研究によって非常に異なっている。参加の形態は，研究者としての自分の身分を隠して研究対象の社会グループメンバーとして活動する密かな観察（Covert Observation）と，研究対象の社会グループのメンバーにはなっているが，研究者としての自分の身分を明かして観察を行う明確な観察（Overt Observation）の2つに大別される。参加の度合については，フルメンバーとして研究対象の社会グループと完全に行動をともにする場合もあるし，必要な時だけ参加する場合もあり，ほとんど参加せず最低限の参加にとどめるという場合もある（Bryman, 2016; Bryman & Bell, 2007, 2015; Gill & Johnson, 2002, 2010）。本章でエスノグラフィーの代表的研究例として紹介している投資銀行における従業員参画スキームの導入が銀行員たちに与える影響に関する研究（Michel, 2014）では，観察対象者との関係をうまく保ち，質問をしやすくするために必要最小限だけの参加を行っている。

また参与観察が代表的な観察法であるものの，エスノグラフィーの中には，研究対象の社会グループへは参加せず，観察だけを行う非参与観察によってデータを収集する場合もある。本章でエスノグラフィーの代表的研究例として紹介しているコールセンターにおける技術イノベーションに関する研究（Prichard et al., 2014）では，研究グループがコールセンターにメンバーとして参加せずに観察する非参与観察が行われている。エスノグラフィーでは，観察だけでなく，インタビューやドキュメント分析など，必要に応じて別の研究方法も用いる。本章で紹介するエスノグラフィーの代表的研究例でも，観察とともにインタビューやドキュメント分析が行われており，多様な研究方法を

使って，多くのデータが収集されている。

　さらに，観察法がエスノグラフィーの主たる研究方法となるが，観察が困難な場合には，観察を行わず，インタビューや内部ドキュメントなどでデータを収集する場合もある。観察が困難な場合とは，たとえば過去に起こった出来事などである。こういった場合には関係者からのインタビューやドキュメントの提供を受けて，データ収集を行う。マネジメント研究でいえば，過去の経営戦略の決定に関して，戦略の立案や実行に関わった人たちにインタビューする，会議の議事録や関係者による公式・非公式のメモなどを分析する，などである。これらの方法は，直接観察（Direct Observation）に対して間接観察（Indirect Observation）と呼ばれる（Gill & Johnson, 2002, 2010）。エスノグラフィーの目的である研究対象である社会グループの内部ロジックを理解するためには，長期間にわたって多くのデータ収集が必要である。エスノグラフィーでは，さまざまな研究方法を活用して，できる限りの多くのデータ収集に努める。

　なお，多様な研究方法を通じてデータを収集するというエスノグラフィーの特色は，第8章と第9章で取り上げるケーススタディも同じ特色を共有している。エスノグラフィーとケーススタディの違いは，エスノグラフィーでは観察法やインタビュー，ドキュメント分析などが行われるが，すべての方法で収集されるデータの中心は定性データとなる。これに対して，ケーススタディでは定量データと定性データの両方のデータが収集される場合，定量データのみ，定性データのみといった場合がある点である。ケーススタディのほうがエスノグラフィーよりも研究の目的や対象範囲が広いのである。

## ⑵　エスノグラフィーの分類

　エスノグラフィーでは多様な研究方法が活用され，同時に研究対象や目的も多岐にわたる。エスノグラフィーとして括られる研究は，実に多様であり，多くの研究者がエスノグラフィーの分類を行っている。多くの分類の中から，本書では参加度合による分類と，研究対象の状況と観察形態の2軸からの分類の2つの分類方法を紹介する。

### ①　観察者の参加度合による分類

　最初に紹介するのが，研究者の研究対象である社会グループへの参加度合に

**(図表7−1) 研究者の研究対象に対する参加度合い**

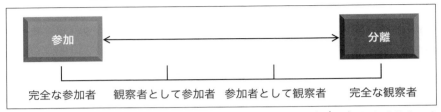

出所：Bryman, A. & Bell, E. (2007) *Business Research Methods* (2$^{nd}$ ed.), Oxford University Press を基に作成

よる分類である。具体的な分類例として、ゴールド (1958)、ブライマン (2016) の2つの分類を紹介する。最初はゴールドの分類である。ゴールドは、研究者の参加度合に応じて、完全な参加者、観察者としての参加者、参加者としての観察者、完全な観察者の4つに観察法を分類した（**図表7−1**）。

● **完全な参加者（Complete Participant）**

研究対象の社会グループのメンバーとして完全に機能し、研究者であることを他のメンバーは知らない。最も参加の度合が高いタイプである。研究対象者に自分の身分を明かしていないために、観察の現場で遭遇したことや感じたことなどをノートにとることはできない。マネジメント研究の場合はこの方法がとられることは少なく、組織内への潜入ルポルタージュとしてアカデミズム以外のライターが実施するケースはしばしば見受けられる。しかしマネジメント分野でもまったくないわけではなく、完全な参加者に基づく研究としては、工場で作業員として働き、職場内での人間関係や仕事の様子などを分析した研究 (Roy, 1958; Burawoy, 1979) などがある。

● **観察者としての参加者（Participant as Observer）**

研究対象の社会グループのメンバーとして完全に機能している点では完全な参加者と同じだが、他のメンバーは研究者であることを知っている。研究者は、研究対象である社会グループに定期的に関係を持ち、日常生活を共にしているが、研究者であることはメンバーにオープンにしている。マネジメント研究の場合は、研究者は従業員として組織で働いており、組織のメンバーは研究目的

で働いていることを知っているという状況である。この場合、給与が支給される場合もあり、無給の場合もある。筆者が博士課程で在籍していたイギリス・バース大学では、企業と契約を結び、研究者を企業に派遣して働きながら観察し、その成果を研究論文としてまとめるという博士課程のスキームがあった（この場合は、給与は支給されていた）。

### ●参加者としての観察者（Observer as Participant）

研究者のデータ収集方法は、研究対象の社会グループに対するインタビューやドキュメント収集が中心となる。参加者としての観察（参与観察）も行うが、研究者の参加度合は低い。マネジメント研究の場合には、非参与観察が中心であるが、必要に応じて仕事を手伝ったり、職場のパーティに参加したりして、時折、参加して観察するといった形態をとる。この方法もマネジメント研究で多用されている方法である。

### ●完全な観察者（Complete Observer）

研究者は研究対象である社会グループの行動を観察するだけで、社会グループの活動に参加することはない。完全な観察者は、観察方法としては非参与観察である。ホーソン研究で行われたのは、非参与観察である。ここでは観察者である研究者は研究対象である作業員とともに働いたり、手伝ったりすることはなく、観察者として作業員を観察し、何が起きているかを描写した。その結果、観察対象の作業員の間で問題が起きても、仲裁に入ったり、監督に問題を報告することはせず、観察と描写を行っていった。たとえば、第4段階のバンク配線作業では、作業員たちがインフォーマルグループを形成し、作業量を勝手に調整して能力以下の生産しかしなかったり、生産高の高い作業員をいじめたりしたが、研究者は何の対応もせずに、観察し描写した。

上記4つの参加形態を、密かな観察（Covert Observation）と明確な観察（Overt Observation）の分類で捉えると、完全な参加者が密かな観察にあたり、それ以外の参加形態が明確な観察になる。

ゴールドは上記の4つの分類のうち、エスノグラフィーは対象の社会グループに長期間にわたり、相互関係をもっていなくてはならないので、「完全な観

**(図表7－2）エスノグラフィーにおけるフィールドでの役割と参加度合**

| 参加の度合い | 参加のタイプ |
|---|---|
| 最も高い<br>↑<br>↓<br>最も低い | Covert Full Member（フルメンバーとして活動する密かな観察者）<br>Overt Full Member（フルメンバーとして活動する明確な観察者）<br>Participating Observer（参加している観察者）<br>Partially Participating Observer（部分的に参加する観察者）<br>Minimally Participating Observer（最小限度で参加する観察者）<br>Non-Participating Observer with Interaction（相互関係は有するが，参加しない観察者） |

出所：Bryman, A. (2016) *Social Research Methods* (5$^{th}$ ed.) Oxford University Pressを基に作成

察者」は，エスノグラフィーの範疇に入らないとしている。ゴールドによれば，エスノグラフィーであるためには，非参与観察ではなく参与観察が必要となる。また，「参加者としての観察者」もエスノグラフィーとはいえないと主張する研究者もいる。その理由は，エスノグラフィーは長期間にわたり，社会グループに浸っていることがそのエッセンスであるためである。

次いで，ブライマン（2016）の分類である。こちらの分類では参加度合に応じてエスノグラフィーを6タイプに分類している（**図表7－2**）。

● **フルメンバーとして活動する密かな観察者（Covert Full Member）**
対象の社会グループにフルメンバーとして参加し，研究者の身分を明かさない。

● **フルメンバーとして活動する明確な観察者（Overt Full Member）**
研究対象の社会グループにフルメンバーとして参加する。研究者の身分を明かして，それ以外は密かなフルメンバーとしての観察と同じである。

● **参加している観察者（Participating Observer）**
研究対象の社会グループのメンバーとして活動するが，フルメンバーではない。マネジメント研究の場合には，研究者はフルタイムで勤務するのではなく，

時々会社に行って仕事をしながら観察を行うこととなる。

### ●部分的に参加する観察者（Partially Participating Observer）
「参加している観察者」と同じように研究対象の社会グループのメンバーとして参加しながら観察を行うが，必ずしも観察が主たる情報源ではない。インタビューやドキュメント収集が観察と同じくらい重要な情報源となっている。

### ●最小限度で参加する観察者（Minimally Participating Observer）
研究対象の社会グループに参加するが，参加の度合は非常に少ない。「部分的に参加する観察者」と同様に，観察だけでなくインタビューやドキュメント収集が重要な情報源となる。

### ●相互関係は有するが参加しない観察者（Non-Participating Observer with Interaction）
研究者は観察対象の社会グループのメンバーと相互関係をもっているが，研究者が直接研究対象の社会グループの活動に参加することはない。グループメンバーとの相互関係は，主たる情報源であるインタビューやドキュメントの収集・分析を通じて発生する。

② 研究対象の状況と観察方法の２軸からの分類

ブライマン（2016）は，研究対象の状況と観察形態という２つの軸からの観察法を分類した。研究対象の状況に関する分類軸では，観察される研究対象の状況は，外部から閉ざされた状況（Closed Setting）と外部に開かれた状況（Open Setting）の２つに分類され，観察形態に関する分類軸では，密かな観察（Covert Observation）と明確な観察（Overt Observation）の２つに分類される。この２軸の分類のうち，観察形態に関する分類は，これまで紹介してきた観察者の参加度合と類似しており，ブライマンの分類の特色は，研究対象の状況という軸からも分類を行っている点にある。

ブライマンの分類の特色である研究対象の状況軸から紹介していく。外部から閉ざされた状況とは，研究対象の社会グループの正式の組織メンバーになる，あるいは正式に社会グループへの入会が認められないと，研究対象にアクセス

**〔図表7-3〕研究対象の状況と観察方法の2軸からの
エスノグラフィーの分類と研究例**

|  | 外部に開かれた状況<br>(内部関係者とそれ以外の境界が不明確) | 外部から閉ざされた状況<br>(内部関係者とそれ以外が明確に分かれている。内部関係者のみが内部を知りえる) |
|---|---|---|
| Overt Observation<br>(研究者が自身の立場を明らかにしている) | タイプ1<br>・Benson (2011)<br>フランスの田舎に住むイギリス人海外派遣社員に対する研究<br>・Whyte (1943)<br>ボストンのスラム街における街角生活に対する古典的研究<br>・Pearson (2012)<br>マンチェスターユナイテッドのファンに対する研究 | タイプ2<br>・Leidner (1993)<br>マクドナルドの店舗と保険会社に対する研究<br>・Khan (2011)<br>自身が勤務するアメリカのエリート高校に対する研究<br>・Michel (2014)<br>2つの投資銀行に対する長期的な研究 |
| Covert Observation<br>(研究者が自身の立場を明らかにしていない) | タイプ3<br>・Patrick (1973)<br>グラスゴーのギャングに対する研究<br>・Pearson (2009)<br>ブラックプールのフットボールファンに対する研究 | タイプ4<br>・Lloyd (2012)<br>自身が勤務するミドルバーグのコールセンターに対する研究<br>・Sallaz (2009)<br>自身が勤務するネバダのカジノに対する研究 |

出所：Bryman, A. (2016) *Social Research Methods* (5$^{th}$ ed.) Oxford University Pressを基に作成

できない状況である。観察を行うためには，研究対象の社会グループからの正式な了解が必要となる。これに対して，外部に開かれた状況は，研究対象の社会グループにアクセスするのに，相手側の了解は特に必要としない状況である。たとえば，公園で子供を遊ばせるグループの人たちに，同じように子供を遊ばせるために初めて公園にやってきた両親（あるいは父親・母親）が話しかける，いわゆる公園デビューなどである。特定の公園で長く子供を遊ばせている人どうしは，仲間を形成している場合が多いが，初めてその公園を訪れた人でもその人たちに話しかけることはできる。公園デビューした両親にとって第1日目はメンバーの誰も知らなくても，声をかけることはできるという状況である。内部関係者とそれ以外の人たちとの境界が不明確で，誰でもオープンにアクセスできる。これが外部に開かれた状況である。

　もっとも，誰でも研究対象にアクセスできるといっても，研究が容易にでき

るかといえばもちろんそうではない。公園デビューしたその日のうちに，長年の知り合いで，さらには友人関係に発展しているかもしれない人たちと同じように情報交換ができるわけではない。非公式ネットワークであるが，徐々にお互いを知り合っていき，非公式ネットワークのメンバーとして他の多くのメンバーから（非公式に）承認される。こうしてようやく，ある特定の公園で子供を遊ばせるネットワーク内で繰り広げられる社会現象に対して参与観察によって，情報が収集できるのである。ホワイトのストリート・コーナー・ソサエティは外部に開かれた状況で行われたエスノグラフィーであるが，研究対象であるギャンググループと関係をもつことが非常に難しいことが，研究をまとめた書籍を読むと伝わってくる。

　マネジメント研究では，研究対象は組織や組織内の部門や職場，ビジネス関係のある複数組織の関係者，ビジネスやキャリア上などで関心を共有するネットワーキンググループなどであり，正式のメンバーでないと内部を観察したり，インタビューを行ったり，ドキュメントを収集するようなことはできない場合が多い。正式メンバー以外には，閉ざされた状況であり，正式メンバー（内部関係者）とそれ以外の人が明確に分けられている。マネジメント研究でエスノグラフィーを行うためには，許可をもらう必要がある。

　もう1つの分類軸が，密かな観察と明確な観察である。密かな観察は，研究対象である社会メンバーに対して研究者としての身分を明かさずに参加する。外部から閉ざされた状況であるマネジメント研究の場合には，エスノグラフィーを行うためには，研究対象の社会メンバーの承認が必要であるが，密かな観察であれば，承認の必要はなくなる。これに対して，明確な観察では，研究対象の社会メンバーに研究者の身分を明かして観察を行う。こちらは，エスノグラフィーの対象が，外部から閉ざされた状況の場合には，アクセスには研究対象の社会メンバーの承認が必要となる。多くのマネジメント研究が，明確な観察を通じてデータを収集しており，本章でエスノグラフィーの代表的研究例として取り上げている3つの研究も明確な観察を行っており，研究対象であるネットワーキンググループや組織から正式に了解をうけて，エスノグラフィーを行っている。

## (3) 2軸からの分類におけるエスノグラフィーと非参与観察の位置づけ

　本書が設定した客観主義・主観主義という研究パラダイムと定量データ中心・定性データ中心という収集されるデータの性質に関する分類軸と，研究対象の範囲に関する広範・集中という分類軸の，2つの分類軸におけるエスノグラフィーの位置づけについて考える。加えて，エスノグラフィーにおける主要なデータ収集方法である観察法の1つである非参与観察についても2軸における位置づけも行う。研究方法としての非参与観察の特色は，エスノグラフィーとは多少異なる点があるためだ。エスノグラフィーと非参与観察のいずれについても，主に参照するのは，ブライマン（2016），ブライマンとベル（2007, 2015），ギルとジョンソン（2002, 2010），野村（2017）などである。最初にエスノグラフィーからみていく。

　エスノグラフィーは，研究対象の社会現象について，関係者である社会グループにおける内面のロジック（彼らが置かれた状況をどのように解釈し，どのように対応・行動しているのか）を理解することを研究目的とする主観主義パラダイムの代表的な研究方法である。研究者が設定した理論や仮説を当てはめて研究対象を分析するという客観主義パラダイムの研究とは逆の立場にある研究方法であり，客観主義・主観主義の研究パラダイム軸では，主観主義パラダイムの側に位置する。収集されるデータの性質に関しては，ドキュメント分析などで大量の定量データを収集する場合もあるが，中心となるのは定性データである（**図表7-4**）。

　もう1つの，研究対象の範囲に関する広範・集中軸では，エスノグラフィーは研究対象である社会グループに対して，長期間にわたり，深いコンタクトをとることで，集中的にさまざまな側面から豊富なデータを収集する。それによって，研究対象の社会グループにおける内部ロジックを理解しようとする研究方法であり，広範・集中軸では，集中軸の側に位置する。

　次いで非参与観察について考えてみる。非参与観察をエスノグラフィーの観察法に含めるべきではない（Gold, 1958），あるいは非参与観察でも研究対象者との間に相互関係のある場合に限る（Bryman, 2016）など，研究対象の社会グループと研究者と全く関係をもたない非参与観察に関しては，エスノグラ

〔図表7-4〕2軸からの分類におけるエスノグラフィーと非参与観察の位置づけ

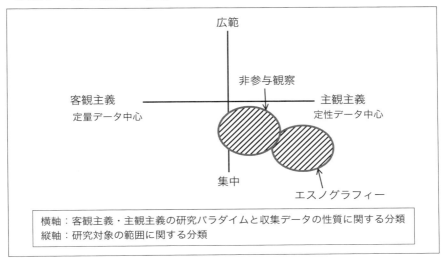

注）エスノグラフィーはドキュメント分析などによって大量の定量データを収集する場合がある。しかし，収集データの中心は定性データであり，主観主義パラダイムを代表する研究方法であるため，主観主義・定性データ中心に位置づける。
出所：筆者作成

フィーの観察法として適していないとの意見がある。たしかに，研究対象である社会グループの内部ロジックを理解するという主観主義の研究パラダイムの代表的研究方法であるエスノグラフィーの観察方法には，研究対象者と相互関係をもたない非参与観察は適していないかもしれない。しかも，非参与観察はエスノグラフィーとは異なる研究方法でも使われている。

たとえば，ホーソン研究の第2段階と第4段階では，現実社会の現場でなく，作業員グループを別の場所に隔離して設定した人工的な実験環境で非参与観察が行われている。この場合の非参与観察の主要な目的は，エスノグラフィーのような研究対象者の作業員グループの内部ロジックを理解しようというものではない。非参与観察は研究者の設定した理論や仮説を検証する客観主義パラダイムの研究でも活用することができることとなる。そうなると，非参与観察は客観主義・主観主義パラダイム軸では，客観主義の側にも入ってくることとなる。

広範・集中軸に関しても，参与観察に比べてみると，非参与観察の場合には，幅の広い対象に実施することが可能だろう。非参与観察に携わる人数は，参与

観察よりも多くすることが可能であるためだ。非参与観察は，複数のインタビュアーによって実施できる構造化インタビューに似た性質を有しているといえる。本章で代表的研究例として取り上げる非参与観察を実施したコールセンターの技術イノベーションに関する研究（Prichard, et al., 2014）では，複数の研究者が非参与観察にあたっている。

> **コラム7-1　グラウンデッド・セオリー・アプローチ（GTA）**
>
> 　グラウンデッド・セオリー・アプローチ（GTA）とは，社会学者のグレイザーとストラウスによって開発されたもので，研究対象である実社会の現場で収集されたデータ（主に定性データ）に基づく仮説や理論の構築方法である。GTAに基づいて作られた理論をグラウンデッド・セオリーという。死が迫った患者と看護スタッフとの関係に関する研究（Glaser & Strauss, 1965）において用いられ，その後，研究方法を詳細に記載した書籍が発行された（Glaser & Strauss, 1967）。Grounded Theoryという名称は，"データに基づく理論"であることを強調して名付けられたものである。理念的には，研究現場でデータを収集し，そこから分析・理論化を図るという主観主義パラダイムに位置する。現在，定性データの収集，分析する方法として代表的な研究方法となっている。
>
> 　ところが，GTAにおけるデータの分析方法は，現場で収集したデータを，ばらばらに切片化していき，切片化したデータをまとめることによって，分析し，理論化を図ろうというものである。具体的には，切片化した各部分を表すラベルを付けて，似たラベルをまとめて，カテゴリーを抽出する。次いで，カテゴリーの特色を説明し，定義づけるプロパティや1つのカテゴリーがとりうる多様性の範囲であるディメンションなどを特定していく。このプロセスを通じて，研究対象である社会現象に関する理論化を図ろうとするのがGTAである。さらに，GTAでは，まとめる対象であるデータは，収集した現場が別の現場であっても，別のテーマで取られたデータであってもよいとする。
>
> 　**現場データに基づく理論化の側面では，GTAは主観主義パラダイムの研究方法だが，現象を要素にバラバラに（切片化）してもよい，現象が起こった現場の文脈と現象を分けてもよい，と主張している点では，GTAは，客観主義パラダイムの研究方法といえる**のである。グレイザーとストラウスは「データの中にはストーリーが埋め込まれているものだが，理論を生み出すには分析者はこのストーリーをばらばらにしてしまう必要がある――ストーリーをバラバラに解体し，そのなかから抜け出ることが，理論をきちんと統合していくために必要なのである」（グレイ

ザーとストラウス，1996; p.154）として，データとして収集した現象は特定の社会文脈の中で起こったことを認めながらも，理論化には切片化が必要だと主張する。

GTAに関しては，その後，ストラウスがコービンと共同で書籍を執筆（Strauss & Corbin, 1990）。この内容に対し，グレイザーが反論を行うなど，GTAに関する研究・議論は複雑化している。現在では，グレイザーとストラウスのオリジナルの方法（Glazer & Strauss, 1967），オリジナルを引き継いだグレイザーの方法（Glazer, 1978），ストラウスの手法（1987），ストラウスとコービンの方法（1990, 1998），ストラウスが亡くなった後にコービンたちによって大幅に改訂された方法（2008），ストラウスとコービンの弟子である戈木の方法（2006），社会構築主義の立場からのシャーマンの方法（2006）などさまざまな方法がある。また日本では木下康仁教授が修正版グラウンデッド・セオリー・アプローチ（MGTA）を提案している（木下，1999, 2005, 2007, 2014）。

## 2 エスノグラフィーの代表的研究例

### (1) 2つのネットワーキンググループに対するエスノグラフィー

> 金井壽宏（1994）『企業者ネットワーキングの世界：MITとボストン近辺の企業者コミュニティの探求』白桃書房

本研究は，エスノグラフィーを中心として，MITとボストン郊外にある2つの企業者ネットワーキングを対象に行った研究である。本書では，『企業者ネットワーキングの世界：MITとボストン近辺の企業者コミュティの探求』（白桃書房刊）を基に，研究概要をまとめている。

〔研究概要〕

本研究の対象は，企業者たちによるネットワーキングである。特にネットワーキングが何を意味しているのかを，メンバー内部の視点から理解することを，中心的な目的としている。研究対象となったのは，MITエンタープライズ・フォーラム（以下，フォーラム会）とニューイングランド地域小企業協会（The Smaller Business Association of New England＝略称SBANE）のエグゼ

クティブ・ダイアローグ・グループ（以下，SBANEあるいはダイアローグ会）という2つの企業者ネットワークである。2つのネットワーク共に活動内容は多岐にわたるが，その中で中心的な役割を果たす活動であるフォーラム会における月次例会と，SBANEにおけるダイアローグ会の月次グループミーティングの2つの活動に焦点を当てて研究が行われている。この2つのネットワークを研究対象として選んだ理由は，フォーラム会は多くの人に門戸を広げた公開の討論の場であるのに対し，ダイアローグ会は特定のメンバーだけが参加する深い対話の場であり，対照的な原理で創設・運営された2つのネットワーキンググループは，比較対象として適したグループであったためである。

　ネットワーキングが本質的に有する側面として，メンバーの心理的所属感に基づく自己表明の場としての，ネットワーキングの「表出的（Expressive）」側面と，アイデア・情報の収集，異なる視点の活用，資源の動員といった，ネットワーキングの「用具的（Instrumental）」な側面があると捉え，研究を通じて，この2つの側面をメンバーの視点から捉えようとしたのである。

〔データ収集の方法〕

　本研究では多岐にわたる研究方法を用いて豊富なデータを収集しているが，中心となっている研究方法はエスノグラフィーである。エスノグラフィーでデータ収集に用いられた研究方法は，フォーラム会月次例会とダイアローグ・グループへの参与観察，ネットワーキング中心メンバーへの半構造化インタビュー（インタビュー対象者は，フォーラム会＝17人，ダイアローグ会＝23人），主要情報提供者との継続的なエスノグラフィック・インタビュー，両組織の公式資料や未公刊内部資料，手紙などのアーカイブデータ分析などである。これらの豊富な定性データによって，ネットワーキング内部の視点からの分析を行う。同時に，それぞれのネットワーキング組織の一般参加者を対象に郵送質問調査によるサーベイリサーチを実施し，エスノグラフィーによって解明されたネットワーキング組織における内部ロジックを，体系的に確認しようとしている（サーベイリサーチに関しては「第9章　ケーススタディ：ケースの選択基準と研究例」で紹介）。

　ここでは，エスノグラフィーの中心的な役割を果たしたネットワーキンググループへの参与観察について概要を紹介する。フォーラム会への参与観察は，

1985年9月〜1986年3月におけるフォーラム会月次定例会参加，1985年と1986年のフォーラム・年次ワークショップへの参加，さらに特別に許可を得て出席した私的会合である1987年6月の「ニューベンチャー・クリニック」を通じて行われた。フォーラム会での参与観察は，なるべく他の参加者に影響を与えないとの目的で，参与観察ではあるが，なるべく非関与的に行われた。一方，SBANEに対する参与観察は，1986年12月〜1987年3月にかけて，3つの異なるダイアローグ会で行われた。ダイアローグ会への匿名参加はできなかったため，ダイアローグ会活動に関与しながらの観察となり，参加度合はダイアローグ会のほうが強かった。

● **フォーラム会とダイアローグ会の概要**

　エスノグラフィーでは多くのデータが収集され，フォーラム会とダイアローグ会という2つのネットワーキングについて，歴史や目的，活動内容，運営方法，参加者が得る便益，参加者プロファイル，資金源など実にさまざまな側面が記述されており，まさにエスノグラフィーに求められる分厚い記述（Thick Description）が行われている（Geertz, 1973）。本書では，その一部のみを紹介する。

・フォーラム会

　MITエンタープライズ・フォーラムは，MITの同窓会組織の支援を受けながら，MITの卒業生とその仲間たちの一団によって，1978年に創設された。フォーラム会の中核的活動である月次例会は，他の企業者の助けを借りながら，企業者である自分たち自身も助けたいとの目的をもった10名ほどの人びとによって開始された。月次例会は，企業者が自らのビジネスにおける体験を発表するものである。月次例会には，事例発表する企業の事業領域の専門家と同僚の企業者がパネリストとして参加し，事例発表の内容に基づいてディスカッションを行う。月次例会は毎年10回開催され，各回とも2人の企業者が発表する。会の規模は，調査時点（1986年）で，会報『フォーラム・レポータ』などの郵便物の郵送リストには2,000名の名前があり，毎回の月次例会には150名から200名が参加していた。フォーラム会では，オープン性を重視しており，例会への参加には特に資格はなく，一般の人も自由に参加できる。参加者の便益については，月次例会で発表する人の多くが，パネリストからのコメント

(73％) や一般聴衆の意見 (81％) を有益と感じている。さらに，パネリストや聴衆から「役に立つ」コメントが得られなかったとしても，発表することで自己分析ができるという発表者が多い。

・ダイアローグ会

　SBANEは，ニューイングランドの小企業経営者の会の中では最も古い組織の1つで創立は1938年である。SBANE全体としては，結びつきはかなり緩やかであるが，SBANEの参加者メンバーの活動の中で，かなりの凝集性をもった活動の1つに，ダイアローグ会がある。ダイアローグ会の発端は，SBANEがハーバード大学の助けを借りて作成した中小企業向け泊まり込みのセミナーである。同セミナーは一時的なものであったが，もっと長期的にグループ活動を行いたいとの要望から発足した。ダイアローグ会の規模は，調査時点の1986〜1987年度では，150名が参加し，10のグループに分かれて活動していた。メンバーは10のグループのどれかに所属し，毎月の定例会に出席する。定例会の運営方法は，グループメンバーが持ち回ってホストとなるもので，メンバーは年に1回定例会のホストとなる必要がある。会の開催場所は，ホストメンバーの会社や家である。このグループには，同じグループメンバーは1年間継続されなければならない，すべてのグループはダイアローグ年度の終わりには必ず解散しなければならない，という2つの期限が設定されている。この解散ルールは，活動のマンネリ化，刺激のない仲良しクラブ化などの防止などが目的となっている。ダイアローグ加入者がこの会から得る便益としては，グループ・セラピー効果，自分の事業の大きな絵を仲間と一緒に描くこと，不安（寂しさ）の解消ができる，などが挙げられる。1年間にわたり，企業者同士が深く交わることで，メンバーにとっては心理面，ビジネスの実質面の双方で，大きな影響をもったネットワーキングとなっている。

〔研究の発見事実〕

　本研究の発見事実として，以下などが挙げられている。

- フォーラム型とダイアローグ型のネットワークの本質的な機能は，前者はネットワーカーの世界を広めることであり，後者はネットワーカーの世界を深めることである。多くのネットワーキング組織はこのいずれかに近い。
- フォーラム型とダイアローグ型では，参入条件，運営基盤と手続き，連結あ

るいはつながり方の基盤，便宜のタイプ，に違いがある。
- フォーラム会ではクラブ的になることで不安定で空中分解することを，ダイアローグ会は強制解散のルールを入れることでマンネリやマスターベーションを防いでいる。

## (2) 12年間にわたる投資銀行に対する長期エスノグラフィー

> Michel, M. (2014) "Participation and Self-Entrapment A 12-Year Ethnography of Wall Street Participation Practices' Diffusion and Evolving Consequence", *Sociological Quarterly*, Vol.55, No.3, pp.514-536.

　筆者のアレクサンドラ・ミッチェルはゴールドマンサックスでの勤務経験を持ち，投資銀行業務に精通した人物である。その彼女が，12年間にわたるウォールストリートにある2つの投資銀行におけるエスノグラフィーを通じて行ったのが本研究である。**研究目的は，2つの投資銀行における従業員参画型ワークの導入が，投資銀行業務という知識集約型職務と，銀行員たちの働き方をどのように変えていったかを追究することである。**エスノグラフィーによって現在進行形の変化プロセスを12年間という長期間にわたって行われた本研究は，短い調査期間の研究からは決して得られない結果を導き出している。2つの投資銀行が12年間という長期間にわたる研究をミッチェルに許した背景には，ミッチェルが投資銀行の勤務経験があったことが影響していると思われる。ミッチェルのキャリアが本研究を可能した大きな要因であろう。

〔研究概要〕
　研究対象となった2つの投資銀行は，共にフォーチュン500企業であり，トップビジネススクールの卒業生を毎年60人以上雇用している点でも共通している。2つの投資銀行における新入社員の平均年齢は28歳で，男女比は約半々である。2つの投資銀行は，パフォーマンスレビューのタイプや基本給と業績賞与からなるという報酬タイプなど人事施策面でも類似しており，両社は従業員プロファイル，採用・人事施策など多くの面で類似性が高い組織である。
　同研究で採用された研究方法は，参与観察とインタビュー，内部ドキュメント分析の3つに大別される。最初の2年間に参与観察が行われ，1年目はほぼ

毎日（週80〜120時間），2年目は1週間に少なくとも3日間は投資銀行に行き，参与観察を行った。参与観察といっても参与度合は低く，最小限度となっている。まったく参与していない，つまりまったく仕事をせずに観察だけを行っていると，職場で行う観察としては研究対象者の銀行員との関係がうまく作れず，データが収集しにくくなってしまう。補助的で簡単な業務を行っていたほうが，職場の中に自然に入っていけるし，銀行員との関係を作りやすい。たとえば銀行員の仕事中に質問することもやりやすくなる。この点では，ミッチェル自身が投資銀行経験者であることが，効果的に機能したといえる。

　3年目以降は，インタビューと内部ドキュメント分析が行われた。インタビューは公式の半構造化インタビューと非公式インタビューからなる。公式インタビューの対象は，調査対象の投資銀行の銀行員全員であり，3年目〜12年目の10年間に約600回のインタビューが行われた。インタビュー時間は1〜3時間。場所はレストランで行うことが多く，内容は，投資銀行における施策の変化と職場の変化などについてである。

　なお，同研究では，コアの調査対象として設定している銀行員がおり，彼らに対しては，2〜4年ごとにインタビューが行われた。非公式インタビューの対象者は，投資銀行のクライアント，銀行員の友人や家族，金融業界の専門家などの関係者であり，およそ200人に対して情報提供を目的に非公式インタビューを行った。たとえば銀行員の友人や家族には，銀行員の近況や変化などに関してインタビューを行っている。内部ドキュメントの内容は，銀行員全員のパフォーマンスレビュー・選抜・トレーニングなどに関する人事データ，銀行員間で行われる交流イベント，人事やドレスコードなど施策に関するドキュメントである。

**〔投資銀行における従業員参画型ワークの実態〕**
　投資銀行における従業員参加型ワークの導入によって，組織階層，上司による監督など伝統的組織コントロールは消滅し，多くの銀行員たちは裁量権を得たと感じることとなった。投資銀行の組織階層は，5〜6階層という非常にフラットなものとなり，銀行員たちの関係は，上下関係ではない同僚関係となった。この変化に伴い，銀行側は経験の浅い銀行員たちにも，より高い責任を持たせ，収益を上げることを求めるようになった。一方，シニアレベルの銀行員

たちには新たなビジネスの開拓に尽力することを求めていった。その結果、既存ビジネスにおいては、以前はシニアレベルの銀行員たちが担っていた責任をジュニアレベルの銀行員が果たすようになっていった。

　従業員参加型ワークがもたらしたものは、見境のないほどの長時間労働であり、銀行員たちは次第に1週間に120時間も働くようになっていった。銀行員を参与観察するためには、銀行員が働いている間は一緒に働かなくてはならないため、ミッチェルのエスノグラフィー開始1年目の参与観察時間が週80〜120時間と長時間となったのは、銀行員たちの長時間労働が原因である。さらに従業員参加型ワークの導入以前はマネジャーたちが行っていたマネジメントを、個々の銀行員たちがそれぞれ自分自身で行うようになったため、目標設定の基準の存在しなくなり、その結果、個々が設定する目標レベルはどんどん上がっていくこととなった。

　従業員参加型ワークによってマネジャーがいなくなったことによって、別の予想していなかった変化も生んだ。グループで意思決定を行うようになったことだ。その結果、オフィスのレイアウトも変化した。コミュニケーションを取りやすくするために、銀行員間に設けられていたセパレーションがなくなって低い仕切りに変わったり、トレーディングルームのような大きなテーブルに変えられたりした。これによりシニアレベルの銀行員たちの声をジュニアレベルの銀行員たちは聞きやすくなり、銀行員たちのグループによる意思決定がしやすくなった。だがレイアウト変更は別の変化も生み出した。お互いに誰にいつ見られているかがわからなくなり、お互いに常に監視されている感覚が生じたのである。

　実は銀行側の従業員参加型ワーク導入の目的には、ワークライフバランスの促進も入っていた。銀行側は銀行員のワークライフバランスの実現により、彼らが再活性化し、仕事に良い影響を与えると考えていたのである。しかし、従業員参加型ワークにより自由時間を増やそうという試みは別の方向に機能した。銀行員たちは仕事と生活の区別がなくなり、長時間働くことが習慣化してしまったのである。以上のように、従業員参加型ワークの導入は、当初の意図とは異なり、銀行員たちに際限のない長時間労働を生み出す結果となった。

〔従業員参加型ワークがもたらしたその後の影響〕

　ミッチェルが研究を始めた最初の3年の間，銀行員たちは週に100～120時間働き続け，家族や友人を無視した生活を送っていた。彼らは家に帰らず夜の間も銀行にいて，仕事をしながら仮眠をとるという生活を送っていたのである。4年目になると，銀行員たちは身体的・精神的に衰弱し始めた。だがこういった中でも銀行員たちはパフォーマンス維持を目指して，自分自身を追い詰め，自身の体をコントロールしようとした。たとえば1人の銀行員はファーストフードに偏った食事をとりながら，定期的なトレーニングを自身に課した。そのために真夜中にランニングを行うこともあった。このような状況により，銀行員たちは創造性・判断力・倫理観などさまざまな面で能力を衰えさせてしまった。唯一維持していたのは，テクニカルスキルであった。

　12年間というエスノグラフィーの長い期間に，多くの銀行員たちが投資銀行を退職していった。転職者の転職先は，同じ投資銀行のライバル企業，投資銀行のクライアント，政府機関，メディア関係，アカデミクスなど実にさまざまである。また自身で起業した元銀行員もいた。このようにキャリアルートは多彩であったが，投資銀行退職後も彼らは投資銀行で習慣となった長時間労働を続けていたのである。たとえ，長時間労働が不必要な場合であっても，である。目的は仕事の高い要求に応えるため，より高い評価を受けて出世するため，などである。ある元銀行員は，「いま，私は新しい仕事についているが，投資銀行時代と同じ生活を送っている。私は夜中前にはコンピュータをオフにすることができない。私はそういった仕事に対する倫理観をもってしまっている」

　**銀行員たちが投資銀行時代に培った長時間労働の習慣は，実際の行動を変えただけでなく，彼らの認知構造もゆがんだものとしてしまった。週に80時間働いても，彼らにとっては楽なことなのである。**転職して家族とともにアリゾナで新たな仕事に就いている1人の元銀行員は，「僕は今心地よい生活を送っている。夜の11時過ぎまでオフィスにいることはほとんどないからね」と語った。また別の元銀行員は「投資銀行を辞めた理由は，家族と一緒にいる時間を多くして，よりよい生活を送るためだった。しかし私にとっての普通の生活の基準は投資銀行での経験によって変化してしまったようだ。そして，変化した基準を変えることは難しい」と語っている。

　投資銀行における従業員参画型ワークが生み出した長時間労働は，銀行員に

とってその後の生活を変える出来事であったようだ。

## (3) コールセンターにおける技術イノベーションに関するエスノグラフィー

> Prichard, J., Turnbull, J., Halford, S. & Pope, C. (2014) *Trusting Technical Change in Call Centers*, Work, Employment and Society, Vol.28, No.5, pp.808-824.

　イギリスにおいてヘルスサービスの中心的な役割を果たしているNHS (National Health Service) のコールセンターにおいてCDSS (Clinical Decision Support System) が順次導入されていった。CDSSとは，臨床経験のないコールセンターのオペレーターに対するサポートシステムである。CDSSの主要目的は，コールセンターにかかってきた電話での救急車の出動要請に対して，病人の優先順位づけに関するアドバイスである。本研究は，このCDSSという技術イノベーションがヘルスケア分野のコールセンターにおける組織と業務に与えた影響を，エスノグラフィーによって分析したものである。

**〔研究概要〕**
　研究対象となったのは，CDSSを導入したNHSの3つコールセンターである。3コールセンターの概要は以下のとおりである。

### ●コールセンターA
　対象者数は250万人。58人のオペレーターを雇用しており，2006年に救急車の出動要請に関するアドバイスシステムとしてCDSSを導入。本研究のデータ収集期間は，2008年11月～2010年7月。

### ●コールセンターB
　救急車出動要請だけでなくプライマリーケア分野も含めた幅広い目的でCDSSを活用しており，CDSSの活用内容は多様である。対象者数は約60万人で，2009年10月にCDSSを導入。60人の新採用のオペレーターを雇用しており，本研究のデータ収集期間は，2009年10月～2010年7月。

● コールセンターC

　54人のオペレーターを雇用し，約14万人を対象に，総合診療医の診療時間外への対応を行っている。総合診療医への診療予約，患者からの電話に対するコールバック対応，患者自身のセルフケアアドバイスなどを含む幅広い目的でCDSSは活用されている。2009年10月にCDSSを導入。本研究のデータ収集期間は，2009年10月～2010年7月。

　研究方法は，3つのコールセンターの日常業務を対象とした非参与観察（ただし研究対象者と研究者は相互関係を有する）とコールセンター関係者64人へのインタビューである。コールセンター関係者は，コールセンターのオペレーター，現場監督者，マネジャー，臨床スタッフなどである。観察によってコールセンターにおける日常業務における非公式な会話に関するデータ収集を行い，インタビューによってコールセンター関係者のCDSS導入に対する意見や具体的な対応，CDSSがもたらした変化などに関するデータを収集した。

　非参与観察を通じて収集された非公式会話とインタビュー内容は，録音され，文字起こしが行われた後，データは，5人の研究者によってコード化された。データ分析は，初期段階では単純なワードプロセッシングによって行われ，コード化が進んでくるとAtlas-Tiソフトウエアを使って分析された。その後，100時間にわたる研究者間の議論の末，キーテーマとデータ解釈方法が決められた。

〔技術イノベーションに果たす信頼の効果〕

　データ収集と分析が行われた後，マッケビリーたち（2003）の信頼が変化に与える影響に関する2つの提案を基に分析された。本研究における信頼の対象は，関係者のCDSSに対する信頼と関係者相互の信頼という2つの側面がある。

　第1の提案は"信頼の存在が関係者間のネットワーク形成を促進する"である。本研究の結果，明らかとなったのは，CDSS導入当初から，マネジャーなど3つのコールセンターの幹部たちと，臨床スタッフなどのCDSS開発者たちは，CDSSによって効果的なサービスが実現すると，CDSSの効果を信頼していた。コールセンターマネジャーと臨床スタッフたちはともにCDSS導入を達成すべき目標と考えており，その点でも両者は一致していた。彼らは，CDSS

によって救急患者に対するサービスが向上できると感じており，さらにCDSS導入は彼らの野心を達成させるものであった。この背景には，彼らがベースとなる臨床知識を有していることが挙げられ，これが，CDSSがもたらす成功に対して，彼らが信頼をもつ理由ともなっていた。

だが，オペレーターたちの反応は異なっていた。CDSS導入当初，オペレーターたちは自分たちの仕事がより複雑になり，難しくなると感じていた。オペレーターたちは，臨床経験のない自分たちにもCDSSによって臨床的な仕事が求められるのではないかと思い，不安になっていた。たとえば，あるオペレーターは，CDSSの導入以前に使っていたシステムに対して信頼感を持っており，これが新しいCDSSの導入を否定的に受け止める原因になっていると話した。だが，オペレーターたちのCDSS導入に対する不安も，マネジャーたちのサポートなどを通じて，徐々に薄らいでいき，CDSSへの信頼も徐々に醸成されていった。CDSS導入プロセスを通じて，マネジャーたちとオペレーターたちとは，信頼関係で結ばれていったようだ。さらに，CDSSの導入によって，オペレーターたちは単にコールセンターで働いているというよりも，ヘルスケアサービスの従事者という感覚が生まれるという効果も生んでいた。

### 〔コールセンターでの変化を通じた信頼効果の醸成〕

マッケビリーたち（2003）の第2の提案は，"関係者たちの日常の相互関係は信頼に影響を受ける"である。第1の提案が，CDSS導入時における関係者間の相互関係を対象としていたのに対して，第2の提案は，CDSSの導入後における関係者間の相互関係を対象としている。

導入当初はCDSSに対して不安を抱いていたオペレーターたちも徐々に不安を解消していき，CDSSへの信頼を醸成していくという側面が存在したことは確かだ。だが，別の側面では，オペレーターたちのCDSSに対する信頼レベルは高いものではなかった。理由の1つは，複数の患者から複数の病状に関する相談が寄せられる場合などでは，CDSSが不明確な指示を示すという問題。もう1つの理由は，患者からの救急車出動要請に対して効率的な優先順位づけを行うCDSSは，あまりに効率性だけに偏っているのではないかという不満。ヘルスケアサービスとしては，もっと患者の側に立った対応が必要で，時には情緒的な対応も必要だろう。CDSSは情緒面が欠落しているという不満である。

その結果，オペレーターが公式の規定に従わずに行動することが見受けられた。

また，CDSSによってこれまでよりもワークフローが定型化された結果，どの程度CDSSに沿って行動しているかがモニターされ，さらにオペレーターたちのパフォーマンスが月ベースで測定・評価されるシステムが浸透していった。このモニタリングとパフォーマンス測定が，マネジャーたちがCDSSに高い信頼を寄せる理由であったのだが，オペレーターにとっては，自分たちを監視しているCDSSは，彼らに対する信頼の欠如と捉えられた。

以上のように，マネジャーたちとは異なり，オペレーターたちにとってCDSS導入は必ずしもよいことばかりではなかった。だが，CDSSを通じたモニタリングが当初のやり方からより支援的なやり方への変化したこと，CDSSのコーディネーション機能の向上などによって，オペレーターたちの不信感は徐々に払拭されていった。この変化のプロセスでは，マネジャー・臨床スタッフとオペレーターとの間で長時間にわたってモニタリングをよりフレキシブルな方法に変えていくための方法が話し合われ，その結果，実際にCDSSのモニタリング方法が変化し，さらに，オペレーターの裁量権も拡大した。これらの変化は，オペレーターたちの意識変革につながり，オペレーターたちもマネジャーや臨床スタッフと同様に，CDSSに対する信頼を醸成していったのである。

CDSSの導入当初から信頼を寄せていたマネジャーや臨床スタッフとは異なり，オペレーターたちのCDSSに対する反応はより複雑なものであった。だが，次第にオペレーターもCDSSに対する信頼を醸成し，同時にマネジャー・臨床スタッフ・オペレーター間での信頼の醸成によって組織内でよりオープンな情報交換が行われ，組織内での関係はより友好的なものとなっていった。

## 3　エスノグラフィーと観察法タイプ別の強みと弱み

エスノグラフィーに関しては，本書で設定した評価指標からのエスノグラフィーの弱みと強みとともに，エスノグラフィーが活用する多様な観察方法について，観察法タイプ別の強みと弱みを紹介する。まず，エスノグラフィーの強みと弱みからみていく。

## (1) エスノグラフィーの強みと弱み

　本書で設定した，内的妥当性，外的妥当性，社会文脈妥当性，信頼性の4つの研究評価指標をからエスノグラフィーの強みと弱みを考えてみる。内部妥当性に関しては，エスノグラフフィーは研究の現場で発生する現実に基づいて理論形成を図るという，自然性を重視した研究方法である。そのため，実験法などで行われる実験グループ・統制グループの割り当てなどは行われない。その結果，独立変数の操作ができなくなり，エスノグラフィーでは因果関係の確立が難しくなり，内的妥当性が低くなるとの見方がある一方，エスノグラフィーの内的妥当性は低いとは言えないとする見方もある。こちらの立場では，エスノグラフィーは定性データを中心に多くのデータを収集するため，すべての研究方法の中で最も多くの研究に関連する変数データをつかむ可能性がある。この多くの関連変数に関するデータ収集によって，さまざまな理論的分析が可能となる（Gill & Johnson, 2002, 2010; Bryman, 2016; Bryman & Bell, 2007, 2015）。

　これに対して，仮説検証型研究である実験法や分析型サーベイリサーチではデータ収集に先立ち，理論的フレームワークの設計を行っているため，研究者が考慮しなかった変数に関するデータは収集できない。客観主義パラダイムの研究に共通する弱みは，実際には存在しているが，研究者が考慮していなかったために，データを収集できない点にある。なお，描写型サーベイは仮説検証型研究ではないが，多くの質問が，研究者が設定した質問項目・選択肢からなるため，こちらも研究者が事前に想定しない状況に関しては，データ収集できないという弱みがある。さらに，実験法やサーベイリサーチなどでは，データ収集は研究者が設定した研究環境で行われるという人工性によって内的妥当性を低下させるさまざまな問題をする問題を有しているが，現実社会で行われるエスノグラフィーにおいては，この人工性によって発生する問題は存在しない。以上のように，エスノグラフィーは高い内的妥当性を実現する可能性もある。だが，やり方次第では，内的妥当性に問題を生じる場合もあり，研究者のデータ収集に関する厳密さや慎重さによって内的妥当性は，大きく左右されることとなる（Gill & Johnson, 2002, 2010; Bryman, 2016; Bryman & Bell, 2007, 2015）。

　次いで外的妥当性について述べる。エスノグラフィーの研究対象は特定の社会グループであり，広範・集中軸でいうと特定の社会グループを対象に集中的

にデータを収集する研究方法であり，広範・集中軸では集中軸の側に入る。外的妥当性の概念では，研究対象である社会グループを母集団から抽出されたサンプルであると捉える。そのため，特定の社会グループから集中的にデータを収集するエスノグラフィーでは外的妥当性は低くなってしまう。だが，エスノグラフィーは，研究対象である社会グループと彼らを取り巻く社会文脈との相互関係を重視する研究方法である。相互関係はその社会グループと社会文脈との間における特定のものであるため，**別の社会文脈を有する別の社会グループを含めた母集団のサンプルとして捉えるという外的妥当性の考え方は，エスノグラフィーとは相容れないものであり，エスノグラフィーに外的妥当性を適用するのは，適切ではないとする考え方もある**（Gill & Johnson, 2002, 2010; Bryman, 2016; Bryman & Bell, 2007, 2015）。

3番目が社会文脈妥当性についてである。エスノグラフィーは一般的な毎日の日常生活に基づいてデータを収集しているため，収集データの自然性の評価指標である社会文脈妥当性には強みを発揮する。研究が行われた特定の社会文脈の把握度合という社会文脈妥当性の別の側面に関しても，定性データを中心に大量のデータを収集するエスノグラフィーは高いといえる。

主観主義パラダイムの下，帰納法によって定性データ中心にデータを収集するエスノグラフィーにとって，問題は信頼性の低さである。信頼性を満たすためには，(a)同じ研究者がオリジナルと同じ研究課題について，同一あるいは類似した社会グループに研究を行って，オリジナルと同じ結果が得られるか，(b)別の研究者がオリジナルの研究と同じ研究課題について，同一あるいは類似した社会グループを対象に研究を行って，同じ結果が得られるか，という2つの条件を満たすことが必要となる。だが，研究対象の社会グループが彼らの置かれた社会文脈をどう解釈し（主観的解釈），どう行動したかの追究を研究目的とする主観主義パラダイムの研究では，研究が実施されたまさにその時，その場所における研究対象の社会グループの人たちの主観的感情や考え方が研究対象となる。しかも社会グループの考え方と社会文脈は相互関係にあるとの立場をとる。つまり，特定の社会文脈が社会グループの考え方に影響を与え，社会グループの集団としての考え方が，社会文脈に影響を与えるのである（Gill & Johnson, 2002, 2010; Bryman, 2016; Bryman & Bell, 2007, 2015）。

実験法やサーベイリサーチのように研究者が，研究対象をコントロールする

研究者によって構造化された研究方法とは異なり，エスノグラフィーでは研究者が研究対象である社会グループの人たちをコントロールすることはない。社会現象の関係者からみた内面世界の理解が主観主義パラダイムにおける研究目的であるため，研究の現場で起こったことを再現することは不可能であるし，やってはいけないことである。必然的に再現性は低くなり，これが信頼性低下につながる。また，再現性・信頼性の低さの原因には，透明性の低さがある。透明性が低いために研究内容が第3者からは見えなくなり，その結果，再現ができなくなり，信頼性が低くなってしまうのである。透明性を向上されるためには，分厚い記述（Thick Description）が必要となる（Geertz, 1973）。そのためには，調査のフィールドでいかに多くのデータを収集できるか，収集したデータを記述できるかが重要となり，力量や熱意，時間など研究者の側の問題と，研究対象側がどこまで研究者のアクセスを許すのかが，重要な要件となる。そして，**研究対象者たちが，研究者に対して許容するアクセス度合いは，研究者の力量や熱意に戻ってくる問題である**（Gill & Johnson, 2002, 2010; Bryman, 2016; Bryman & Bell, 2007, 2015）。

これまで客観主義パラダイムで作られ，定着した評価指標から，エスノグラフィーをみてきた。社会文脈妥当性に関しては，客観主義パラダイムの評価指標を適用してもよいと思われる。だが，それ以外の内的妥当性，外的妥当性，信頼性に関しては，これらの評価指標で，エスノグラフィーを評価するのは，やはり難しいだろう。「第3章　マネジメント研究：研究方法論の選択」で，主観主義パラダイムにおける研究評価指標を紹介したが，残念ながら，これらの評価指標はまだ確立する段階にはいたっていない。主観主義パラダイムの研究評価指標の確立が望まれるところである。

## (2) 観察法タイプ別の強みと弱み

エスノグラフィーではさまざまな観察方法を活用するが，それぞれの観察法によって強みと弱みが異なってくるため，観察法のタイプ別に強みと弱みについてみていきたい。取り上げるのは，参与観察と非参与観察と，密かな観察と明確な観察という2つの分類軸からみた強みと弱みである。

① **参与観察と非参与観察の強みと弱み**

最初に参与観察と非参与観察の分類軸から個別観察法の強みと弱みをみてみよう。まず取り上げるのは，参与観察である。研究対象の社会グループのメンバーとなって内側から研究対象を観察することは，内部ロジックを理解する最適の方法であり，参与観察は，主観主義パラダイムを代表する観察法であろう。参与観察によって，非常に深くレベルでデータを収集することができ，複雑な社会的状況を正確につかむためには，研究対象の社会グループメンバーとして共に見聞きし，考え，行動する参与観察は適した方法である。外からは決して知ることのできない社会生活の秘密の部分に入っていくためには，メンバーとなることは不可欠だろう。組織エスノグラフィーについて考えれば，組織に入って職場の仲間とともに働いてみなければ，組織の実態は決してわからないのだ（金井ほか，2010）。たとえば，長時間の非構造化インタビューなどでデータを収集したとしても，そこにはインタビュイーの解釈が入っており，インタビュイーの解釈にバイアスがかかっている可能性がある。またインタビュイーが知らない情報は聞くことはできない。同じ組織の別の人にインタビューすれば別の解釈を話すかもしれないし，別の情報を話すかもしれない。あるいは，こんなことは言いたくないとして真実を話さないということも考えられる。

**参与観察の強みは，研究対象の社会グループのメンバーにとっては当たり前で気づかないこと，日常見過ごしていることを発見できることにある**。たとえば，ある企業に競争優位をもたらす強みがあったとしても，その組織でずっと働いてきた従業員にとっては，その強みが当たり前となり気づかなくなってしまう。それを外から行った研究者が強みの源泉として発見するなどが考えられる。あるいは研究対象メンバーは共通するものの見方・準拠枠をもっているので，たとえ見方・考え方が偏っていたとしても研究対象メンバーはそれが気づかない。外から来た研究者は準拠枠を共有していないので，客観性をもった分析ができ，新たな発見があるというわけだ（Bryman, 2016; Bryman & Bell, 2007, 2015; Gill & Johnson, 2002, 2010; 野村，2017）。

以上のように参与観察には多くの強みがあるが，弱みとして指摘される点としては主に2つある。1つが，研究者が研究対象者に影響を与えるということだ。研究対象の社会グループのメンバーとなって一緒に過ごすのだから，研究者がした行動や発言が研究メンバーに影響を与えることは当然考えられること

である。研究者は自分がいなければどうであったかを常に考えて研究対象のグループメンバーを観察し，分析しなくなくてはならない。もう1つは，研究者が研究対象のグループに入り込みすぎて，徐々にメンバーと同じような意識となっていってしまい，研究者としての客観的な分析の視点を失ってしまうという事だ。ネイティブになる（Going Native）との言葉で語られる研究者が研究対象と一体化してしまう問題である。この問題に対応するためには，再帰性（Reflexivity）が重要となる（Bryman, 2016; Bryman & Bell, 2007, 2015; 野村, 2017）。

次に非参与観察についてである。非参与観察の強みと弱みは，参与観察と逆となる。強みは，研究対象メンバーと相互関係がない，あるいは少ないため，研究者の存在が対象者に影響を与えることが少ない点だ。もっとも少ないといっても，まったく影響がないわけではない。非参与観察の現場という研究環境が観察対象者に影響を与えた例としては，ホーソン研究が挙げられる。ネイ

### コラム7-2　ネイティブになる（Going Native）と再帰性（Reflextivity）

"ネイティブになる"（Going Native）とは，研究者が長い間，研究対象の人たちと一緒に過ごすことで，研究対象の社会グループメンバーと同じ感覚をもってしまう，あるいは彼らの感覚で社会をみるようになってしまい，研究者としての視点を失ってしまうこと。参与観察の強みは，長期間にわたり研究対象となる特定の社会文脈の中におかれた研究対象者たちにとっては当たり前になって気づかない点であっても，外から入っていった研究者にとっては，当たり前ではないため，客観的にその状況を分析することができることにある。しかし，長い研究期間の間に，研究者が研究対象メンバーと同じ感覚をもってしまって，もはや研究者にとっても，その特定の社会文脈が当たり前になってしまう。あるいは研究者が，研究対象メンバーと同じ準拠枠を持ってしまう。その結果，研究者として社会科学の視点で研究を構築し，データ収集を行い，分析するといった研究に必要なことができなくなってしまう。これが"ネイティブになる"ということだ。"ネイティブになる"ことに関する問題の解決には，再帰性（Reflexivity）が重要となる。再帰性とは，自らの経験や研究方法，あるいは研究活動自体が，自分自身の考え方や，研究結果に影響を与えることを意識すること。そして，自身の考え方や価値観，行動様式などが変化しているのではないかと常に内省し，変化を自覚しようとする試みである（Bryman, 2016; Bryman & Bell, 2007, 2015; 野村, 2017）。

ティブになるという問題も，非参与観察であればあまり問題とならないだろう。ただし，こちらも長期間観察していれば，研究対象メンバーの考え方や行動に，研究者が影響を受けることは多少なりともあるかもしれない。弱みとしては，非参与観察では観察者対象者との相互関係が欠如あるいは少ない。その結果，研究対象である社会グループメンバーの社会文脈に対する解釈や行動に関するデータを収集することが難しくなり，結果として研究対象に対する理解のレベルが低くなってしまう。また，非参与観察を長期的に継続することは，観察対象者との関係で難しいとの問題もある（Bryman, 2016; Bryman & Bell, 2007, 2015; Gill & Johnson, 2002, 2010; 野村，2017）。

実際に本章でエスノグラフィーの代表的研究として紹介した投資銀行における長期的なエスノグラフィーであるミッチェル（2014）の研究では，まったく参与していない，つまり仕事をせずに観察だけを行っていると，研究対象者との関係がうまくいかず，情報が収集しにくくなってしまう。補助的で簡単な業務を行っていたほうが，職場の中に自然に入っていけるし，研究対象者との関係をつくりやすい，として最小限度の参与観察という方法をとっている。

### ② 明確な観察と
### 密かな観察の強みと弱み

次に取り上げるのは，明確な観察（Overt Observation）と密かな観察（Covert Observation）に関する軸である。まず明確な観察から強みと弱みをみていく。強みとしては，研究者が自らの身分を明かし，研究対象者たちが，自分たちが研究をされていることを自覚している明確な観察においては，研究者が研究対象者に研究目的を説明し，協力を求めることができるため，より効果的な研究ができる可能性がある。研究者が自身の身分を明かさない密かな観察であると，研究対象のグループメンバーがなぜ・どのように特定の解釈や行動パターンなどに示すのかに関して疑問をもっても，それを明らかにすることが難しいが，明確な観察であれば，研究者がもった疑問を質問したり，状況を聞き出したりすることができる。その結果，「なぜ（Why）」「どのように（How）」というクエスチョンに対して多くの情報を得ることができるというわけだ（Bryman, 2016; Bryman & Bell, 2007, 2015; Gill & Johnson, 2002, 2010; 野村，2017）。

マネジメント研究でいえば，たとえば，海外拠点の立ち上げプロセスの実態を知りたいので，海外拠点立ち上げのプロジェクトメンバーに入れてもらい，行動を共にしながら観察し，必要に応じて質問を行ったり，内部資料の提供を受けるなどである。筆者が在籍したイギリス・バース大学で研究者を企業に派遣して働きながら観察し，その成果を研究論文としてまとめるスキームがあったと記載したが，この場合，受け入れ企業は研究者に経営コンサルタント的な役割を期待していた。実際にその企業で働きながら，企業の強みや弱みを分析してもらい，レポートとして提出してもらい経営改善につなげるのが，企業側の受け入れ目的であった。

　明確な観察の弱みは，研究者の存在が研究対象者に影響を与えるということだ。研究されていることを知っているため，本音を話さなくなったり，行動が変わったりすることが考えられる。その結果，日常の自然性が失われ，社会文脈妥当性に問題が生じる。また，アクセスが難しい研究対象については，研究ができないという問題もある（Bryman，2016；Bryman & Bell，2007, 2015）。

　次いで密かな観察についてである。密かな観察の強みとしては，1つは，研究者対象メンバーは観察されていることを知らないので，いつもと同じ自然な行動をとることが挙げられる。ホーソン研究が示したように，人は観察されていると知れば，いつもとは異なる行動をとる可能性があるためだ。研究者の存在によって，環境が変化する。実験法のように，人工的とまではいかないが，やはり環境が変化することは事実である。社会文脈妥当性を保ち，自然環境におくためには，密かな観察がよい研究方法である。もっとも，明確な観察ほどではないとしても，密かな観察であっても，研究者の存在が対象グループに影響を与えることに変わりはなく，研究者はこれを念頭において研究を行うべきである（Gill & Johnson，2002, 2010）。

　アクセスに問題がないことも密かな観察の強みである。研究対象者たちが研究されていることを知らないのだから，研究者は研究対象に対して観察の許可をもらう必要がなくなり，アクセス問題は発生しなくなる。たとえば，組織が知ってほしくないテーマを研究しようとしたら，密かな観察が唯一の選択肢となるかもしれない。組織潜入ルポルタージュなどが行われるのは，こういった理由からだろう（Bryman, 2016; Bryman & Bell, 2007, 2015; Gill & Johnson, 2002, 2010; 野村，2017）。

しかし，もちろん弱みも多数存在する。1つが，研究中にノートをとることができないことだ。研究が行われていることを研究対象者たちは知らないため，現場でノートをとることは難しくなる。あるいは不可能であろう。フィールドノートをとることはエスノグラフィーにとって非常に重要である。記憶だけに頼ることはリスキーなことだし，音声の録音で一部は解決するが，音声以外の情報は取っておくことはできない。さらに，研究者が捉えたその時に感じたこと，考えたことなどを書き留めることはできなくなる（Bryman, 2016; Bryman & Bell, 2007, 2015; Gill & Johnson, 2002, 2010; 野村，2017）。

他の研究方法を使うことができないことも問題となる。エスノグラフィーでは，観察以外にインタビューやドキュメント分析などさまざまな研究方法を用いるが，密かな観察の場合には観察以外の方法をとることができない。研究対象者たちにメンバーだと思われているために，メンバーが期待している行動をとる必要があることも問題となる。メンバー外の研究者からみると，なぜこのように行動するのかわからなくても，メンバーたちが普通と思っている行動をとらなくてはならない。その結果，なぜこのように考え，行動するのかに関する情報は取れなくなってしまう。研究者の不安・心配も問題である。研究者は，いつ自分の正体がばれるのではないかと常に不安・心配を抱いて研究を行うこととなる。その結果，研究期間を通じて非常にストレスフルな状況が続き，不安・心配によって研究の質が低下するおそれもある。そして最後の問題は，正体がばれれば，研究全体が終わりになる，非難される，訴えられる，などさまざまな状況が出現し，研究が台無しになるとともに研究者の将来にも影響が及ぶ（Bryman, 2016; Bryman & Bell, 2007, 2015）。

最後に密かな観察で最も重大な問題である研究倫理についてである。研究対象者に自分の身分を明かさず実施する密かな観察は，研究倫理の点で非常に問題があることは明らかである。自分の身分や目的を明らかにせず，メンバーとして行動し，情報を得ることは，研究対象者をだましてデータを収集しているということである。研究対象者たちが知らないで研究者に話したことや，行動したことを発表することは倫理的に大きな問題である。さらに研究者が解釈を加えて発表すれば，研究対象者たちはもちろんその解釈を知らず，その面でも倫理的に問題となる（Bryman, 2016; Bryman & Bell, 2007, 2015; Gill & Johnson, 2002, 2010; 野村，2017）。

[参考文献]

Benson, M.（2011）*The British in Rural France: Lifestyle Migration and the Ongoing Quest for a Better Way of Life*, Manchester University Press.
Bryman, A.（1989）*Research Methods and Organization Studies*, Routledge.
Bryman, A.（2016）*Social Research Methods*（5$^{th}$ ed.） Oxford University Press.
Bryman, A. & Bell, E.（2007）*Business Research Methods*.（2$^{nd}$ ed.）Oxford University Press.
Bryman, A. & Bell, E.（2015）*Business Research Methods*（4$^{th}$ ed.）Oxford University Press.
Burawoy, M.（1979）*Manufacturing Consent: Changes in the Labor Process under Monopoly Capitalism*, University of Chicago Press.
Charmaz, K. C.（2006）Constructing Grounded Theory: A Practical Guide through Qualitative Analysis, SAGE Publications（抱井尚子・末田清子訳『グラウンデッド・セオリーの構築：社会構成主義からの挑戦』ナカニシヤ出版，2008年）
Corbin, J. & Strauss, A.（2008）*Basics of Qualitative Research: Techniques and Procedures for Developing Grounded Theory*（3$^{rd}$ ed.）, SAGE Publications（操華子・森岡崇訳『質的研究の基礎：グラウンデッド・セオリーの開発の技法と手順（第3版）』医学書院，2012年）
Geertz, C.（1973）*The Interpretations of Cultures; Selected Essay*, Basic Book（吉田禎吾・柳川敬一・中牧弘允・板橋作美訳『文化の解釈学』岩波現代選書，1987年）
Gill, J. & Johnson, P.（2010）*Research Methods for Managers*（4$^{th}$ ed.）SAGE Publications.
Gill, J. & Johnson, P.（2002）*Research Methods for Managers*（3$^{rd}$ ed.）SAGE Publications.
Glaser, B. G. & Strauss, A. L.（1965）*Awareness of Dying*, Aldine Publishing（木下康仁訳『死のアウェアネス理論と看護：死の認識と終末期ケア』医学書院，1988年）
Glaser, B. G. & Strauss, A. L.（1967）*Discovery of Grounded Theory: Strategies for Qualitative Research*, Aldine Publishing（後藤隆・大出春江・水野節夫訳『データ対話型理論の発見：調査からいかに理論をうみだすか』新曜社，1996年）
Glazer, B. G.（1978）*Theoretical Sensitivity: Advances in the Methodology of Grounded Theory*, Sociology Press.
Gold, R.（1958）Roles in sociological field observation, *Social Forces*, Vol. 36, No. 3, pp.217-223.
Khan, S.（2011）*Privilege: The Making of an Adolescent Elite at St.Paul's School*, Princeton University Press.
Leiner, R.（1993）*Fast Food, Fast Talk-Service Work and the Routinization of Everyday-Life*, University of California Press.
Lloyd, A.（2012）"Working to Live, Not Living to Work: Work, Leisure and Youth Identity

among Call Centre Workers in North East England", *Current Sociology*, Vol. 60. pp.619-635.
McEvily, B., Perrone, V. & Zaheer, A. (2003) "Trust as an Organizing Principle", *Organizational Science*, Vol. 14, No, 1. pp.91-103.
Michel, A. (2007) "A Distributed Cognition Perspective on Newcomers' Change Processes: The Management of Cognitive Uncertainty in Two Investment Banks", *Administrative Science Quarterly*, Vol.52, pp.507-557.
Michel, M. (2014) "Participation and Self-Entrapment A 12-Year Ethnography of Wall Street Participation Practices' Diffusion and Evolving Consequence", *Sociological Quarterly*, Vol.55, No.3, pp.514-536.
Patrick, J. (1973) *A Glasgow Gang Observed*, Eyre-Methuen.
Pearson, G. (2009) "The Researcher as Hooligan: Where 'Participant' Observation Means Breaking Law", *International Journal of Social Research Methodology*, Vol.12. pp.243-255.
Pearson, G. (2012) *An Ethnography of Football Fans: Cans, Cops and Carnival*, Manchester University Press.
Prichard, J., Turnbull, J., Halford, S. & Pope, C. (2014) Trusting Technical Change in Call Centres, *Work, Employment and Society*, Vol.28 No.5, pp.808-824.
Roy, D. F. (1958) "Banana Time" Job Satisfaction and Informal Interaction", *Human Organization*, Vol. 18, pp.158-168.
Sallaz, J. J. (2009) *The Labor of Luck: Casino Capitalism in the United States and South Africa*, University of California Press.
Strauss, A. (1987) *Qualitative Analysis for Social Scientist*, Cambridge University Press.
Strauss, A. & Corbin, J. (1998) *Basics of Qualitative Research: Techniques and Procedures for Developing Grounded Theory* ($2^{nd}$ *ed.*), SAGE Publications(操華子・森岡崇訳『質的研究の基礎：グラウンデッド・セオリー：開発の技法と手順（第2版）』医学書院，2004年）
Whyte, W. F. (1993) *Street Corner Society* ($4^{th}$ *ed.*) University of Chicago Press（奥田道大・有里典三訳『ストリート・コーナー・ソサエティ』有斐閣，2006）
Yin, R. (2009) *Case Study Research: Design and Methods* ($4^{th}$ *ed.*) SAGE Publications.
Yin, R. (1994) *Case Study Research: Design and Methods* ($2^{nd}$ *ed.*) SAGE Publications（近藤公彦訳『新装版ケーススタディの方法（第2版）』千倉書房，2011年）
小田博志（2010）『エスノグラフィー入門』春秋社
金井壽宏（1994）『企業者ネットワーキングの世界：MITとボストン近辺の企業者コミュニティの探求』白桃書房

金井壽宏・佐藤郁哉・ギデオン・クンダ・ジョン・ヴァン-マーネン（2010）『組織エスノグラフィー』有斐閣
木下康仁（1999）『グラウンデッド・セオリー・アプローチ：質的実証研究の再生』弘文堂
木下康仁編（2005）『M-GTA分野別実践編グラウンデッド・セオリー・アプローチ』弘文堂
木下康仁（2007）『ライブ講義M-GTA:実践的質的研究法』弘文堂
木下康仁（2014）『グラウンデッド・セオリー論』弘文堂
戈木クレイグヒル滋子（2006）『グラウンデッド・セオリー・アプローチ：理論を生み出すまで』新曜社
戈木クレイグヒル滋子（2014）"グラウンデッド・セオリー・アプローチ概論", Keio SPC Journal, Vol.14, No.1, pp.30-43
佐藤郁哉（2006）『フィールドワーク（増訂版）』新曜社
中野正大・宝月誠編（2008）『シカゴ学派の社会学』世界思想社
野村康（2017）『社会科学の考え方：認識論，リサーチ・デザイン，手法』名古屋大学出版会
若林功（2015）"グラウンデッド・セオリー・アプローチ：労働研究への適用可能性を探る"労働研究雑誌，No. 655, pp.48-56

# 第8章 ケーススタディ①：研究方法論の再考

## 1 ケーススタディの特色

### (1) ケーススタディとは何か

　ケーススタディとはこれまで紹介してきた研究方法とは異なる特色をもつ研究方法である。同時にいくつかの誤解をもたれている研究方法であるため，まずケーススタディに関する誤解からみていくこととする。誤解の1つは，ハーバード大学などが有名だが，よくMBAコースなどで実施されている教育用のケーススタディと，研究方法としてのケーススタディの混同である。教育用ケーススタディは，ある事例を詳細に描写してはいるが，特に理論的な分析は行われていない。理論面も含めて分析するのは，学生たちの役割であり，彼らに分析のための情報を提供するのが，教育用ケーススタディの目的である。そのため研究方法に関する書籍の中には，研究用ケーススタディと教育用ケーススタディがあるが，本書が対象とするのは研究用ケーススタディであると説明する書籍（Yin, 1994, 2009），ケーススタディとすると教育用ケーススタディが含まれるため，本書では事例研究と表記するとの書籍（野村，2017）などがある。本書では，教育用ケーススタディはケースメソッド学習用のケース（Barnes, et al., 1994; Ellet, 2007; 高木，2010; 高木・竹内，2006）であり，ケーススタディとの用語は，研究方法を意味するとの立場をとる。つまり，ケーススタディ＝研究方法の1つであるとの立場である。

　もう1つの誤解は，ケーススタディは主観主義パラダイムの下，定性データを中心に収集する研究である，という誤解だ。多くの研究者が語っているよう

に，**ケーススタディは必ずしも定性研究ではなく，定量研究も含まれる**（Hakim, 1992; de Vaus, 2001; Yin, 1994, 2009; Bryman & Bell, 2007, 2015; Bryman, 2016；野村，2017; Gerring, 2017）。たとえば，本書で定量ケーススタディの代表的研究例として紹介する3つの企業の人事・賃金データを活用しての成果主義人事の導入が職場や従業員に与えた影響を分析した研究などがある（都留・阿部・久保，2005）[1]。この研究のように，個別企業の人事に関するマイクロデータを分析すれば定量ケーススタディになる。あるいは，従業員に対するインタビュー（半構造化・非構造化インタビュー），内部ドキュメントなどによる定性データと，従業員満足度調査，賃金データなど定量データの両方から分析を行うこともできる。これは定性・定量の両面をもったケーススタディの例である。本書で代表的研究例として紹介する『企業者ネットワーキングの世界』（金井壽宏著）は，2つの企業者ネットワーキングを対象に参与観察・インタビュー・ドキュメント分析などからなるエスノグラフィー（定性研究）とネットワーキング参加者に対するサーベイリサーチ（定量研究）という定性・定量の両面をもったケーススタディの例である。

　このように，ケーススタディには主観主義パラダイムに基づく定性研究も，客観主義パラダイムに基づく定量研究も，そしてその両者を含んだ研究も含まれる。ケーススタディを特定の研究パラダイムや収集データの特性と結びつけて考えるのは間違いなのである（Hakim, 1992; de Vaus, 2001; Yin, 1994, 2009; Bryman & Bell, 2007, 2015; Bryman 2016；野村，2017; Gerring, 2017）。

　ケーススタディとは，リサーチクエスチョンに応じて，さまざまな研究方法から適切な研究方法を組み合わせて，研究対象となる社会現象に関するデータを集中的・全方位的に収集する研究方法なのである。収集するデータには定量データと定性データの両方が含まれ，研究対象は1つあるいは複数の社会グループとなる。集中的にデータ収集を行うため，複数といっても数はあまり多くないが，数に決まりはない。要約すると，**ケーススタディとは"研究テーマに関して1つあるいは複数の研究対象に対する集中的なデータ収集によって他のどんな研究方法よりも研究対象に関して詳細に，そして全体像をつかむことのできる方法"**（Hakim, 1992; Yin, 1994, 2009: Bryman & Bell, 2007, 2015; Bryman, 2016）となる。

　「ケーススタディ＝主観主義パラダイム」の定性研究という誤解の原因とし

て，筆者は3つの原因があると考える。1つ目は，**ケーススタディの多くが，定性研究である**という点。2つ目は，「ケーススタディ＝定性研究」は誤りであると主張する一方で，**ケーススタディに関する記載で，暗に定性研究を前提とした内容を議論が多い点**だ。たとえばイン（1994, 2009）は，ケーススタディでデータ収集のために活用する研究方法として，ドキュメント，インタビュー，参与観察・非参与観察など多くの定性データ収集方法を挙げており，アイゼンハート（1989）は，ケーススタディからの理論構築には，理論的フレームワークや仮説は設定すべきではないという主観主義パラダイムの方法を提案している。さらに，ケーススタディの弱みとして定性データを前提に透明性の低さを挙げる（Yin 1994, 2009; Gerring, 2017）などもある。3つ目は，**主観主義パラダイムに基づく定性研究とケーススタディは少数の社会グループを対象に，集中的にデータを収集するという点で特色を共有しているという点である**。ケーススタディとは異なり，定性研究は，少数の社会グループに対して集中的にデータ収集を行う研究方法とは定義づけられていない。しかし，現実的には，エスノグラフィー，参与観察，非構造化インタビューなど定性データを収集する研究方法は，データ収集に時間がかかるため，結果として広範囲な研究対象からデータを収集するのは難しくなる。つまり，現実面において少数の社会グループから集中的にデータを収集という点で，定性研究とケーススタディは特色を共有することとなる。その結果，両者は同じものと捉えられる傾向があるのではないだろうか。

## (2) 2軸におけるケーススタディの位置づけ

本書で設定した客観主義・主観主義という研究パラダイムと定量データ中心・定性データ中心という収集されるデータの性質からの分類軸と，研究対象の範囲に関する広範・集中の分類軸という2つの分類軸におけるケーススタディの位置を表したのが，**図表8－1**である。広範・集中軸で集中軸の側（下側）にあり，研究パラダイムと収集データの性質に関する軸では，客観主義パラダイム・定量データ中心の側（左側）から主観主義パラダイム・定性データ中心の側（右側）まですべてが当てはまる。

客観主義パラダイム・定量データ中心と主観主義パラダイム・定性データ中心軸のどこに位置づけられるかは，個別の研究におけるリサーチクエスチョン

〔図表8-1〕 2軸からの分類におけるケーススタディの位置づけ

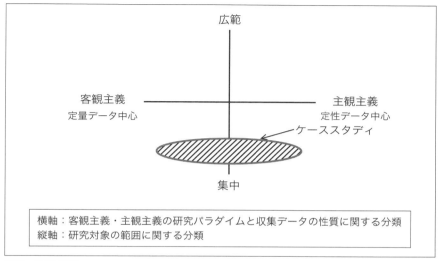

出所：筆者作成

によって決まる（Bryman, 2016; Bryman & Bell, 2007, 2015）。「第3章　マネジメント研究：研究方法論の選択」で示したとおり，仮説検証型研究であれば客観主義パラダイム・定量データ中心の側に入り，研究対象の社会現象の発生・変化・消滅などに関する「なぜ（Why）」「どのように（How）」クエスチョンであれば，主観主義パラダイム/定性データ中心の側に入る。たとえば，強い組織文化を有する組織として知られるディズニーランドにおいて，どのようにして組織文化が維持されるかを知るために，具体的なリサーチクエスチョンとして，"組織文化継承に不可欠な新入社員へのディズニー文化の普及・定着はどのように行われているのか，そして新入社員たちはどのようにしてディズニー文化を理解し，受け入れていくのか"，を設定したとする。リサーチクエスチョンは「どのように（How）」であるため，主観主義パラダイムの研究に入り，研究対象の内部ロジックの理解から答えを見つけていくこととなる。具体的には，ディズニーに関する内部文書あるいは出版された文書（映像・音声なども含む）など関するドキュメント分析や，経営トップや新入社員研修を担当する人事部門，ライン管理者，新入社員などに対するインタビュー（半構

造化・非構造化の非構造化インタビュー），新入社員研修やOJT，ミーティング，内部イベントなど組織文化の醸成・継承に重要と思われるイベントへの参加や実際に働いてみる（参与観察）などである。

これに対して，"目標達成度合が高く，人事評価，昇給，賞与レベルの高い従業員の職務満足度は高い"という仮説を立て，ケーススタディを通じて，この仮説を検証しようとする。リサーチクエスチョン＝検証したい仮説であるから，この場合には，客観主義パラダイムの研究方法がとられ，定量データがデータ収集の中心となる。たとえば，原因（独立変数）側では，人事評価結果，昇給率（昇給額），賞与額などに関するデータ（定量データ）を収集し，結果（従属変数）側では，従業員に対する職務満足度調査（構造化インタビュー・質問票によるサーベイリサーチ）を行って，個人の職務満足度に関するするデータ（定量データ）を収集する，といった具合である。

ケーススタディの強みは，複数の研究方法を組み合わせることで，個々の研究方法が持っている弱みを補いあうことが可能となる点にある。これまでの章でみてきたとおり，それぞれの研究方法には強みと弱みがある。たとえば，サーベイリサーチは，外的妥当性は強いが，社会文脈妥当性は弱い。逆に，エスノグラフィーは，社会文脈妥当性は強いが，外的妥当性は弱いといった具合だ（実在論・実証主義の客観主義パラダイムにおける研究評価指標を，エスノグラフィーに当てはめるのは適当ではないという意見もあるが）。オールマイティな研究方法はないのだ。そこで複数の研究方法を活用することで，強みと弱みを補完しあい，研究の質を向上させることが可能となる。その面でもケーススタディは優れた研究方法といえる。

## 2　研究方法論の再考：方法論的多元主義

ケーススタディはリサーチクエスチョンに応じて，さまざまな研究方法を組み合わせて研究対象である社会現象の関係者から集中的にデータを収集する研究方法であり，探索目的・分析目的・描写目的の3つの研究目的すべてに対応することができる非常にフレキシブルな研究方法である。しかも，それぞれの研究方法の有する強み・弱みを補完しあうことで，研究の質を向上させることができる。

このように，ケーススタディは非常に有効な研究方法であるが，大きな問題が存在する。本書では「第2章 存在論・認識論・研究アプローチ」と「第3章 マネジメント研究：研究方法論の選択」で，研究方法の選択の背景には，社会に対する存在論・認識論があるとの社会科学における研究方法論に関する議論を紹介した。そのうえで研究方法論を"リサーチクエスチョンに基づき，研究の基礎となっている存在論・認識論的立場を理論的に正当化したうえで，研究で活用する研究アプローチとデータ収集のための研究方法を理論的に正当化しながら選択していくプロセス"と定義するというのが本書のスタンスであった。ケーススタディを考える際に必要となってくるのが，この研究方法論にとって重要な，相反する存在論・認識論の立場をどう解決するかという問題である（Gill & Johnson, 2002, 2010; Bryman and Bell, 2007, 2015; Bryman, 2016）。

　この問題を何とか解決し，多様な研究方法を組み合わせて，研究の質を上げようとする立場が，方法論的多元論（Methodological Pluralism）である。これまでの章でみてきたように，内的妥当性，外的妥当性，社会文脈妥当性，信頼性という研究評価指標のすべてが強いという研究方法はない。**すべての研究方法が弱みをもっているのだから，人間や社会に対する異なる見方があることを踏まえた上で，研究方法の選択には，多元的な対応をしようというのが，方法論的多元主義である**（McLennan, 1995; McCall & Simmons, 1969; McCall & Bobko, 1990; Cresswell & Cresswell, 2018; Gill & Johnson, 2002, 2010）。

　たとえば最初に方法論的多元主義を主張したといわれることの多い Trow (1957; p.33) は，社会に関するデータは，異なる方法によって，より多く，適切に収集できるのであるから，存在論・認識論的立場を超えて，追究する課題によって適切な方法を使うべきだ，と主張した。またハマースレイ（1992）は，内的妥当性，外的妥当性，社会文脈妥当性，信頼性などさまざまな研究評価指標が求めるものを実現するには，量的な面からさまざまなエビデンスが考慮されなくてはならないと，客観主義パラダイムの立場に立つ。同時に，妥当性・信頼性の主張の基となるエビデンスには，十分な描写や説明あるいは理論化したいと考える社会現象が正しく描かれていなければならない。そのためには，エビデンスにはお互いの関連性や社会性・現実性などが重要であり，研究対象の全体が眺められているかが重要な研究評価の指標となると主張した。これは

エビデンスにおける定性データの必要性を示すものであり、ハマースレイの意見は、客観主義パラダイム・定量データと主観主義パラダイム・定性データの両方の必要性を認める中間的な立場といえる（Bryman, 2016; Bryman & Bell, 2007, 2015）。

　方法論的多元論の主張は、外的な影響からの一方的な因果関係ではなく、外的な影響は人々の解釈によって媒介されていることを認識しながら、人々の相互主観的な世界を知るために主観主義パラダイム・定性データを用い、同時に外的影響との因果関係を知るために客観主義パラダイム・定量データを活用する、との主張である。すべての研究方法に強みと弱みがあり、内的妥当性、外的妥当性、社会文脈妥当性、信頼性などの研究評価指標の強みと弱みはトレードオフの関係にあるのだから、複数の研究方法を用いることで、研究方法がお互いに補完的に機能し、クロスチェックやモニタリングなども行えるし、研究対象に対してより広範で、かつ詳細なデータを収集することができる、というのが方法論的多元主義の主張である（Gill & Johnson, 2002, 2010; Bryman, 2016; Bryman & Bell, 2007, 2015）。

　研究をサイクルと捉えると、演繹法アプローチと帰納法アプローチが組み合わされて1つの研究を構成していると捉えられる。新たな知識の開拓、理論化の進展など社会科学の発展にとって2つのアプローチは両方とも必要なものである。ギルとジョンソン（2002, 2010）はコルブの経験学習サイクル（Kolb, 1984; Kolb et al., 1979）を応用して演繹法と帰納法という2つの研究アプローチの関係を論じている。

　コルブの経験学習サイクルは、学習は何らかの現象や刺激に対する経験からスタートする（**図表8－2**の「具体的経験」）。そして経験した現象や刺激を個人が内省し、自身の経験したことの持つ意味、自分や社会にとっての影響など多角的視点から経験した現象を理解しようとする。この部分は帰納法的な学習プロセスである（図表8－2の中の「観察と内省」）。理解は、なぜ・どのように体験した現象や刺激が発生するかの説明に結びつき、さらに説明が抽象的コンセプトの形成に活用される。やがて、抽象的コンセプトは新たな現象や刺激に応用できるようなある程度一般化されたものとなり、この部分は演繹法的学習プロセスとなる（図表8－2の「抽象的コンセプトの形成と一般化」「抽象的コンセプトの新たな状況におけるテスト」）。

〔図表8-2〕コルブの経験的学習カーブ

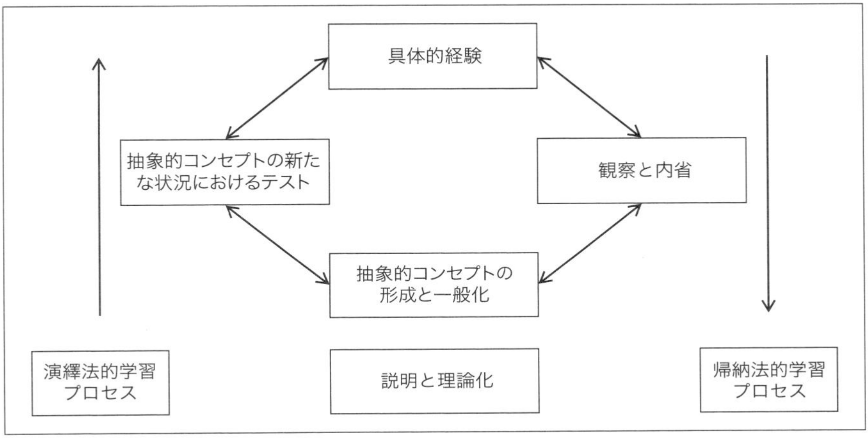

```
                      具体的経験
                      ↗      ↘
                     ↙        ↘
    抽象的コンセプトの新た              観察と内省
    な状況におけるテスト
                     ↖        ↗
                      ↘      ↙
                  抽象的コンセプトの
                    形成と一般化

  演繹法的学習        説明と理論化        帰納法的学習
  プロセス                              プロセス
```

出所：Gill & Johnson (2010) *Research Methods for Managers* ($4^{th}$ *ed.*) SAGE Publicationsを基に作成

　さらに，ギルとジョンソンは，コルブの経験学習プロセスとは別の学習方法があるとする。たとえば，ある種の現象や刺激に対する特定の抽象的コンセプトが社会に普及しており，学習者がその抽象的コンセプトをそのまま受け入れたとする。そして学習者がその抽象的コンセプトが別の状況において応用できるかを試したとする。こちらのアプローチは既存の抽象的コンセプトからスタートして，それが他の状況に一般化できるかどうかを試すという演繹法的学習プロセスと捉えられる（図表8-2の「抽象的コンセプトの新たな状況におけるテスト」）。

　上記の経験学習サイクルを研究方法論に応用すると，帰納法アプローチは具体的経験からスタートして抽象的コンセプトの形成へと移っていく帰納法的学習プロセスと同じ経路を通る（右側の上方向から下方向への矢印）。これに対して，演繹法アプローチは，抽象的コンセプトからスタートし，抽象的コンセプトを新たな状況でテストするという演繹法的学習プロセスと同じ経路を通る（左側の下方向から上方向の矢印）。このように捉えると，**全体としては永遠に続く研究のサイクルの特定部分を，帰納法と演繹法は担っているといえる。**

　ギルとジョンソン（2010）は，コルブの経験学習サイクルとは異なり，サイクル内の4つのフェーズ間（具体的経験⇔観察と内省⇔抽象的コンセプト

の形成と一般化⇔抽象的コンセプトの新たな状況におけるテスト）が，双方向の矢印で示されている。たとえば，具体的経験から観察・内省し，抽象的コンセプトを形成する前に，次なる具体的経験のフェーズに戻って一次データの収集を続けるという研究プロセス，形成した抽象的コンセプトを他の状況でテストした結果を踏まえて，抽象的コンセプトを修正するという研究プロセスなどの研究においては，研究プロセスは双方向のサイクルであるというのがギルとジョンソンの主張である。

## 3　存在論・認識論の多様性

　これまで方法論的多元主義について紹介してきた。人間や社会に対する異なる見方を認めるということは，存在論においては実在主義と構成主義の両方の主張，認識論においては実証主義と社会構成主義の両方の主張を理解するということだ。たしかに，外的世界は存在し，個人として，グループとしての人間の行動には外的世界からの刺激が影響を与えている，ことは否定できないだろう。そのため，存在論・認識論としては，実在主義・実証主義の立場である"外的世界からの刺激と人間の行動との因果関係を探求する"ことは有意義なことであろう。同時に物理や化学，生物などの自然科学の研究対象である物体や細胞・臓器などとは異なり，人間の行動は外的社会の刺激で決まるのものではなく，個人や社会グループの独自の解釈が存在することも否定できない。そのため，研究対象である個人や社会グループの独自の解釈を理解することは，研究にとって同時に重要なことだろう。たとえば，同じ刺激を与えられても，社会グループのおかれた社会文脈（これは，しばしば文化と表現される）によって，刺激に対する解釈や対応は異なってくる。このように方法論的多元論の立場は，人々の有する主観性と，主観性の理解が重要であることを認識すると同時に，外的世界が人間に与える影響を理解する。この両方を認めていくという社会哲学的な立場によって，実現するものである。

　本書では，社会に関する存在論・認識論的立場に関して，実在主義・実証主義と構成主義・社会構成主義を紹介し，客観主義・主観主義の2つに研究パラダイムを分類した。だが，社会に対する存在論・認識論的立場は，この2つだけではなく，存在論・認識論の分類に関して，3分類（野村, 2017; Easterby-

Smith, et al., 2002, Walliman, 2018) あるいは 4 分類 (Tsang, 2017; Bryman, 2016; Bryman & Bell, 2007, 2015; Lincoln & Guba, 2000, Creswell & Creswell, 2018) とする立場もある。これらの分類では，相対主義 (relativism)，ポスト実証主義 (post-positivism)，批判的実在論 (critical realism)，プラグマティズム，ポストモダニズムなどの社会に対する哲学的立場が分類の中に登場している。

たとえば野村 (2017)[2]は，存在論は実在主義・構成主義の 2 つに分類しているが，認識論に関しては，実証主義と社会構成主義の中間的な立場として批判的実在論を挙げている。イースターバイ・スミスたちは (2002) は，社会科学の存在論を実在主義と構成主義に相対論を加えた 3 分類とし，認識論も同じく実証主義と社会構成主義に相対論を加えた 3 分類としている[3]。また，リンカーンとギューバ (2000) は，存在論・認識論ともに，実証主義，ポスト実証主義，批判的実在論，社会構成主義の 4 つに分類している。これらの分類に登場した批判的実在論とポスト実証主義は，共に実在主義・実証主義と構成主義・社会構成主義の中間的な立場であり，多くの研究者が，実在主義・実証主義と構成主義・社会構成主義の中間的立場を分類に加えている。

そこで，多くの分類に取り上げられている批判的実在論を紹介することで，実在主義・実証主義と構築主義・社会構成主義の社会哲学上の中間的立場はどういうものかを紹介していく。

**批判的実在論は存在論では外部社会は人間の認識とは独立して客観的に存在するものとし，社会で発生する現象には因果関係が存在するとの立場をとる** (Danermark et al., 1997; Danermark, 2016; Easterby-Smith, et al., 2002; Tsang, 2017: 野村，2017)。だが，目に見え，体験する社会現象にはその背後にそれを動かす構造が存在する。批判的実在論では，社会現象を経験 (empirical)・アクチュアル (actual)・実在 (real) の 3 つの領域に分ける。経験とは直接的・間接的にわれわれが経験する社会現象の領域，アクチュアルは体験されるかどうかに関係なく存在している社会現象の領域，実在は社会現象を作り出す能力をもった因果関係に関する構造・メカニズムの領域である。そして，この 3 つの領域の関係はその時の状況はよって異なってくる。そのため，経験領域で起きる現象とその背後にある実在・アクチュアルとの因果関係も，経験する現象も変化することになる (Danermark et al., 1997; Danermark, 2016; Tsang, 2017)。

## コラム 8-1　事実はなく，あるのは表現と解釈だけと主張するポストモダニズム

　存在論・認識論の3分類・4分類において登場する社会哲学の立場の中で，本書における社会哲学の客観主義パラダイム・主観主義パラダイムという2分類の中間的立場ではない立場としてしばしば登場するのが，ポストモダニズムである (Tsang, 2017; Creswell & Creswell, 2018; Walliman, 2018)。ポストモダニズムとは，ものごとの真実の追求，人間の主観性の理解などを通じて発展・進歩していこうという近代主義（モダニズム）を批判・脱却しようという動きであり，建築・デザイン，思想・哲学，社会学，法学，文学などさまざまな分野で進展している。ここでは，組織論をモダン，シンボリック，ポストモダンの3つのパースペクティブに分類しているハッチ（2013）に基づいて，ポストモダニズムを紹介する。なお，ハッチの分類を本書の社会の見方に関する2分類と照らし合わせると，モダンパースペクティブが客観主義パラダイムに，シンボリックパースペクティブが主観主義パラダイムに対応する。

　ポストモダン・パースペクティブの存在論的立場は，話すこと，書くこと，あるいはその他の表現形式から切り離されて存在するものはないというものだ。言葉がものごとを表すのではなく，言語が現実を作り出しているのであり，話されていることが現実だとしている。言語の文脈内でものごとは，発言や書面からなるディスコース（言説）において，記述され，記述されたテキストとして存在する。ディスコースは文脈を提供し，その文脈が，言語をどのように使用し，どのように制限するかを決める。同時に，文脈はテキストとディスコースが用いられる言語の中で形成され，逆に使われている言語によってテキストとディスコースが形成される。

　認識論的立場は，独立した現実がないとの存在論に基づくため，真理は虚構概念であり，存在しないとの立場となる。事実はなく，あるのは表現と解釈だけとなる。そして，すべての知識の主張はパワープレーだけとなり，ディスコースを制する者が存在・消滅を自由にできる。たとえば多発性硬化症（MS）や注意欠陥・多動器性障害（ADHD）といった病気は，権力を持つ医師による医学界でのディスコースにおいてその存在が明らかにされるまでは，治療できるとは考えられていなかった。だが，これらの用語が普及した後は，ADHDという病名がわかれば，強力な向精神作用性薬剤での治療が可能となった。

　このようにディスコースによって人の認識は変わり，社会の対応・現実は変化するのである。ポストモダニズムにおいては，社会は存在する対象ではなく，言語，ディスコースなどによって作られるものなのである。

批判的実在論では，経験する現象は状況によって異なるとする立場をとるため，社会科学の領域をオープンシステムと捉える。オープンシステムにおいては発生する現象の因果関係にも変化があり，違いが生じる。これに対して自然科学をクローズドシステムと捉え，経験領域で発生する現象には規則的な現象の連続があるとする。実証主義は，自然科学と同じように規則的な現象の連続性に焦点を当てるものであり，批判的実在論は，この点で実証主義とは立場を異にする（Tsang, 2017; Danermark et al., 1997, Danermark, 2016）。

　同時に社会現象の発生には社会文脈が重要と考え，社会現象が発生する特定の社会文脈を作り出すことに，関係者たちは影響を与えるとする。現象の背後にある構造やメカニズムと関係者の関係は，構造・メカニズムからの一方的な関係ではなく，関係者と相互に影響を与え合う関係なのである。実在の領域である社会構造・メカニズムは人間とは別個に存在はせず，関係する人間が影響を与えるため，人間の内面的な理解・解釈が必要となる（野村, 2017; Bryman 2016; Bryman & Bell, 2007, 2015; Danermark et al., 1997; Danermark, 2016）。以上のように，**批判的実在論は，認識論的には社会構成主義に近い立場となる。**

　さらに批判的実在論は，社会の階層化を重視し，メカニズムは次々と実在の異なった層や階層に属することとなる。たとえば，まず物理のメカニズムを発見し，次に化学のメカニズムを発見し，3番目には生物学のメカニズムを発見し，さらに心理学や社会学などの社会科学の階層が現れる。新しく現れた階層は，その下部に横たわる階層（Underlying Strata）とは全く異なる，独自で，質的に異なった何かを表現しており，それは下位にある階層には還元できないものである。この新しく独創的な新たな階層は創発（Emergence）によって形成される。階層化のすべてにおいて重要なことは，創発の概念であり，それぞれの特定の階層に付け加えられた還元しえない新しい特性やメカニズムの理解である（Danermark, 2016）。以上のように，批判的実在論では，質的に異なる階層が徐々に出現していくプロセスの把握が重要となり，静的な捉え方ではなく，動的な捉え方が必要となる。この面から考えると，研究方法の面では，帰納法による定性データが必要となってくる。

　以上のように，批判的実在論では因果関係を捉えることの重要性を認めるとともに，社会文脈や関係者の解釈の重要性を認め，さらに還元的ではなく包括的な分析を主張する。このような批判的実在論において，**研究方法の選択にお**

いては，演繹法による定量データ収集と帰納法による定性データ収集の両方の重要性を認めており，研究目的に応じて研究方法は選択していくことになる (Bryman, 2016；Bryman & Bell, 2007, 2015; Tsang, 2017, 野村，2017; Easterby-Smith et al., 2002)。

## 4　ケーススタディの強みと弱み

　本書で設定した内的妥当性，外的妥当性，社会文脈妥当性，信頼性の4つの研究評価指標から，ケーススタディの強みと弱みを考える。ただし，ケーススタディは必要に応じて定量と定性の両方のデータを収集する研究方法を含むさまざまな研究方法から適切な研究方法を組み合わせて，データを収集する研究方法である。そのため，データ収集のために選択した研究方法によって強みと弱みは異なってくる。ケーススタディは，定量データ中心の定量ケーススタディ，定性データ中心の定性ケーススタディ，定量ケーススタディと定性ケーススタディの両面をもつケーススタディの3つに大別される。強みと弱みは，定量ケーススタディと定性ケーススタディによって異なるため，この2つのタイプのケーススタディに分けて，強みと弱みについて考えていきたい。主に参照するのは，イン（1994, 2009），ハキン（1992），デバウス（2001），ブライマン（2016），ブライマンとベル（2007, 2015），野村（2017），ゲリング（2017）などである。

　最初は内的妥当性からである。定量ケーススタディと定性ケーススタディの両者ともに，研究対象である社会現象の関係者から集中的・全方位的にデータを収集するのであるから，内的妥当性は高いといえる。「第7章　エスノグラフィー」おいて，エスノグラフィーは非常に大量の定性データを収集するため，すべての研究方法の中で最も多くの関連変数に関する情報をつかんでいるだろう，と述べた。これはそのまま定性ケーススタディに当てはまり，内的妥当性は高くなると考えられる。定量ケーススタディに関しても，研究対象から多くの定量データを収集しているため，内的妥当性は高いといえる。

　だが，定量ケーススタディは，客観主義パラダイムの側面を持ち，収集するデータに関して独立変数や従属変数などを理論的に研究者が設定している傾向がある。そのため，研究者が考慮しなかった変数は収集できなくなってしまう

という客観主義パラダイムに共通する弱みを有している可能性がある。たしかに，定量データ収集に関して研究者が設計した分析型サーベイを研究対象の企業で実施してもらう，といった場合には，この弱みが当てはまるだろう。しかし，研究対象の企業が独自で実施した従業員オピニオンサーベイや人事評価データ・賃金データなど，研究者が設定せずに研究対象が独自に収集・保有するデータを活用する定量ケーススタディの場合には，研究者の設計した理論的分析に基づくのではなく，活用されるのは研究対象が保有する1次データである。その点では研究対象の実態に迫ることのできるデータと思われる。定性データ・定量データの両方のデータを活用するケーススタディでは，さらに収集データの量・質が向上し，内的妥当性が高くなることが期待される。

　もっとも，ケーススタディを実施すれば必ず内的妥当性が高くなるわけではなく，エスノグラフィーと同様に，内的妥当性は，ひとえに研究者の注意と綿密さの問題である。もちろんこのことは，すべての研究方法と研究に当てはまることである。

　社会文脈妥当性に関しては，定性ケーススタディと定量ケーススタディで異なる。定性ケーススタディは，エスノグラフィーと同様に，さまざまな研究方法を通じて研究対象の社会グループに対する大量の定性データを収集するため，社会文脈妥当性は高いといえる。これに対して，定量ケーススタディは収集データが数字であるため，社会文脈の把握は難しく，社会文脈妥当性は低くなってしまう。定性・定量の両方を含むケーススタディは，定性データ部分で社会文脈を捉えるため，社会文脈妥当性は高くなる。

　信頼性に関しても，定性ケーススタディと定量ケーススタディで異なる。研究対象の社会グループにおける主観的な解釈や社会文脈の相互関係を重視する定性ケーススタディにとって重要なのは，研究が行われたその時の社会文脈や研究対象である社会グループの感情や解釈である。別の場所や時でそれを再現することはできないし，再現することが研究の目的でもない。再現性・信頼性の低さの原因の1つは，透明性の低さにある。研究の行われたその時の社会文脈や社会グループの集団的な認知や感情，さらに社会グループを構成するサブグループや個々人の認知や感情を正確に記述することは難しい。しかも研究者と研究対象者との相互関係が発生しており，透明性や再現性はこの点でも低くなる。研究対象の社会現象に対して，研究者は独自の解釈を加えていく。その

結果，同じ現象に遭遇しても，研究者によって解釈は異なり，研究者によって異なる記述を行うのである。これらはエスノグラフィーと共有する問題であり，透明性向上には分厚い記述（Thick Description）が必要となることも同様である（Geertz, 1973）。透明性を高め，他の研究者がケーススタディの内容がわかる方法として，ケーススタディプロトコルやケーススタディレポートの作成などが提案されている（Yin, 1994, 2009; Gerring, 2017）。

　信頼性に関しては，定量ケーススタディが強さを発揮する。数字データを基に統計的な分析を行うため，透明性が高くなるためだ。その結果，(a)同じ研究者がオリジナルと同じ研究課題について，同一あるいは類似した社会グループを対象に研究を行ってオリジナルと同じ結果が得られるか，(b)別の研究者がオリジナルと同じ研究課題について，同一あるいは類似した社会グループを対象に研究を行ってオリジナルと同じ結果が得られるか，という信頼性の2つの条件を満たすことが可能となる。たとえば，ある企業を対象に企業が独自に実施した従業員オピニオンサーベイと，研究者の作成した従業員の心理的契約に関するサーベイによって，定量ケーススタディを行ったとする。当該企業と研究者が了解すれば，他の研究者が，従業員オピニオンサーベイ，研究者作成の心理的契約サーベイの質問項目の入手は可能なため，透明性は高くなる。

　以上のとおり，定性ケーススタディと定量ケーススタディによって，研究評価指標に対する強みと強みは異なってくる。だが，外的妥当性に関しては，定性ケーススタディ・定量ケーススタディは，1つあるいは少数の研究対象である社会グループから集中的にデータを収集するため，母集団の中から幅広い範囲で研究対象を選択することは難しい。たとえば，日本企業の人事戦略に関する全体的な変化傾向を捉えようとしたら，ケーススタディの対象となる企業は日本企業のごく一部ということになり，ケーススタディ企業における人事戦略の変化を捉えても，その結果を母集団（日本企業全体）に一般化することは難しいだろう。規模や産業，従業員プロファイル，組織構造，戦略，歴史などさまざまな要因によって同じ日本企業でも，個々の企業は異なるためだ。あるいは，「企業はなぜ・どのようにして戦略ミスを犯すのか」というリサーチクエスチョンがあったとする。1つあるいはいくつかの企業を対象にケーススタディを実施することによって，研究対象企業における戦略ミスの理由（なぜ）とプロセス（どのように）は解明できるだろう。だが，研究対象企業で発見さ

れた戦略ミスの理由・プロセスを他の企業に適用することはできるかどうかわからない。

たしかに母集団への一般化という外的妥当性は低いが，1つあるいは少数のケースによってこれまで知られていなかった新たな発見やこれまでの定説を覆すような発見がなされ，その結果，新たな仮説が生まれ，やがてそれが理論化され，新理論の構築や既存理論の修正につながることは多い。このようにケーススタディで発見されたことを通じて理論化を実現することが，研究方法としてのケーススタディの重要な貢献となる。実際に，多くの研究者が，ケーススタディに基づく理論的一般化を主張している（Yin, 1994, 2009; Gomm et al., 2000; Eisenhardt, 1989; Gerring, 2017）。そのためにはケース選択の方法が重要となり，これまで多くの筆者がケース選択の方法を論じてきた（Yin, 1994, 2009, Gomm et al., 2000; Hakim, 1992; Stake, 2000, 野村，2017; 田村，2006; Gerring, 2017）。次章では，これまでに提案されているいくつかのケース選択の基準を紹介する。

〔注〕

(1) 同研究では，インタビューを通して定性データも収集しているが，中心となるのは定量データであるため，定量ケーススタディの代表例として紹介する。
(2) 野村（2017）は，存在論については基礎づけ主義・反基礎づけ主義，認識論については実証主義・解釈主義との言葉を用いている。
(3) Easterby-Smith et al.（2002）は，存在論については表象主義（Representationalism）・相対主義（Relativism）・唯名論（Nominalism），認識論については，実証主義（Positivism）・相対主義（Relativism）・社会構成主義（Social Constructionism）という言葉を使っている。なお，日本語訳では，英語原文のSocial Constructionismを「社会構築主義」と訳している。そして存在論・認識論ともに最近の相対論として，批判的実在論を挙げている。

[参考文献]

Barnes, L. B., Christensen, C. R. & Hansen, A. J.（1994）*Teaching and the Case Methods*（3$^{rd}$ ed.）Harvard Business Press（髙木晴夫訳『ケース・メソッド教授法』ダイヤモンド社，2010）

Bryman, A.（2016）*Social Research Methods*（5$^{th}$ ed.）Oxford University Press.

Bryman, A. & Bell, E.（2007）*Business Research Methods*（2$^{nd}$ ed.）Oxford University Press.

Bryman, A. & Bell, E. (2015) *Business Research Methods* (4*th* ed.) Oxford University Press.
Burnes, L. B., Christensen, C. R. & Hansen, A.J. (1987) *How to Teach The Case Method*, Harvard Business Press.（髙木晴夫訳『ケース・メソッド教授法』ダイヤモンド社, 2010）
Creswell, J. W. & Creswell, J. D. (2018) *Research Design: Qualitative, Quantitative &Mixed Research Methods Approaches*, SAGE Publications.
Danermark, B.（2006）「批判的実在論への導入」立命館産業社会論集, 第51巻第4号, pp.227-234.
Danermark, B., Ekcström, M., Jakobsen, L. & Karlson, J. Ch. (1997) *Explaining Society: Critical Realism in the Social Science*（佐藤春吉監訳『社会を説明する：批判的実在論による社会科学論』ナカニシヤ出版, 2015）
de Vaus, D. (2001) *Research Design in Social Research*, SAGE Publications.
Easterby-Smith, M., Thorpe, R. & Lowe, A. (2002) *Management Research: An Introduction* (2*nd* ed.) SAGE Publications（木村達也・宇田川元一・佐渡島紗織・松尾睦『マネジメント・リサーチの方法』白桃書房, 2009）
Eisenhardt, K. M, (1989) "Building Theories from Case Study Research", *Academy of Management Review*, Vol. 14, No. 4. pp.532-550.
Ellet, W. (2007) *How to Learn The Case Method*, Harvard Business Press.（斎藤聖美訳『入門ケース・メソッド学習法』ダイヤモンド社, 2010）
Geertz, C. (1973) *The Interpretations of Cultures; Selected Essay*, Basic Book（吉田禎吾・柳川敬一・中牧弘允・板橋作美訳『文化の解釈学』岩波現代選書, 1987年）
Gerring, J. (2017) *Case Study Research : Principles and Practices*, Cambridge University Press.
Gill, J. & Johnson, P. (2002) *Research Methods for Managers* (3*rd* ed.) SAGE Publications.
Gill, J. & Johnson, P. (2010) *Research Methods for Managers* (4*th* ed.) SAGE Publications.
Gomm, R., Hammersley, M. & Foster, P. (2000) *Case Study Method*, SAGE Publications.
Hakim, C. (1992) *Research Design: Strategies and Choices in the Design of Social Research*, Routledge.
Hammarsley, M. (1992) "By What Criteria Should Ethnographic Research Be Judged?", in M. Hammersley (ed.) *What is Wrong Ethnography*, Routledge.
Hatch, M. (2013) *Organization Theory: Modern, Symbolic, and Postmodern Perspective* (3*rd* ed.), Oxford University Press（大月博司・日野健太・山口善昭（訳）『Hatch組織論：3つのパースペクティブ』同文舘出版, 2017）
Kolb, D. A. (1984) *Experimental Learning: Experience as the Source of Learning and Development*, Prentice Hall.

Kolb, D. A., Rubin, I. M. & Mcintyre, J. M.（1979）*Organizational Psychology: An Experimental Approach*, Prentice Hall.

Lincoln, Y. S. & Guba, E. G.（2000）"Paradigmatic Controversies, Contradictions, and Emerging Confluences", in Denzin. N. K. & Lincoln. Y. S.（eds.）*Handbook of Qualitative Research*（$2^{nd}$ ed.）SAGE Publications.

McCall, J. C. & Simmons, J. L.（1969）*Issues in Participant Observation*, Wiley.

McCall, M. W. & Bobko, P.（1990）Research Methods in the Service of Discovery, in M. D. Dunnette & L. M. Hough（eds.）*Handbook of Industrial and Organizational Psychology*, Consulting Psychology Press.

McLennan, G.（1995）*Pluralism*, Oxford University Press.

Stake, R. E.（2000）「事例研究」in N. K. Denzin & R, S. Lincoln（eds）*Handbook of Qualitative Research*（$2^{nd}$. ed.）SAGE Publications（平山満義監訳『質的研究ハンドブック』2006，北大路書房）

Trow, M.（1957）"A Comment on Participant Observation and Interview: A Comparison", *Human Organization*, Vol. 16, No. 3, pp.33-35.

Tsang, E. W. K.（2017）*The Philosophy of Management Research*, Routledge.

Walliman, N.（2018）*Research Methods: Basics*（$2^{nd}$ ed.）SAGE Publications.

Yin, R. K.（1994）*Case Study Research: Design and Methods*（$2^{nd}$ ed.）, SAGE Publications.（近藤公彦訳『新装版ケーススタディの方法』2011，千倉書房）

Yin, R. K.（2009）*Case Study Research: Design and Methods*（$4^{th}$ ed.）, SAGE Publications.

髙木晴夫（監修）（2010）『ケースメソッド教授法：理論・技法・演習・ココロ』慶應義塾大学出版会

髙木晴夫・竹内伸一（2006）『実践！日本型ケースメソッド教育』ダイヤモンド社

田村正紀（2006）『リサーチ・デザイン：経営知識創造の基本技術』白桃書房

都留康・阿部正浩・久保克行（2005）『日本企業の人事改革：人事データによる成果主義の検証』東洋経済新報社

中原淳（2013）「経験学習の理論的系譜と研究動向」日本労働研究雑誌，No.639, pp.4-14.

野村康（2017）『社会科学の考え方：認識論，リサーチ・デザイン，手法』名古屋大学出版会

# 第9章 ケーススタディ②：ケースの選択基準と研究事例

## 1 ケースの選択基準

「第8章　ケーススタディ①研究方法論の再考」でケーススタディ結果から理論的一般化を実現するためには，ケースの選択方法が重要であり，これまでにいくつかのケース選択基準が提案されていると記載した。本章において，これまでに提案されているいくつかのケーススタディの選択基準を紹介していきたい。なお，ケースの選択基準は単独ケースと複数ケースに分けて，議論されることが多いため，本書でも単独ケース・複数ケースに分けてみていく。なお，ケーススタディには定性ケーススタディ・定量ケーススタディの両方が含まれるが，中心となるのは定性ケーススタディであるため，これまでに提案されたケース選択基準は暗に定性ケーススタディを想定した基準と推定されることを記載しておきたい。最初は単独ケースの選択基準からである。

### (1) 単独ケースの選択基準

#### ① 単独ケースの選択基準に関する議論

これまでに単独ケースの選択基準に関して，さまざまな提案がなされている。たとえばイン（1994, 2009）は，単独ケースの選択基準として，決定的なケース，極端・珍しいケース，一般的・典型的ケース，新事実ケース，縦断的ケースの5タイプを挙げている。ゴムたち（2000）はケーススタディによる理論化によって一般化を図るためには，システマチックなケース選択が必要だとして，極端なケース，典型的なケース，先行研究に対する後続的なケース，先端ケー

スなどのケース選択が有効としている。これ以外にもさまざまな研究者がケース選択基準を挙げている。たとえば，ステーク（2000）は，一般的なケース，特殊なケース，学ぶ機会を与えるケースの3タイプのケース選択基準を挙げ，野村（2017）は，珍しい・決定的，典型的・一般的（ただし要注意），後続的・新事実の3タイプのケースを選択基準として挙げている。さらに，田村（2006）は，理論開発に適した事例のタイプとして，先端ケース，代表ケース，逸脱ケース，原型ケースの4つのタイプを，仮説検証のためのケースとして，適合ケース，不適合ケースを挙げている。

これらのケース選択基準は，表現方法も含めて多少の違いはあるものの，類似性がみられるものと捉えている。たとえば，田村（2006）とゴムたち（2000）の先端ケースは，極端・珍しいケースと類似性が高い。経営戦略を例に考えると，先端ケースはそれ以前にはなく新しく登場した戦略であるため，新戦略が登場した時代には他社や研究者など関係者からは，珍しい戦略であると捉えられるだろう。

また野村（2017）は，"イン（2014）の説明にあるように，珍しい・ユニークなケースは事例を分析する大きな意義は，現存の理論や先行研究をテストするうえで決定的であるからであり，そうした意味では珍しいケースと決定的なケースという基準は重なり合う"と捉え，極端・珍しい・決定的なケースを1つのカテゴリーとしている（野村，2017, p.50）。本書も野村と同じ立場に立ち，この3タイプのケースを同じカテゴリーとする。これにYin（2009）のそれ以前に研究者がアクセスできなかった社会現象にアクセスできた新事実ケースを加える。研究者にとって，新たにアクセスできたケースは，研究者にとって珍しい・決定的なケースといえるからだ。この結果，珍しい・極端・決定的・新事実ケースを1つのカテゴリーとする。

イン（2009）の縦断的ケースとゴムたち（2000）の後続的ケースも類似性が高い。縦断的ケースが縦断研究のように過去の研究に重ねることが可能なケースであれば単独ケースを正当化できるケース"（Yin, 2009）であり，後続的ケースは"以前に研究されたケーススタディとの比較可能なケースであれば一般化に効果的なケース"（Gomm et al., 2000, p.107）である。以上のように2つの概念は類似性が高く，本書では，縦断的・後続的ケースとして1つにまとめる。

この2つのカテゴリーに、一般的・典型的ケースを加えて、本書では、**珍しい・極端・決定的・新事実ケース，縦断的・後続的ケース，一般的・典型的ケースの3つのカテゴリーをケース選択基準とする。**

② 珍しい・極端・決定的・新事実ケース

ケーススタディによるこれまで知られていなかった事実や状況が発見されることによって新たな理論の開発や既存理論の修正が図られるのに適したケース選択は，これまで見られなかった珍しいケースであろう。マネジメント研究でいえば，他の企業がとっていない販売方法をとったり，新たな製品を売り出したりといったケースはこの珍しいケースにあたる。別の角度からみれば，珍しいケースの中に新たな戦略を切り開くケース（先端ケース）が含まれるのであろう。**イノベーションは珍しいケースの中に存在するといってもよいだろう。**

極端なケースも新しい発見をもたらす可能性が高い。たとえば，極端に何かに偏った戦略をとったケースなどは，新たな発見や理論化が導き出される可能性が高い。**他の要因に比べて，何かの極端な要因の影響が大きく，その極端な要因による影響を知ることができるし，それが新たな発見や理論化に有効となる。**

結果が極端（大成功・大失敗）というのも，原因とプロセスを知ることから，理論化が可能となり，学術的価値が高くなりやすい。この例としては，大失敗に関するケーススタディとして有名な，優秀なグループが犯した意思決定の大失敗を分析し，グループデシジョンメーキングの大失敗を意味するグループシンクというコンセプトを開発したアービング・ジャニスの研究が挙げられる（Janis, 1972）。この研究は，ケネディ政権のピッグス湾攻撃，ニクソン政権のウォーターゲート事件，ジョンソン政権のベトナム戦争への介入拡大，真珠湾攻撃を予測できなかったルーズベルト政権，朝鮮戦争へのアメリカ政府の対応など歴史的な失敗を引き起こしたグループデシジョンメーキングのケーススタディを行い，お互いに優秀性を認め合う団結力・結束力の高いグループが陥る意思決定の大失敗プロセスの分析から，失敗の原因を指摘している。なお，同研究では第2次世界大戦後のマーシャル計画，キューバのミサイル危機へのケネディ政権の対応というグループディジョンメーキングの成功ケースも対比的に分析されている。本章でケーススタディの代表的研究例として紹介している

医療分野におけるイノベーションのケースを分析した研究（Ferlie et al., 2005）においても，最も普及したイノベーションケースと最も普及しなかったモチベーションケースの２つの極端ケースを比較している。

新事実のケースを，インは"それ以前には科学的研究を行えなかった現象を観察・分析する機会をもつ場合"（2011, p.55）と定義する。例としてボストンのイタリア人スラム街を対象としたウィリアム・ホワイトの『ストリート・コーナー・ソサエティ』（1943）とエリオット・リーボウの『タリーズ・コーナー』（1967）を挙げている。このうち『タリーズ・コーナー』は，リーボウがワシントンＤＣ近隣にすむ黒人グループと出会い，彼らと関わりを持つ中で知った彼らのライフスタイルや問題への対処行動，失業や格差に関する彼らの感受性を描いたものである。これまでこういった問題を研究する機会をもてず研究者にとって未開の領域であったものを，『タリーズ・コーナー』によって，こういう社会や研究分野があることが研究者に認識される。その結果，**それ以前は研究者たちにとっては未開の領域として研究対象とならなかった社会現象を明らかにした『タリーズ・コーナー』は**，単独ケーススタディであっても，新事実ケースとして正当化される，というのがインの主張である（2011, p.56）。

**以上の珍しい・極端・新事実ケースについてみてきたが，これらのケースは，すべて理論化のために決定的なケースと考えられる。**

### ③ 縦断的・後続的ケース

同じ社会グループに長期的にケーススタディを実施する点で，縦断的ケースと後続的ケースは同じタイプのケースに分類される。違いの１つは，縦断的ケースが同じ研究者グループによって長期的に実施されている研究であり，後続的ケースは，オリジナルと同じ研究者グループあるいは異なる研究者グループで長期的に実施される研究である。もう１つの違いは，縦断的ケースが長期間連続して研究が実施されるのに対して，後続的ケースはオリジナルケース終了後しばらくたった後に断続的に実施される研究である。以上のようにいくつかの違いはあるが，両者の類似性は高いというのが筆者の考えだ。

縦断的ケースと後続的ケースの類似性を示す例として，日立製作所に関するケーススタディを紹介する。オリジナルの研究は，日本とイギリスを代表する２社の工場に対する詳細なケーススタディに基づき，日本企業をコミュニティ

企業と特色づけた1970年代のロナルド・ドーアの研究である（Dore, 1973）。後続ケースは，ドーアの研究の後の日立製作所の変化・変遷を知るために1990年代後半の日立製作所をケーススタディした研究が挙げられる（Inagami & Whittaker, 2005）。この例は，オリジナルの研究者とは別の研究者によって同じ日立製作所を対象に行われたケーススタディであるため，後続的ケースであるが，同時に日立製作所に対する長期的なケーススタディとの側面も持っていると捉えられ，その点では縦断的ケースといえる。

　縦断的・後続的ケースの有効性について，ゴムたち（2000）の主張を紹介する。ゴムたち（2000）は，母集団が変化している可能性があるという問題も指摘しつつ，オリジナル・ケーススタディと同じ母集団に対して一般化が可能として，後続的ケースの有効性を主張している。母集団の時間的な変化については，縦断的ケースも同じ問題を共有しているが，縦断的ケース・後続的ケースともに，ケーススタディ結果をオリジナル・ケーススタディの母集団にある程度一般化することが可能であると筆者自身も感じており，縦断的ケース・後続的ケースには有効性があるとの意見に賛成する。その理由を，日立製作所に対するケーススタディによって説明したい。ドーアのオリジナル研究の後30年ほど経過した1990年代後半に，日立製作所における変化・変遷を分析した稲上とウィッタカー（2005）の研究は，日本最大の総合電機メーカーとして日本企業全体に影響力を及ぼし続けた日立製作所を研究することによって日本企業全体の変化・変遷を代表する可能性があるためだ。日立製作所は決して，典型的・一般的なケースではなく，日本的経営の先端的・原型的ケースであり，これは珍しい・極端・決定的・新事実ケースにつながるものである。

### ④　典型的・一般的なケース

　ケーススタディによってこれまで知らなかった新たな事実が発見され，それによって理論的一般化が実現する。これが，研究方法としてのケーススタディの貢献だとすると，典型的・一般的なケースはあまり適したケース選択基準とはいえないようだ。典型的・一般的ケースで新たな事実を発見するのは難しいためだ。もっとも典型的・一般的ケースがまったく意味をもたないということではない。本書では2つの状況を紹介する。1つ目は，これまであまり研究が行われてこなかった分野である。こういった分野では典型的・一般的ケースに

よって,初めてその社会現象に関する事柄が明らかとなる。これまで研究が行われておらず,**最初に行うケーススタディが極端ケース・珍しいケースであれば,その分野に関して間違った理解を与えることになってしまう**。最初のケーススタディは典型的・一般的ケースがふさわしいだろう。そして,ある程度状況がわかった時点からは,極端なケース・珍しいケースなど,より選択的にケースを選択していくことになる(Hakim, 1992)。

2つ目の状況は,1つ目の状況とは逆の状況である。すでに理論化が行われている分野に関して,典型的・平均的ケースから収集した豊富なデータに基づく分厚い描写(Thick Description)を提供することで(Geertz, 1973),これまでの理論では十分に解明されていなかった部分を補強することができるため,典型的・平均的ケースは有効に機能する。2つ目の状況では,分厚い記述が特に重要となる。定性ケーススタディであれば,長期間にわたる参与観察や数多くの半構造化・非構造化インタビュー,大量のドキュメント分析といった内容が求められるだろう。

## (2) 複数ケースの選択基準

複数ケーススタディの場合は,ケース間での比較に基づいてケーススタディ結果からの理論化を図るという方法がとられる。そのため,複数ケースの選択基準は,比較のための選択基準ということになる。本書では,複数ケースの選択基準としてジョン・スチュワート・ミルの基準,ロバート・インの基準,理論的サンプリング,主観主義パラダイムの選択基準を紹介する。

### ① ミルの基準

ジョン・スチュワート・ミルはケーススタディから得られた結果の比較をとおして理論化していくことを目的にケース選択基準として,一致法と差異法を提案した[1]。

〔一致法〕

類似した結果を得たケーススタディを比較して,ケース間で結果を類似させた要因を探していく方法。選択したそれぞれのケーススタディの結果に影響を与えた可能性のあるすべての要因を列挙していく。そして,この列記した要因

の中で，ケーススタディ間に共通の要因を見つける。もし共通要因が発見できれば，これが結果を発生させた原因ということになる。もし共通要因が複数見つかった場合には，1つの要因に特定されるまで，ケーススタディ対象を増やしていく。

たとえば，過去5年間にわたり，営業利益が向上したA社・B社を対象に一致法を使って営業利益向上の原因を推論してみる。営業利益向上のためにとった戦略として，多角化，オープンイノベーション，国際化，分社化，という4つの戦略的要因を列記する。そしてA社とB社で，この4戦略のうちどの要因が該当しているかを当てはめていく。A社では多角化，オープンイノベーション，国際化の3要因が該当し，B社では多角化，分社化の2要因が該当した。その結果，オープンイノベーション，国際化，分社化の要因は除外され，A社とB社がともに該当している要因である多角化が残り，営業利益向上に寄与した戦略は多角化と推論されることとなる（**図表9－1**）。

原因の可能性があるとして列記された要因を独立変数，結果を従属変数と表現すると，独立変数の中で，すべてのケーススタディ間で従属変数との関係が同じものがあるかを探していくことになる。一致法が適しているのは，1つの要因だけがケース間で同じで，それ以外の要因はケース間で異なるというケースを選択して比較する場合である。そのため結果は同じだが，特徴や状況はなるべく異なっているケースをケーススタディ対象として選択したほうがよい。たとえば，経営戦略を研究テーマとすれば，戦略は類似しているが，産業や規模，地域，歴史，従業員特性など他の要因は異なる企業を選択したほうがよいといった具合だ（野村，2017; 田村，2006，George & Bennett, 2013）。

**（図表9－1）一致法の推論**

| | 原因（営業利益向上のためにとった戦略） | | | | 結果 |
|---|---|---|---|---|---|
| | 多角化 | オープンイノベーション | 国際化 | 分社化 | |
| A社 | ○ | ○ | ○ | × | 営業利益向上 |
| B社 | ○ | × | × | ○ | 営業利益向上 |

出所：筆者作成

〔差異法〕

 異なった結果を得たケーススタディを比較して，ケース間で結果を異ならせている要因を探っていく方法である。差異法では異なる結果と関連のある要因を解明するのが目的であるため，異なる結果となったケースを選択し，それぞれのケースの結果と関連している可能性のあるすべての要因を列記していく。

 たとえば，過去5年間にわたり営業利益が向上したA社と，過去5年間にわたり営業利益が減少したB社を対象に差異法を使って営業利益向上を推論してみる。営業利益向上のためにとった戦略として，多角化，オープンイノベーション，国際化，分社化の4要因を列記する。そしてA社とB社で，この4つの要因のうちの要因が該当しているかどうかを当てはめていく。A社では多角化，オープンイノベーション，国際化の3要因が該当し，B社では多角化，オープンイノベーションの2要因が該当した。その結果，A社とB社の戦略の有無が一致した多角化，オープンイノベーション，分社化の要因は除外され，A社とB社が異なる対応をしている国際化が，A社とB社の営業利益の差を作った要因と推論されることとなる（**図表9－2**）。

 差異法では比較するケースの特徴や状況が類似していると，候補として挙げた要因の中から，結果を異ならせている原因が見つけやすいため，差異法は，1つの要因を除いて他の要因はケース間で一定となるようなケースが適している。その結果，なるべく特徴や状況が類似しているケースを選択したほうがよくなる。一致法とは逆の選択基準である。一致法と同様に，要因を独立変数，結果を従属変数とすると，独立変数のうち従属変数の変化と同じ変化を示すただ1つの独立変数が原因であるとするのが差異法である（野村，2017; 田村，2006，George & Bennett, 2013）。

**〔図表9－2〕差異法の推論**

|  | 原因（営業利益向上のためにとった戦略） | | | | 結果 |
|---|---|---|---|---|---|
|  | 多角化 | オープンイノベーション | 国際化 | 分社化 |  |
| A社 | ○ | ○ | ○ | × | 営業利益向上 |
| B社 | ○ | ○ | × | × | 営業利益低下 |

出所：筆者作成

〔ミルの基準の問題〕

　以上がミルの提唱した一致法と差異法である。ミルの基準は多くのケーススタディで参照されているものだが，残念ながら，これらの基準には問題がある。問題は，ミルの基準がいくつかの前提に立っており，この前提を満たすケーススタディが多いとは思えないためだ。本書では2つの前提を通して，基準の問題を指摘する。

　前提の1つは，"原因となる可能性のある要因がすべて考慮され，比較分析に用いられている"である。複数の研究方法を用いて集中的にデータを収集するケーススタディの特色は，膨大な量のデータ収集である。定性ケーススタディであれば，研究対象の複雑な社会文脈に関する大量のデータが収集されることとなる。こういった状況で，原因可能性のあるすべての要因を明確に特定できるとは考えにくい。ケーススタディの目的の1つは探究目的にある。つまり，原因可能性のある要因の探究であり，分析の最初から原因可能性のある要因のすべてが特定できてしまえば，ケーススタディにおける探究目的の意味はなくなってしまうだろう。また1つあるいは少数の社会グループに対する集中的な研究方法として，分厚い描写（Thick Description）が求められる（Geertz, 1973）ケーススタディにとって，原因可能性のある要因がすべて洗い出されるようでは，描写目的という点でもケーススタディの目的とは相反してしまう。

　2つ目の前提は"結果につながると推測される複数の要因の間で相互関係がない"という前提に立っている点である。ケーススタディで重要なのは，集中的・包括的なデータ収集により，研究対象の実態に迫ることである。そしてその大きな目的は，原因と考えられる要因間あるいは原因と結果の間などで，複雑に絡み合っている因果関係あるいは相関関係を分析・解明することにある。その結果，ミルの原因の可能性がある要因間で相互関係がないとするこの前提も，ケーススタディの前提としてはおかしなものとなってしまう。以上のとおり，多くのケーススタディにおいて，2つの前提ともに，成り立たないことが多いといえるだろう。さらにミルの方法では，異なるルートを通って同じ結果となる同一因果帰着性も考慮されていないという問題もある（George & Bennett, 2013; 野村，2017; 田村，2006）。

## ② インの基準

ロバート・イン（1994, 2009）は，ケーススタディにおけるケース選択は実験法と同じように考えるべきだと主張した。**単一ケースの場合は，単一実験のテーマ選択と類似した基準で選択し，複数ケースの場合は，複数の実験を考えると同じように，追試の論理（Replication Logic）に従うべきだとした**。追試の論理は，文字通りの追試（Literal Replication）と理論的な追試（Theoretical Replication）の2タイプの追試からなる。文字通りの追試は，同じ結果がでると予測される場合に同じ結果がでるかどうかを追試し，同じ結果となれば文字通りの追試が行われたものとみなす。理論的な追試に関しては，異なる結果がでると予想される場合に異なる結果となるかどうかを追試し，異なる結果となれば理論的な追試が行われたものとみなす。

インは文字通りの追試と理論的な追試がなされるようにケースを選択しなければならないという。そして，文字通りの追試と理論的な追試の結果，当初想定したとおりの結果が得られれば，理論化が図られる。予想しなかった結果となった場合には，当初の命題を修正し，他のケースで再度テストをする必要がある。追試の目的は内容豊かな理論的枠組みの開発にあり，特定の現象が発見される条件（文字通りの追試），発見されない条件（理論の追試）を明らかにしていくことで，理論的枠組みを開発するとの主張である。

以上がインのケース選択基準である。インの著作はケーススタディのテキストとして普及しており，日本でもインの基準を採用する研究者は多いと思われる。しかし，インの追試のロジックもミルの一致法・差異法と同様の問題をもっている。1つあるいは少数の社会グループを対象に集中的にデータを収集するケーススタディの目的は，複数の原因同士が複雑に絡み合っていたり，多くの媒介変数が存在するなど，非常に複雑な現実を明らかにすることにある。だが，インの追試の基準でこの複雑な実態に基づく理論化を図るのは難しいであろう。ミルと同様に同一結果帰着性や因果多様性の問題は，インの基準においても問題となるのである（野村，2017）。

## ③ 理論的サンプリング

「第7章 エスノグラフィー」で紹介したとおり，GTA（グラウンデッド・セオリー・アプローチ）にはさまざまな主張・方法があり，1つの統一した研

究方法とはなっていない。そのため、GTAにおける理論化のためのサンプリングである理論的サンプリング（Theoretical Sampling）についても、細かく捉えると複数の方法があるが、ここでは、オリジナルのグレイザーとストラウス（1967）、ストラウスとコービン（1998）、コービンとストラウス（2008）を基に理論的サンプリングを紹介する。なお、GTAでは理論的サンプリング以外にも、初期段階で研究対象範囲の特定や主要要素、全体プロセスの組み立てなどに活用する便利なサンプリング（Convenience Sampling）、インタビューの初期段階でインタビュー対象者を決めるために活用する目的のあるサンプリング（Purposeful Sampling）などがあり、GTAにおけるサンプリング方法の1つである（Morse, 2007）。

**理論的サンプリングも、ミルとイン同様に、基本的にケース間の比較の考えに基づいている。**比較ケースの選択基準は2つあり、1つは、現象を表す諸概念であるカテゴリーのもつプロパティ（カテゴリーを表す特性）を可能な限り多く、しかもできる限り広範囲にわたって収集できるケースを選択するということ。もう1つはさまざまなカテゴリーを相互に関連付け、複数のカテゴリーとそのプロパティを関連付けるのに役立つケースということだ（Glaser & Strauss, 1967）。この基準に応じて比較ケースを選択して、データを収集することで、カテゴリーを表す特性であるプロパティと、1つのカテゴリーが有するディメンション（1つのカテゴリーに含まれる多様性の範囲）に関するデータを十分に収集し、カテゴリーの内容を特定していく（Strauss & Corbin, 1998, Corbin & Strauss, 2008）。そしてデータ収集作業は、カテゴリーに関するプロパティとディメンションに関するデータが十分に収集されて、もはや新しい情報がでてこない状況になった時に終了する。これを理論飽和（Theoretical Saturation）という。

### ④ 主観主義パラダイムのケース選択

これまで紹介してきた**複数ケース間で原因と結果を比較するいうミルとインの複数ケースの選択基準は、基本的に客観主義パラダイムのケース選択基準といえる。**主観主義パラダイムに立てば、ケーススタディ対象の個別のケースには、それぞれ独特の社会文脈があり、その社会文脈を研究対象である社会グループメンバーたちがどう認識し、解釈したかを理解することが中心的な研究目的となる。ミルとインのケース選択基準は、主観主義パラダイムと相容れな

いものとなのである。主な理由を挙げると以下のとおりである。

　理由の1つの理由は，前述のとおり，それぞれのケースにおける社会文脈と主観性を軽視している点である。主観主義パラダイムに立てば，個別ケースで発生する社会現象は，関係者の認知・解釈も含めて特有の社会文脈の影響を受けて発生する。そのため，個別の社会文脈から切り離して原因となる可能性のある要因を抜き出して，ケース同士を比較しても意味がなくなってしまうし，特定の社会文脈を無視して，同じ結果がでるか，異なる結果がでるかを追試しても意味がなくなってしまう。

　**文脈から切り離すという点では，理論的サンプリングも同様に，客観主義パラダイムに立ったケース選択基準といえる**。GTA（グラウンデッド・セオリー・アプローチ）自体が，データを収集した特定の文脈から切り離して，切片化，コード化を行い，カテゴリー・プロパティ・ディメンションなどを特定していくためである。

　もう1つの理由は，**研究者の視点・ロジックでケース選択を行っている点だ。**たとえば，ケーススタディの各ケースにおいて結果の原因となった可能性のある要因を列記していくというミルの一致法・差異法は，研究者の視点や知識から原因となる可能性要因を列記しているものである。これはまさに外部の研究者の視点から発想する客観主義パラダイムといえる。インの追試の論理は，同じ結果が出ると予想される場合に同じ結果が出るかどうかを追試し（文字通りの追試），異なる結果がでると予想される場合に異なる結果が出るかどうかを追試する（理論的な追試）ものである。同じ結果が出るか，異なる結果が出るかの基準は，研究者が考えた基準であり，こちらも客観主義パラダイムのケース選択基準といえる。

　主観主義パラダイムのケース選択基準として，野村（2017）は，単一ケース選択と同じロジックに沿ってケースを複数選んでいくとして，2つのアプローチを提案する。1つは個別のケース分析において理論を通じてケースから得られる知見を一般化するように，理論に基づいて複数ケースを間接的に参照して考察を進めるアプローチである。もう1つは大きく異なる複数ケースを対照させて，それぞれの社会文脈における社会現象や社会グループにとっての意味の違いを際立たせて理論的考察を進めるというアプローチである（2017, p.59）。そして野村（2017）は，異なるケースの対象の例として，ギアーツのモロッコ

とインドネシアという，同じイスラム国であっても社会文化的状況が違う2つのイスラム教国の比較を挙げている（Geertz, 1968）。

　マッコール（1984）は，社会現象を研究するアプローチとして，行動変数アプローチ（Behavior Variables Approach），行動要因アプローチ（Behavior Element Approach），構築主義者アプローチ（Constructivist Approach）の3つを挙げている。行動変数アプローチは実践・理論に基づき，予め出現すると思われる行動を設定して測定するためのアプローチである。行動要因アプローチは，社会における相互関係は特定の要素からできているという想定に基づき，行動のパターンをいくつか設定して測定するアプローチである。この2つのアプローチは，客観主義パラダイムのアプローチといえる。これに対して構築主義者アプローチは，相互関係は特定の社会文脈の中で発生すると捉えるアプローチであり，ある社会現象へ参加する複数の人たちがどのようにグループとして社会現象を作り出すのか，あるいは社会現象を認識・解釈していくのかに焦点を当てるアプローチである。構築主義との言葉が示すとおり，主観主義パラダイムに立ったアプローチといえる。

　本章でケーススタディの代表的研究として紹介する3つの研究は，個別ケースを全体として捉えた単独ケースの選択基準に則ったものといえ，その点では主観主義パラダイムに則ったケース選択といえる。さらに，3つの研究の中で，最も普及したケースと最も普及しなかったケースという極端に異なる結果となった2つのケースを選択肢とした医療イノベーションの普及プロセスに関する研究（Ferlie et al., 2005）と，異なる特色を有する2つの企業者ネットワーキングに関する研究（金井, 1994）は，大きく異なる特色を有する対照的なケースの選択をしている。これは単独ケーススタディの極端ケースという選択基準を当てはめたもので，野村（2017）の議論に従えば，主観主義パラダイムのケース選択といえる。ただし，医療イノベーションに関するケースでは，2つの極端ケースによる発見を他の6つのケースで確認するという追試のロジック（Yin, 1994, 2009）が活用されている。この面では，**主観主義パラダイムと客観主義パラダイムの2つのパラダイムが用いられており，方法論的多元主義と捉えられる。**

## 2 ケーススタディの代表的研究例

### (1) 定性・複数ケースの研究例：医療イノベーションの普及プロセス

> Ferlie, E., Fitzgerald, L., Wood, M. & Hawkins, C.（2005）"The Nonspread of Innovations: The Mediating Role of Professionals", *Academy of Management Journal*, Vol.48, No.1, pp.117-134.

　医学的根拠に基づくイノベーションは普及すると思われるが，現実には，確固とした医学的根拠があるイノベーションであっても普及するとは限らない。イノベーションの普及に重要な要因は何なのだろうか。本研究は，医学関係の専門家集団の中で，「なぜ（Why）」「どのように（How）」イノベーションは広がっていくのか，あるいは広がらないのか，の解明に迫ったものである。

**〔研究概要〕**

　本研究が設定したリサーチクエスチョンは，①ヘルスケアにおけるイノベーションの普及は，線形か，あるいは非線形で複雑・ダイナミック・インタラクティブなプロセスなのか？　②強力な科学的証拠がイノベーションの普及要因なのか？　③イノベーションの複雑性が普及にどのような影響を与えるのか？である。以上のようなリサーチクエスチョンを設定したが，本研究は探索型研究と位置づけられ，研究グループは明確な仮説は設定しないという立場をとり，研究方法としては定性ケーススタディが選択された。

　ケース選択の基準は，医学的根拠の強さと，イノベーションの複雑性の程度である。この2つの基準に基づいて，2×2のセルを構築。各セルに対応する形でイノベーションケースが選択された。加えて，ケーススタディ対象を，急性疾患（AC=Acute Case）分野とプライマリケア（PC=Primary Case）分野から選ぶこととし，急性疾患とプライマリケアの2つの分野で，それぞれ医学的根拠の強さ基準と，複雑性の程度基準でケースを選択し，合計8つのイノベーションがケーススタディ対象となった（**図表9-3**）[2]。

　ケーススタディはマクロレベルとミクロレベルからなっている。マクロレベ

〔図表9－3〕ケーススタディ対象のイノベーション

|  |  | 医学的根拠 | |
|---|---|---|---|
|  |  | 強い | 弱い |
| イノベーション | 単純 | (AC) 低分子量ヘパリンによる血栓予防<br>(PC) アスピリンによる2次心不全の予防 | (AC) 鼠径ヘルニアの腹腔鏡手術<br>(PC) ホルモン置換療法による骨粗鬆症の予防 |
| イノベーション | 複雑 | (AC) 脳卒中予防のコンピュータ管理<br>(PC) プライマリケアによる糖尿病への対処 | (AC) 多様な出産ケア<br>(PC) 理学療法士の雇用 |

AC＝急性疾患分野，PC＝プライマリケア分野

出所：井上達彦（2014）『ブラックスワンの経営学：通説をくつがえした世界最優秀ケーススタディ』（日経BP社）を基に一部修正

ルでは，8つのイノベーションケースに関して，地域のNHS（急性疾患の場合）と保健機関（プライマリケアの場合）を対象に，3つの重要な専門家集団（公衆衛生，看護，理学療法の臨床医）のオピニオンリーダーに対するインタビューが行われた。インタビューの数は，急性疾患71，プライマリケア73である。ミクロレベルは，急性疾患対応の4つの病院とプライマリケアを行う4つの保健センターで実施され，医師，看護師，それ以外の医療従事者に対して，急性疾患48回以上のインタビュー，プライマリケアで40回以上のインタビューが実施された。加えて，ケーススタディ対象の病院・保健センターと関係機関における会議の議事録，8つの医療イノベーションに関するガイドラインや報告書，学術文献などを対象にドキュメント分析が行われ，さらに非公式な非参与観察も実施された。

〔第1段階のケーススタディ結果：イノベーションの非線形プロセスを発見〕

マクロレベル・ミクロレベルの調査で収集された情報に基づいて，8つの医療イノベーションの普及度合を，①各医療機関の対象地域内かどうか，②初期

〔図表9－4〕ケース別のイノベーションの普及状況

| 高い ← | | イノベーションの普及度 | | → 低い |
|---|---|---|---|---|
| (PC1) アスピリンによる2次心不全の予防 | (AC4) 多様な出産ケア | (AC1) 低分子量ヘパリンによる血栓予防<br>(AC3) 鼠径ヘルニアの腹腔鏡手術<br>(PC2) プライマリケアによる糖尿病への対処 | (PC3) ホルモン置換療法による骨粗鬆症の予防<br>(PC4) 理学療法士の雇用 | (AC2) 脳卒中予防のコンピュータ管理システム |

出所：井上達彦（2014）『ブラックスワンの経営学：通説をくつがえした世界最優秀ケーススタディ』（日経BP社）を基に一部修正

に医療イノベーションを行ったグループから，他の多くのグループに広がったか，③組織・職業・部門の壁を超えて広く広がったか，の3つの基準から分類したのが，**図表9－4**である。

　最も普及したイノベーションが，強い医学的根拠をもつアスピリンによる2次心不全の防止であった。だが，同じように強い医学的根拠を有する低分子ヘパリンによる血栓予防とプライマリケアによる糖尿病への対処は中程度の普及度合であり，医学的根拠の強い脳卒中予防のコンピュータ管理システムにいたっては，最も普及度が低くなっていた。この結果からは，②強力な科学的根拠がイノベーションの普及要因なのか？　に関しては，医学的根拠が強ければ，広く普及というわけではないことがわかった。①イノベーションの複雑性が普及にどのような影響を与えるのか？　に関しても，イノベーションが単純であっても普及が進むとは限らず，複雑性とイノベーションの普及との関係は見出せなかった。そして，③イノベーションの普及は線形か，あるいは非線形で複雑・ダイナミック・インタラクティブプロセスか？　に関しては，イノベーションの普及は，一直線の流れで進むものではなく，不規則で，時には完全に停止したり，逆行することもある，非常に不規則なものであることがわかった。

〔極端ケースを対象とした第2段階のケーススタディ〕
　医学的根拠の強さとイノベーションの複雑さが，必ずしもイノベーションの

普及度合に連動しないことを発見したため,イノベーションの普及プロセスの実態にさらに迫るべく,研究はケーススタディの第2段階に入っていった。方法は,8つのイノベーションケースの中で,最も普及したアスピリンによる2次心不全の予防と,最も普及しなかった脳卒中予防のコンピュータ管理システムという極端なケースに対してより掘り下げた調査を行うことであった。

最も普及したアスピリンによる2次心不全の予防に関しては,調査対象の4つの保険センターすべてでアスピリンが使われており,アスピリンに対する最新知識が,広く普及している実態が発見された。アスピリン処置は,簡単で値段も安いため,患者の側もアスピリン使用を納得しやすく,人気のある治療方法になっており,プライマリケアを統括する地方の保健機関も,アスピリン使用に関して積極的な導入施策を打ち出していた。普及プロセスをみると,2次心不全予防にアスピリンをいち早く導入した医療センターで,医師チームによってアスピリン使用に関する医療実験が行われていた中,チームの一員である医師の1人が書いた論文が,*British Medical Journal*に掲載された。これを契機に,看護師やそれ以外の医療スタッフなども加わったチーム活動が行われ,アスピリン使用に関する実施計画などが作り上げられていった。計画策定後に医師から看護師へとアスピリン使用の患者に対する定期モニタリング担当者の変更が行われたが,この間,医師と看護師間で頻繁な交流が実現し,この医師と看護師間の交流により,アスピリン使用の治療効果に関する多くのエビデンスが得られた。以上のように,本ケースからは,医師と看護師という異なるプロフェッショナル集団の間で,相互交流を通じて認識の共有化が起こったことが,イノベーション普及に重要な役割を果たすことが発見された。

これに対して,脳卒中予防のコンピュータ管理システムは,試験的な段階に止まり,普及は初期段階で停滞した。抗凝固薬による脳卒中予防に関しては,地域の保健当局や研究開発機関が有効性に関するエビデンスを承認しており,関係病院の心臓部門からも支援を受けていた。しかも,急性疾患を担うNHSだけでなく,地域でプライマリケアを担う保健センターも抗凝固薬による脳卒中予防の提供ができることを目指していたという状況があった。ランダム化比較試験(RCT)でも,脳卒中予防のための抗凝固薬の管理者移管の有効性に関するエビデンスが示されていたにもかかわらず,本イノベーションは進展しなかった。大きな理由は,本イノベーションの普及には,病院からプライマリ

ケアへ，研修医からベテラン看護師へ，医師による診療から情報ベースへ，という3段階での管理者移管が必要であったため，かなり性質を異にした多くのプロフェッショナル集団が関係したことにある。具体的には，病院勤務の心臓専門医，血液学者，研修医，プライマリケアの医者とベテラン看護師，そしてコンピュータシステムのデザイナーとヘルスサービスの研究者などである。彼らは受けてきた教育や社会階層は異なっており，多様なプロフェッショナル集団のすべてで共通認識をつくることはできなかった。特に鍵となるのは，病院の研修医からプライマリケアのベテラン看護師への管理者移管であったが，ベテラン看護師側は，抗凝固薬による脳卒中予防の管理という重大な役割に不安を抱え，移管する側の病院も，看護師たちが積極的に管理者となるかに疑問を持っていた。このようなプロフェッショナル間の意識のずれによって，イノベーションの普及は頓挫してしまった。

以上のとおり，イノベーションが普及したケースでは，組織間・プロフェッショナル間で社会的アイデンティティと共通価値基盤の構築ができ，イノベーションは広く普及した。これに対して，普及しなかったケースでは，組織間・プロフェッショナル間で社会的アイデンティティ・共通価値基盤の構築はできず，イノベーションは普及しなかった。

さらにこの2つの極端ケースから得たこの発見が他の6つのイノベーションケースにも当てはまるかどうかが確認された。追試のロジック（Yin, 1994, 2009）が適用されたのである。その結果，関係者が総合外科医だけで，多くの医師が腹腔鏡手術に殺到したにもかかわらず中程度しか普及しなかった鼠径ヘルニアを除いて，5つのケースは，2つの極端ケースからの発見を追試するものであった。以上のようにして，本研究では，イノベーションに関連する複数のプロフェッショナル間で，社会的・認知的な壁を越えられるかどうかが，医療のイノベーションに重要な役割を果たすと結論づけた。

### (2) 定量・複数ケースの研究例：
日本企業における人事改革の効果を検証

都留康・阿部正浩・久保克行（2005）『日本企業の人事改革：人事データによる成果主義の検証』東洋経済新報社

〔研究概要〕

本研究は，日本企業3社（機械関連メーカーA社，技術専門商社B社，装置産業C社）に対するケーススタディを通じて，1990年代以降進展した日本企業の人事改革や企業合併に伴う人事制度統合のプロセスと効果を検証することを目的としたものである。研究内容をまとめた『日本企業の人事制度改革：人事データによる成果主義の検証』（東洋経済新報社）を基に，研究内容を紹介する。

まず研究で用いられたデータについて述べる。本研究では3つの方法によってデータが収集されている。第1が，従業員個々人の入社以来の資格等級，役職，月例給与，賞与，査定点，および個人の属性（入社年次，性別，学歴など）などの人事データ。これら人事に関する1次データを使って分析している点が，本研究の大きな特色となっている。第2が，従業員意識調査データ。企業の施策に対する従業員の反応を知るために活用されている。人事データと従業員調査データの両方を用いることで，本研究では客観的処遇状況を示すデータと従業員の主観的意欲・態度との関連の分析が可能となっている。第3が，ケーススタディ企業に対するインタビューである。企業が「何を意図したか」を知るために，ケーススタディ企業3社の人事部門に対して行われた。インタビューからの定性データ分析を加味することで，人事制度設計にこめられた意図や運用における企業特有の事情などが分析可能となっている（明確な記載はないが，インタビュー情報の記載内容から，インタビューは半構造化あるいは非構造化インタビューであったと推測される）。

以上のように，本研究は定量データと定性データの両方を収集し，ケーススタディを行っており，定量ケーススタディと定性ケーススタディの両面を持っているが，中心は定量データであるため，定量ケーススタディの代表的研究として取り上げる。

以下，同書のアウトラインを見ていくことで，研究全体の概要紹介としたい。

第1章では，成果主義人事に関する分析のフレームワークとして本研究において活用される人事の経済学が紹介される。焦点が当てられるのは，経済学における成果給分析の中心的な理論であるエージェンシー理論である。第2章では，職能資格等級から職務等級・役割等級への変化といった1990年代以降の日本企業の人事制度の変遷がまとめられている。第1章・第2章は本研究の文献

レビューの部分であり，第3章以降がケーススタディの内容となっている。

第3章は，ケーススタディ3社の人事データに基づいて従業員個々人の報酬（従属変数）と，年齢・勤続年数・役職・査定点などの独立変数と仮定される変数との関係に関する定量分析である。分析の結果，ケーススタディ3社すべてで，賃金に対する査定の影響が強まっており，加えて，職能資格制度を廃止したA社とB社では賃金の下方硬直性が是正され，賃金と仕事との連動が強まっていることが発見された。

第4章から第9章までは，ケーススタディ企業3社の個別企業分析である。第4章と第6章が，職能資格から役割等級に管理職層の社員等級構造を変化させたB社のケースだ。第4章では，社員等級構造を変化させた理由を紹介。第6章では，等級構造の変化が従業員の労働意欲や個人業績に与えた影響が，従業員意識調査と人事データから分析された。従業員意識調査では，労働意欲は高まっているとの結果が出たが，個人業績は必ずしも高まっていない。人事データからは，等級構造の変化に伴い，インセンティブ強度（従業員の努力水準と賃金との連動度）と個人業績との関係が強くなっていることがわかった。

第5章と第9章はA社のケーススタディ結果である。第5章は，管理職層の等級構造の職能資格から職務等級への改定に関する分析である。等級構造変化に伴う従業員個々人の再格付けを分析すると，大規模な昇格と降格が発生していることが判明した。また，昇格者は平均的賃金上昇より賃金上昇が高かったのに対して，同等程度の格付け者や降格者は賃金が下落していることがわかった。なお，A社の従業員意識調査からは，人事制度改革の対象となった管理職層では労働意欲は向上し，対象外であった非管理職層では労働意欲は低下していること，個人業績には明瞭な変化はみられないことが明らかとなった。第9章が，1993年と96年に実施した2回の希望退職募集における退職者の分析である。人事データからは，第1次雇用調整では希望退職者は会社にとって辞めてほしい人であったが，第2次雇用調整では非管理者層で能力の高い者が流出している可能性があることが判明した。A社のケースは，希望退職には成績優秀者の流出という逆選択現象が伴うことを明らかにしている。

第7章と第8章は旧X社が旧Y社を吸収する形で合併して成立したC社のケーススタディ結果である。第7章では，C社における合併に伴う退職の動向，人事制度の統合に伴う職能資格の再格付けの分析が行われている。退職動向に

関しては，退職の従業員属性を調べたところ，人事評価の査定点が低いほど，職能資格が低いほど退職しやすく，また旧X社では勤続年数が長く年齢の高い従業員ほど退職していることがわかった。職能資格の再格付けに関しては，旧X社の職能資格制度を踏襲したC社における，旧Y社社員の再格付けに関する分析がなされた。再配属の規定要因を統計的に分析すると，査定点の高い従業員ほど高い職能資格に格付けされ，逆の場合は逆となっていることが判明した。第8章では，従業員の合併に対する評価，合併が労働意欲や帰属意識に与える影響が，従業員意識調査から分析されている。合併に対する評価，労働意識・帰属意識の規定要因に関する分析からは，①旧X社従業員，旧Y社従業員とも年齢が高いほど合併に対する評価は否定的になる，②労働意識では，旧X社従業員では年収の低い層ほど意欲を向上させ，旧Y社従業員では逆に年収の高い層ほど意欲を向上させている，③両社ともより高い職能資格や年齢の従業員の帰属意識が高い，などがわかった。

〔ケーススタディ企業3社の人事データ分析〕

以上概観したとおり，本研究では数多い分析が行われている。本書ではその中から，第3章記載の人事データに基づく従業員の属性，職位，資格，査定点などと賃金に関する定量分析の一部を紹介する。A社は職務等級制度への変更，B社は役職等級制度への変更がなされ，C社では合併により人事制度の統合などが行われたが，職能資格制度は維持された。同研究では，3社における人事に関わる変化が従業員の賃金にどのような影響を与えたかが，3社の人事データから分析されている。多岐にわたる分析の中から，本書で取り上げるのは，3社における年齢・賃金プロファイルの変化と決定係数からみた賃金決定要素の部分である。まず，3社における年齢・賃金プロファイルの変化は以下のとおりである。

- **A社**　1992年・96年と2001年を比べると，月例給与では40歳以降で年齢・賃金プロファイルのフラット化と50歳以降での同一年齢間での格差拡大がみられ，賞与では，30歳代の終わりから40歳代の初めを境に同一年齢間での格差拡大がみられる。年収については，1992年から2001年にかけて中央値の軌跡をみると，年齢・賃金プロファイルのフラット化がみられる。以上から，2000年の人事制度改革によって，賃金構造が変化したことが示唆される。人

事制度改革の要点は，年齢・賃金プロファイルのフラット化にあったが，賞与の格差は拡大したものの月例給与の格差拡大の事実は明瞭に出てこない。この結果からは，職務給の導入が，月例給与格差の拡大よりも賃金の下方硬直性の是正に貢献したことがうかがえる。

● **B社** 管理職層の月例給与の変化については，3つの特徴が挙げられる。①加齢とともに月例給与の中央値が上昇する，②加齢とともに月例給与の分散が大きくなる，③特に管理職への昇格時期である年齢35歳前後，勤続13年前後を境に賃金の分散が拡大する。これらの変化は，2000年の人事制度改定が，管理職の賃金プロファイルを，フラット化と賃金格差の拡大，という2つの方向で変化させたことを示唆している。

● **C社** 月例給与に関しては，1998年の旧X社の賃金プロファイルと2001年のC社のそれは，類似性が高い。どちらのサンプルでも年齢と月例給与の間に非常に強い相関があり，変化の幅が小さいことがわかる。他方，賞与に関しては，2001年データでは39～40歳から同一年齢間の分散幅が大きくなっている。この分散は，昇進・昇格格差が原因と思われ，年収に関しても，同じ傾向を読み取ることができる。

　ついで，決定係数からみた3社における月例給与の決定要素は以下のとおり。

● **A社** 資格ダミーを説明変数としたときの自由度修正済み決定係数は，1992年と96年では0.8を超えており，92年と96年時点で，A社における説明力の最も高い説明変数は資格であることがわかった。だが，2001年時点では，管理職層の修正済み決定係数が，0.27と大幅に減少し，この影響で従業員全員でも0.418と減少している。だが，非管理職層については2001年も0.876と高い数値を示しており，管理職層のみが係数を低下させている。本来なら，職務給は等級だけで一義的に決定されるはずである。役職との相関などもあるのかもしれない。

● **B社** 資格ダミーを説明変数としたときの自由度修正済み決定係数は，どの年も約0.97であり，B社においても，説明力が最も高い説明変数は資格である。だが，非管理職層に比べると管理職層の係数は低い。管理職層には資格以外に役職も賃金に影響を及ぼしているためと考えられる。特に人事制度変更後の2001年には役職の影響が高まっており，役割等級導入の影響を反映し

たものと考えられる。

- **C社** 資格のみを独立変数として年収に対して回帰分析を行ったときの自由度修正済み決定係数は，旧X社で0.779，C社で0.845と高い値となり，旧X社・C社においても資格が大きな説明力をもつ。全社員を対象としたサンプルで自由度修正済み決定係数を比較すると，資格が一番大きく，次に年齢，勤続年数，やや小さくなって役職の順になる。

 3社の月例決定要素についてまとめると，資格が最も重要であり，続いて年齢および勤続年数が影響力をもち，年齢と勤続年数は，より最近に近づくほど説明力を低下させている。

### (3) 定性・定量両面からの複数ケースの研究例：2つの企業者ネットワーキングを比較

> 金井壽宏（1994）『企業者ネットワーキングの世界：MITとボストン近辺の企業者コミュニティの探求』白桃書房

 「第7章 エスノグラフィー」では，本研究をエスノグラフィーの代表的研究例として紹介した。本研究は参与観察，インタビュー，ドキュメント分析などによってデータを収集したエスノグラフィーとして優れた研究であるが，同時に質問票によるサーベイリサーチも実施しており，研究全体としては，定性と定量の両面をもったケーススタディと捉えられる。サーベイリサーチの目的は，エスノグラフィーで得られた定性データに，サーベイによる定量データを加えることで，2つのネットワーキング組織をより体系的に比較することにある。**定性・定量の両面からデータを収集することで，定性研究・定量研究の両者が持つ強み・弱みを補強・補完することが可能となり**，内的妥当性，外的妥当性，社会文脈妥当性，信頼性という研究評価指標からみても，研究の質を向上させている。本研究のエスノグラフィーの部分に関しては，「第7章 エスノグラフィー」で取り上げているため，本章では，質問票によるサーベイリサーチの部分に焦点を当てる。

 質問票は郵送方式で，対象者はフオーラム会506人，ダイアローグ会383人，回収率は，フォーラム会40.2％，ダイアローグ会36.4％である。本研究では質

問票によるサーベイリサーチの実施に先立ち、フォーラム会の参加者の一部 (64人) を対象に質問票によるパイロットリサーチを実施した。パイロットリサーチでの質問内容は、参加者の特性、フォーラム会との関わり方、期待する便益などである。パイロットリサーチで収集した定量データとエスノグラフィーで得られた定性データを基に、フォーラム会・ダイアローグ会メンバーに対するより大規模なサーベイリサーチの質問内容として、以下を含む項目が決められた。

- ネットワーキング組織をつきとめる基となった情報
- 会へのコミットメント (強度・期間)
- 会合の雰囲気や集団風土の知覚
- フォーラム会、ダイアローグ会のインパクト、得られる満足と得られると期待される便益
- ネットワーキング行動 (他のネットワーキングに関する知識と参加など)
- ネットワーキング態度 (強連結指向性・弱連結指向性、同質性・継続性選好、多様性・参加者流動性選好など)
- パーソナリティ
- 回答者の属性、企業者の会社の特性

　質問票には2種類の問いが混じっている。大半の質問は、パイロットリサーチやエスノグラフィーを通じて得られた情報を基に作成されたものであり、これが第1のタイプで、こちらがサーベイリサーチの中心である。第2のタイプは先行研究から理論的に示唆される変数を測定するための質問であり、分量的には少ない。パーソナリティ尺度がその典型であり、ロッター尺度、マキャベリ主義尺度、ロキーチ尺度などが活用された。

　ここでは数多い質問項目の中から、フォーラム会・ダイアローグ会の集まりの場の雰囲気ないし風土に関する回答結果を紹介する。質問は、演繹的形式性、表出的共感性、知識・関心の分化/規範の曖昧性、閉鎖性・近親性/同一性・継続性の4つに分かれている。ほとんどの質問で統計的優位な差がでており、2つのネットワーキングの雰囲気・風土が異なっていることが現れた結果となっている (**図表9－5**)。

〔図表9-5〕フォーラム会とダイアローグ会の集まりの場の雰囲気ないし風土の比較

（下位サンプル別の平均値の比較）

| | フォーラム会 | ダイアローグ会 | t値 |
|---|---|---|---|
| 演繹的形式性（項目12は逆転スコア） | 4.16(0.90) | 2.98(0.83) | 10.97*** |
| (12) 会合は形式ばっていない | 4.53(1.48) | 6.13(1.03) | 10.42*** |
| (9) 会合の場は人々が演技を行う舞台のようである | 4.24(1.58) | 2.68(1.49) | 8.25*** |
| (2) 人びとは会合の場で面子を保とうとする | 5.07(1.18) | 4.15(1.50) | 5.48*** |
| (5) 血みどろの議論もありうる | 3.95(1.67) | 3.31(1.75) | 3.04** |
| 表出的共感性 | 4.37(1.11) | 5.19(1.01) | 6.32*** |
| (7) 集団療法のような面もある | 3.28(1.64) | 4.58(1.72) | 6.27*** |
| (6) 会合で人びとは心配・不安をあらわすこともある | 4.51(1.48) | 5.31(1.39) | 4.58*** |
| (3) 多くの共通の懸念がある | 5.42(1.28) | 5.70(1.67) | 1.92 |
| 知識・関心の分化／規範の曖昧性 | 4.87(0.77) | 4.54(1.10) | 2.77** |
| (14) 参加者によって興味の対象が全く異なっている | 5.67(1.26) | 4.92(1.55) | 4.29*** |
| (11) いったい何が本当に起こっているかを他の人びとよりよくわかっている参加者もいる | 5.89(1.11) | 5.48(1.45) | 2.54* |
| (15) 会合の規則・規範が曖昧である | 3.00(1.49) | 3.20(1.61) | 1.07 |
| 閉鎖性・親近性／同一性・継続性（項目(1)と(4)は逆に，オープン性・流動性） | 3.48(0.77) | 3.59(0.85) | 1.05 |
| (1) 集団に入りたい人はだれでも歓迎される | 5.90(1.37) | 4.99(1.92) | 4.40*** |
| (4) 参加者との長い付き合いは期待できない | 4.13(1.67) | 3.30(1.63) | 4.00*** |
| (8) いつも同じことを言う人がいる | 4.66(1.64) | 3.95(1.59) | 3.54*** |
| (10) 会合に出ている人びとはそれぞれよく似ている | 3.20(1.49) | 2.74(1.55) | 2.44* |

［注］ 1 各項目はリッカート型7点尺度で測定された（1は「まったく正確でない」，7は「非常に正確である」
　　　2 （ ）内の数字は標準偏差
　　　3 統計的有意性（両側検定）は以下のとおり。
　　　　　*p＜.05，**p＜.01，***p＜.001

出典：金井壽宏著（1994）『企業者ネットワーキングの世界：MITとボストン近辺の企業者コミュニティの探求』（白桃書房）を基に一部修正

〔注〕
(1) ミルは，一致法，差異法以外にも，共変法なども提案しているが，本書では代表的な一致法と差異法を紹介する。
(2) 本書では，研究対象の8つのイノベーションケースの名称を，原典の研究論文（Ferlie, et al., 2005）で用いられた名称ではなく，*Academy of Management Journal*で最優秀論文賞を受賞したケーススタディを，独自の視点から解説した井上（2014）で使われた名称を活用する。その理由は，井上では，原典論文に記載されたイノベーションケースの説明などに基づき，日本の読者に分かりやすい名称に変更されているケースがあるためだ。たとえば，研究論文ではイノベーションケースの名称は，"Treatments of diabetes following the St. Vincent Declaration"であるが，井上では「プライマリケアによる糖尿病への対処」あるいは「糖尿病への対処」と記載されている。1989年にイタリア・セントビンセントにヨーロッパ各国から政府組織・患者団体・専門家など関係者が集まり，糖尿病治療に関する原則を設定。イギリスでは，この原則にそってプライマリケア分野で，さまざまな専門家からなるチームによって糖尿病治療が行われている（Ferlie, et al., 2005: p.122）。そのため，原典論文における名称は，イギリスでは理解される名称であるが，日本では理解されにくいため，ケース名称の変更が行われたと推察される。本書もこれと同じ考え方をとり，井上で用いられた名称を活用する。

[参考文献]

Bryman, A. (1989) *Research Methods and Organization Studies*, Routledge.

Bryman, A. (2016) *Social Research Methods* ($5^{th}$ ed.) Oxford University Press.

Bryman, A. & Bell, E. (2007) *Business Research Methods.* ($2^{nd}$ ed.) Oxford University Press.

Bryman, A. & Bell, E. (2015) *Business Research Methods* ($4^{th}$ ed.) Oxford University Press.

Corbin, J. & Strauss, A. (2008) *Basics of Qualitative Research: Techniques and Procedures for Developing Grounded Theory* ($3^{rd}$ ed.) SAGE Publications（操華子・森岡崇訳『質的研究の基礎：グラウンデッド・セオリーの開発と手順（第3版）』医学書院，2011）

Dore, R. P. (1973) *British Factory-Japanese Factory: The Origins of National Diversity in Industrial Relations*（山之内靖・永易浩一訳『イギリスの工場・日本の工場：労使関係の比較社会学』筑摩書房，1987）

Ferlie, E., Fitzgerald, L., Wood, M. & Hawkins, C. (2005) "The Nonspread of Innovations: The Mediating Role of Professionals", *Academy of Management Journal*, Vol.48, No.1, pp.117-134.

Geertz, C. (1968) *Islam Observed: Regulation Development in Morocco and Indonesia*, Yale University Press（林武訳『二つのイスラーム社会：モロッコとインドネシア』岩波書店，

1973年）

Geertz, C.（1973）*The Interpretation of Cultures: Selected Essay*, Basic Book（吉田禎吾・柳川敬一・中牧弘允・板橋作美訳『文化の解釈学』岩波現代選書，1987）

George, A. L. & Bennett, A.（2005）*Case Study Theory Development in the Social Science*, MIT Press（泉川泰博訳『社会科学のケーススタディ：理論形成のための定性的手法』2013, 勁草書房）

Gerring, J.（2017）*Case Study Research : Principles and Practices*, Cambridge University Press.

Gill, J. & Johnson, P.（2002）*Research Methods for Managers*（3$^{rd}$ ed.）SAGE Publications.

Gill, J. & Johnson, P.（2010）*Research Methods for Managers*（4$^{th}$ ed.）SAGE Publications.

Glaser, B. G. & Strauss, A. L.（1967）*Discovery of Grounded Theory: Strategies for Qualitative Research*, Aldine Publishing（後藤隆・大出春江・水野節夫訳『データ対話型理論の発見：調査からいかに理論をうみだすか』新曜社，1996年）

Gomm, R., Hammersley, M. & Foster, P.（2000）"Case Study and Generalization", in R. Gomm, M. Hammersley. & Foster, P.（eds.）*Case Study Method*, SAGE Publications.

Hakim, C.（1992）*Research Design: Strategies and Choices in the Design of Social Research*, Routledge.

Inagami, T. & Whittaker, D. H.（2005）*The New Community Firm: Employment, Government and Management Reform in Japan*, Cambridge University Press.

Janis, I. L.（1972）*Group Think* Yale University Press.

Liebow, E.（1967）*Tally's Corner*, Little, Brown and Co.

McCall, G. T.（1984）"Systematic Field Observation 2, *Annual Review of Sociology*, Vol. 10, pp.263-282.

Morse, J. M.（2007）"Sampling in Grounded Theory", in A. Bryant & D. Charmaz（ed.）*The SAGE Handbook of Grounded Theory*, SAGE Publications.

Stake, R. E.（2000）"Case Study", in N. K. Denzin, & Y. S. Lincoln（eds.）*Handbook of Qualitative Research*（2$^{nd}$ ed.）SAGE Publications.

Strauss, A. L. & Corbin, J.（1998）*Basics of Qualitative Research: Techniques and Procedures for Developing Grounded Theory*（2$^{nd}$ ed.）, SAGE Publications（南裕子監訳『質的研究の基礎：グラウンデッド・セオリー開発の技法と手順（第2版）』医学書院, 1999年）

Whyte, W. F.（1943）*Street Corner Society*, University of Chicago Press（奥田道大・有里典三訳『ストリート・コーナー・ソサエティ』有斐閣, 2000）

Yin, R. K.（1994）*Case Study Research: Design and Methods*（2$^{nd}$ ed.）SAGE Publications.（近藤公彦訳『新装版ケーススタディの方法』2011, 千倉書房）

Yin, R. K.(2009)*Case Study Research: Design and Methods*（4$^{th}$ *ed.*）SAGE Publications.
Yin, R. K.(2014)*Case Study Research: Design and Methods*（5$^{th}$ *ed.*）SAGE Publications.
井上達彦（2014）『ブラックスワンの経営学：通説をくつがえした世界最優秀ケーススタディ』日経BP社
金井壽宏（1994）『企業者ネットワーキングの世界：MITとボストン近辺の企業者コミュニティの探求』白桃書房
田村正紀（2006）『リサーチ・デザイン：経営知識創造の基本技術』白桃書房
都留康・阿部正浩・久保克行（2005）『日本企業の人事改革：人事データによる成果主義の検証』東洋経済新報社
野村康（2017）『社会科学の考え方：認識論，リサーチ・デザイン，手法』名古屋大学出版会

# 索　引

## ■英　語■

actual ……………………………… 203
Behavior Element Approach ………… 224
Behavior Variables Approach ………… 224
Closed Setting …………………………… 165
Complete Observer …………………… 163
Complete Participant ………………… 162
Constructionism ………………………… 20
Constructivist Approach ……………… 224
Contingency Theory …………………… 14
Covering Law …………………………… 22
Covert Full Member …………………… 164
Covert Observation ………… 165, 166, 188
Credibility ……………………………… 54
Cross Sessional Survey ……………… 134
Dependability ……………………… 54, 56
Ecological Validity …………………… 51
empirical ……………………………… 203
Epistemology …………………………… 20
External Validity ……………………… 50
Going Native …………………………… 187
GTA ……………………………………… 170
Hawthorne Effect ……………………… 28
Internal Validity ……………………… 48
Job Enlargement ……………………… 79
Job Enrichment ………………………… 79
Literal Replication …………………… 221
Longitudinal Survey ………………… 134
Method ………………………………… iii
Methodological Pluralism ………… 199
Minimally Participating Observer …… 165
MITエンタープライズ・フォーラム … 171
Non-Participating Observer with
　Interaction ………………………… 165
Observer as Participant ……………… 163
Ontology ………………………………… 18
Open Setting …………………………… 165
Operationalization …………………… 30
Overt Full Member …………………… 164
Overt Observation ………… 165, 166, 188
Partially Participating Observer …… 165
Participant as Observer ……………… 162
Participating Observer ……………… 164
Positivism ……………………………… 22
real ……………………………………… 203
Realism ………………………………… 18
Reflexivity ……………………………… 187
Reliability ……………………………… 52
Replication Logic ……………………… 221
Research Method ……………… Ⅲ, 3, 22
Research Methodology ……………… Ⅱ
Respondent Validation ……………… 55
Social Constructionism ……………… 25
Theoretical Replication ……………… 221
Theory Laden …………………………… 32
Transferability …………………… 54, 56
WERS …………… 134, 137, 140, 142, 145
Working Hypothesis …………………… 53
Workplace Employment Relations
　Survey ……………………………… 137

## ■あ　行■

アーカイブデータ分析 ………………… 172
アクチュアル …………………………… 203
一致法 …………………………………… 223

一致法の推論··················218
移転性···················54, 55
イノベーション············227, 229
医療イノベーション·····225, 227, 229
因果関係·····················153
インタビュー····60, 133, 134, 161, 175, 176,
　190, 195, 226, 230, 234
インタビューサーベイ············151
インの基準···················221
インの追試の論理··············223
インフォーマルグループ············11
衛生要因··················77, 78
エグゼクティブ・ダイアローグ・グループ
　························171
エスノグラフィー····159, 160, 161, 168, 169,
　171, 172, 173, 175, 177, 179, 182, 183, 184,
　185, 188, 190, 195, 198, 206, 207, 234,
演繹法················17, 29, 31, 40
演繹法アプローチ············200, 201
演繹法的学習プロセス············201
横断的サーベイ············134, 136
オープンシステム···············205

■か 行■

外的妥当性····50, 87, 90, 117, 118, 152, 183,
　184, 185, 198, 199, 206, 208
回答者有効性···················55
外部から閉ざされた状況·······165, 166
外部に開かれた状況··········165, 166
科学的管理法····················7
仮説検証型···················155
仮説検証型研究··········92, 152, 183
観察者としての参加者············162
観察法···········159, 160, 161, 182, 185
間接観察····················161
完全な観察者·················163
完全な参加者·················162
管理機能論·····················8
棄却·······················30
企業者ネットワーキング···········234
技術イノベーション··········179, 180
帰納法··········17, 18, 31, 40, 184, 200
帰納法アプローチ············200, 201
帰納法的学習プロセス············201
客観主義····Ⅳ, Ⅴ, 36, 47, 68, 100, 101, 129,
　130, 168, 169, 196, 197
客観主義パラダイム····17, 18, 21, 29, 36, 37,
　39, 42, 43, 45, 48, 92, 170, 183, 185, 195,
　196, 197, 199, 200, 204, 206, 223, 224
客観主義パラダイムのケース選択基準
　······················222, 223
キャリア・アンカー················83
キャリア・アンカー・インタビュー
　····················74, 83, 84
教育用ケーススタディ···········194
極端なケース··············227, 228
グラウンデッド・セオリー・アプローチ
　························170
クリティカル・インシデント・テクニック
　······················69, 77
クローズドシステム··············205
グロス変化量·················137
経験·······················203
ケーススタディ·······161, 172, 194, 195, 196,
　197, 198, 199, 206, 207, 212, 214, 217, 219,
　221, 225, 226, 231, 232,
ケースの選択基準··········212, 213, 223
ケースメソッド················194
研究アプローチ·········Ⅲ, Ⅳ, 17, 29, 36, 40,
　47, 199
研究パラダイム··········Ⅳ, 36, 47, 100, 168
研究パラダイム軸············129, 168
研究評価指標············48, 185, 199
研究方法·················Ⅱ, Ⅲ, 3, 22
研究方法論····Ⅰ, Ⅱ, 2, 36, 89, 153, 185, 194,
　197, 199

研究用ケーススタディ･････････････194
検証･････････････････････････････30
公式インタビュー･･････････････････176
構成主義･･･････････17, 18, 19, 20, 29, 202, 203
構造化インタビュー･･････61, 64, 65, 68, 87, 133, 134, 138, 151, 152, 198
構築主義者アプローチ･･･････････････224
行動アプローチ･･･････････････6, 7, 9, 14
行動変数アプローチ･････････････････224
行動要因アプローチ･････････････････224
広範･････47, 68, 101, 130, 168, 169, 183, 196, 197
コード化･･････････････････････････180
コールセンター････････････179, 180, 181
個性記述的アプローチ･･･････････17, 31
古典的アプローチ･･･････････････6, 14
コホートデザイン･････････････134, 136
コルブの経験学習サイクル･･･････200, 201
コンティンジェンシー･･･････････････147
コンティンジェンシーモデル･････････150
コンピテンシー･････････････････80, 81
コンピテンシー研究･････････････80, 81
コンフィギュレーション･････････････147
コンフィギュレーションモデル･･･････150

■ さ 行 ■

サーベイ･････････････････････123, 124
サーベイリサーチ････123, 124, 125, 127, 129, 130, 133, 134, 137, 140, 150, 152, 153, 195, 198, 234,
再帰性････････････････････････････187
再現性･････････････････････88, 152, 185
最小限度で参加する観察者･･･････････165
差異法･･････････････････････････････223
差異法の推論･････････････････････219
作業仮説･･････････････････････････53
参加している観察者････････････････164
参加者としての観察者･････････････163

サンプリング･････････････････････131
参与観察･･･････････160, 169, 172, 175, 186, 234
自己管理型ワークグループ････109, 110, 113, 119, 120
システマチックコントロール･･･････97, 100
システムズ理論･･･････････････････12
実験グループ････95, 96, 97, 98, 99, 103, 105, 106, 108, 110, 115, 119, 120
実験室実験････････････････93, 94, 98, 100
実験法････92, 98, 99, 100, 101, 102, 117, 118, 154
実在･････････････････････････････203
実在主義･･･････････････17, 18, 29, 202, 203
実証主義･･･････････17, 22, 24, 28, 29, 32, 202
質問票･･･････････133, 134, 138, 152, 198, 234
質問票サーベイ･･･････････････133, 134, 151
社会構成主義･･･17, 18, 25, 29, 202, 203, 205
社会文脈妥当性･････51, 56, 88, 90, 117, 118, 119, 120, 150, 152, 183, 184, 189, 198, 199, 206, 207
従業員参加型ワーク･･･････････････177
従業員参画型ワーク･･････････176, 178
従業員調査データ･････････････････230
縦断的・後続的ケース･････････････215
縦断的サーベイ･･･････････････････134
集中･････47, 68, 101, 129, 130, 168, 169, 183, 196, 197
集中軸･･････････････････････130, 183
主観主義･･･････Ⅳ, Ⅴ, 36, 47, 68, 100, 101, 129, 130, 168, 169, 196, 197
主観主義パラダイム････17, 21, 29, 40, 43, 45, 54, 56, 159, 168, 184, 185, 194, 196, 197, 200, 204, 224
主観主義パラダイムのケース選択･････222, 224
主観主義パラダイムのケース選択基準
･････････････････････････････223
手法･････････････････････････････Ⅲ

準実験·····················98
準実験法·····92, 99, 100, 101, 102, 117, 119, 154
条件適合アプローチ················6, 11, 14
条件適合理論····················12, 14
剰余変数····················153, 155
職務拡大······················79
職務充実··············79, 105, 106, 108
職務特性モデル··················104
職務特性理論···················108
人工性·······················183
人工的···············92, 93, 98, 119
人事改革····················229, 230
人事制度統合···················230
人事データ····················230
人事データ分析··················232
新人間関係学派···················79
信憑性······················54, 56
信用性························54
信頼···················180, 181, 182
信頼性·····52, 88, 89, 117, 118, 152, 183, 184, 185, 199, 206, 207, 208
セカンダリーデータ分析······127, 140, 142
切片化······················170
説明目的······················63
相関関係·····················153
相互関係は有するが参加しない観察者
························165
操作化·······················30
相対主義·····················203
組織エスノグラフィー··············186
存在論········Ⅰ, Ⅱ, Ⅳ, 4, 5, 17, 18, 29, 36, 40, 47, 199, 202, 203

■ た 行 ■

ダイアローグ会················172, 173
ダイアローグ型··················174
妥当性·······················89

探索型サーベイ·················126
探索目的····················125, 150
単独ケース····················212
中核的職務特性················104, 107
長期エスノグラフィー··············175
直接観察·····················161
追試のロジック··················229
追試の論理····················221
定性・定量両面からの複数ケースの研究
························234
定性・複数ケースの研究例············225
定性ケーススタディ·······206, 207, 208, 230
定性研究······················52
定性データ中心····47, 68, 101, 130, 169, 197
定量・複数ケースの研究例············229
定量ケーススタディ·······206, 207, 208, 230
定量データ中心····47, 68, 101, 130, 169, 197
典型的・一般的なケース·············216
動機づけ・衛生理論················77
動機づけ要因····················78
投資銀行···················175, 176, 178
統制グループ·····95, 96, 97, 98, 99, 103, 105, 106, 108, 110, 115, 119
透明性····················88, 152, 185
ドキュメント分析····161, 168, 190, 226, 234

■ な 行 ■

内的妥当性·····48, 87, 90, 117, 119, 120, 150, 151, 183, 185, 199, 206
内部ドキュメント················195
内部ドキュメント分析·············175, 176
認識論········Ⅰ, Ⅱ, Ⅳ, 4, 5, 17, 18, 20, 22, 29, 36, 40, 47, 199, 202, 205
認知のバイアス···················85
ネイティブになる················187
ネット変化量···················137
ネットワーキング···············172, 174
ネットワーキンググループ··········171, 172

■は 行■

ハイインボルブメント……………146
ハイインボルブメントモデル……141, 143, 144
媒介変数……………………154
ハイコミットメントモデル……141, 143, 144, 146
ハイパフォーマンスワークプラクティス ……………………142, 143, 146
パネルデザイン………………134, 137
パラダイム……………………Ⅳ
パラダイム軸…………………169
半構造化………………………195
半構造化あるいは非構造化インタビュー ……………………230
半構造化インタビュー………61, 172, 176
比較グループ…………………120
非公式インタビュー…………176
非構造化インタビュー……61, 62, 65, 66, 87, 89, 133, 195
非参与観察……160, 168, 169, 180, 186, 188
密かな観察……160, 165, 167, 188, 189, 190
批判的実在論…………………203, 205
ビヘイビアル・イベント・インタビュー ……………………70, 80
描写型サーベイ……125, 126, 127, 129, 150, 152, 183
描写目的…………………64, 125, 150
標準化…………………………89
フィールド実験……93, 94, 98, 99, 100, 104
フィールド準実験……………109, 114
フォーラム会…………………172, 173
フォーラム型…………………174
複数ケース……………………212
複数ケースの選択基準………217
部分的に参加する観察者……165
普遍的法則……………………22

フルメンバーとして活動する
　密かな観察者………………164
フルメンバーとして活動する
　明確な観察者………………164
プレテスト……………95, 96, 103, 118
文献サーベイ…………………123
文献レビュー…………………3
分析型サーベイ……125, 126, 127, 129, 136, 140, 146, 150, 152,
分析目的…………………63, 125, 150
ベストフィットモデル………141, 142, 146
ベストプラクティスモデル……141, 146, 148
法則定立的アプローチ………17, 29
方法論的多元主義……………198, 202, 224
方法論的多元論………………199, 200
ホーソン・エフェクト………103
ホーソン研究……………9, 102, 169, 189
ポスト実証主義………………203
ポストテスト…………………95, 96, 103
ポストモダニズム……………203, 204

■ま 行■

マネジメント研究……2, 3, 5, 6, 36, 89, 153, 185, 197
ミルとインのケース選択基準………222
ミルの基準……………………217
明確な観察………160, 165, 167, 188, 189
珍しい・極端・決定的・新事実ケース ……………………214
文字通りの追試………………221
モチベーション要因…………77

■や 行■

ユニバーサル…………………147
ユニバーサルモデル…………147, 150

■ら 行■

楽観思考………………………85

ランダムサンプリング…………………131
ランダム割り当て………………98, 99, 120
リサーチクエスチョン…Ⅲ, 3, 36, 37, 39, 40, 43, 44, 45, 197, 198, 199
リサーチデザイン……………………Ⅲ, Ⅳ

理論的サンプリング………………221, 223
理論的な追試……………………………221
レイバープロセス………………………146
レイバープロセスモデル………………144
レパートリー・グリッド…………………73

［著者紹介］

**須田 敏子**（すだ としこ）

青山学院大学大学院国際マネジメント研究科教授。
専門は人材マネジメント，組織行動，国際経営比較など。
日本能率協会グループで月刊誌『人材教育』編集長等を歴任後，英国に留学。リーズ大学で修士号（MA in Human Resource Management），バース大学で博士号（Ph. D.）を取得。
主要著書・論文に『ジョブ型・マーケット型人事と賃金決定：人的資本経営・賃上げ・リスキリングを実現するマネジメント』（中央経済社），『組織行動：理論と実践』（NTT出版），『戦略人事論：競争優位の人材マネジメント』（日本経済新聞出版社），『日本型賃金制度の行方：日英の比較で探る職務・人・市場』（慶應義塾大学出版会）（すべて単著），『「日本型」戦略の変化：経営戦略と人事戦略の補完性から探る』（編著，東洋経済新報社），"Converging or Still Diverging? A Comparison of Pay Systems in the UK and Japan" *International Journal of Human Resource Management*などがある。

マネジメント研究への招待
■研究方法の種類と選択

2019年4月25日　第1版第1刷発行
2024年8月10日　第1版第6刷発行

著　者　須　田　敏　子
発行者　山　本　　　継
発行所　㈱中央経済社
発売元　㈱中央経済グループ
　　　　パブリッシング

〒101-0051　東京都千代田区神田神保町1-35
電　話　03（3293）3371（編集代表）
　　　　03（3293）3381（営業代表）
https://www.chuokeizai.co.jp
印　刷／三英グラフィック・アーツ㈱
製　本／侑井上製本所

© 2019
Printed in Japan

＊頁の「欠落」や「順序違い」などがありましたらお取り替えいたしますので発売元までご送付ください。（送料小社負担）

ISBN978-4-502-29611-6　C3034

JCOPY〈出版者著作権管理機構委託出版物〉本書を無断で複写複製（コピー）することは，著作権法上の例外を除き，禁じられています。本書をコピーされる場合は事前に出版者著作権管理機構（JCOPY）の許諾を受けてください。
JCOPY〈https://www.jcopy.or.jp　eメール：info@jcopy.or.jp〉

# ベーシック+プラス
## Basic Plus

**Let's START!**
学びにプラス！
成長にプラス！
ベーシック+で
はじめよう！

　いま新しい時代を切り開く基礎力と応用力を兼ね備えた人材が求められています。
　このシリーズは，各学問分野の基本的な知識や標準的な考え方を学ぶことにプラスして，一人ひとりが主体的に思考し，行動できるような「学び」をサポートしています。

ベーシック+専用HP

教員向けサポートも充実！

中央経済社